マテアンヴ
コルンゴ・アルド
ロアンダ
ベンゴ川
コアンザ川
アンバカ
ルカラ川
ルイ川
コアンゴ川
ロアジマ川
カサンジェ
カバンゴ
ロケ川
マサンカノ
プンコアドンゴ
アンゴラ
ガバンゴ
チボク
チカパ川
カワカワ
ジロロ湖
ヌジャンビ
カテンデ
カテマ
レーバ川
ベングエラ湾
ビヘ
シンテ
バロバレ
ロコロコ川
レーバ川
レーアンブエ川
またはザンベジ
バロツェ
ナリエレ
レーアンブエ川
セシェケ
セクホシ
チョベ川
マコロロ
大
リンヤンテ
ヴィクト
瀑布
カマ
クマダウ湖
ヌガミ湖
ゾウガ川
ヌチョ
バマン
西
カラハリ砂漠
コロベング
マボ
ベチュア
クルマン
グリクァ
オレンジ川
ケープ植民地
ケープタウン
アルゴ

世界探検全集 — 08

アフリカ探検記

Missionary Travels and Researches in South Africa

David Livingstone

デイヴィッド・リヴィングストン

菅原清治 訳

河出書房新社

①ヴィクトリア滝（上）。
②ライオンに襲われた
リヴィングストン（左）。

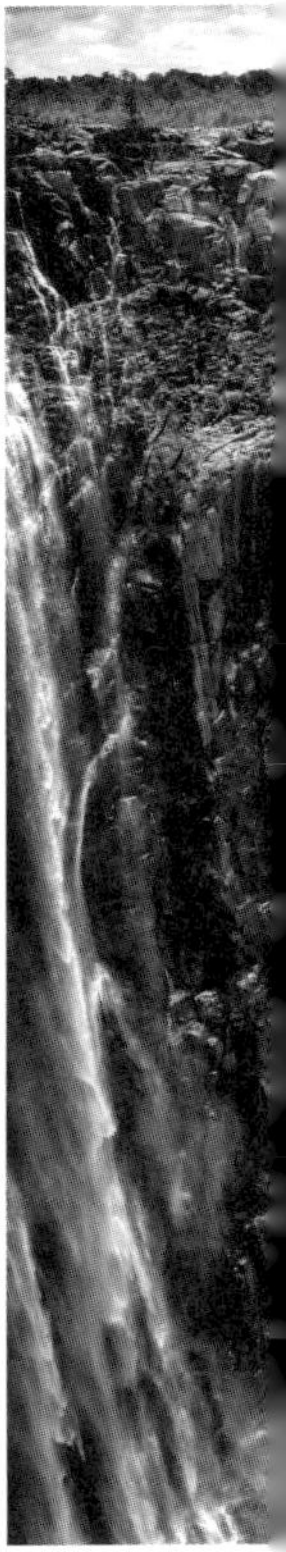

③野生の営み。バッファローに襲いかかる三頭のライオン（上）。
④先住民が放つ投げ槍から子を守る母ゾウ（中）。
⑤子どもを奪われた母カバがボートに襲いかかる（下）。

⑥先住民のカヌーで西海岸から河を遡行するリヴィングストン（上）。　⑦ヌガミ湖を発見したリヴィングストン（下）。

⑧古代エジプトの糸紡ぎと機織（左）。　⑨女性のヘア・スタイル（右）。

ナビゲーション

驚きいっぱいのリヴィングストン

山極寿一

リヴィングストンは小さい頃から私の憧れの的だった。数ある伝記本の中でも、暗黒大陸の横断に初めて成功し、キリスト教の宣教と奴隷制度の廃止に一生を捧げたという業績が光り輝いていた。しかし、批判も多い。彼の開いたルートを奴隷商人たちが利用する結果となり、奴隷貿易が内陸まで広がった。彼の足跡と記録がその後ヨーロッパ列強の植民地支配の絶好の理由となった。探検熱に冒されていた私は、そういった事実を知って探検への疑いを持つようになった。大学へ入ってからも探検部へは入らず、ひたすらゴリラを追ってアフリカの奥地を目指したのは、過去の探検の負の歴史を背負いたくなかったからである。

だが、この『アフリカ探検記』を読み直してみて考えが変わった。

リヴィングストンは好奇心に満ち溢れたナチュラリストだったのである。子どもの頃は伝記に心を奪われて、探検の内容まで踏み込むことができなかった。この探検記が結構難しい動植物の名前や地元の人々の風習に紙面を割いているせいでもあった。アフリカの地図も大雑把すぎて、サバンナや熱帯雨林の違い、湖や川の位置がわかりにくかった。アフリカを何度も訪れて地形や植生、地図を詳しく見ることに慣れた目で見ると、なるほどものすごい旅だったのだなあと改めて思う。

リヴィングストンは宣教師であるとともに、医者（内科医と外科医）であり、動植物、天文学、地質学、地理学に通じていた。私は彼が探検の中で熱心に宣教し、人々の病気を治療していたのだと思っていたが、この探検記にそういった行為はほとんど出てこない。ひたすら次の目的地へのルート、今いる地形、山や川の様子、目にした動植物、人々の姿や振る舞い、変わった風習などが記述されていて、一九世紀のアフリカはこんなにも多様だったのかと今にして目を見張る思いである。宣教師や医師としての活動は彼にとってはあまりにも当たり前の義務だったので、あえて記述しなかったかもしれない。旅の目的の一つに、宣教のために健康に適した地を見つけることと書かれているが、これも表向きの口実だろう。彼の好奇心と探検の熱意は未知の世界を知ること、ヨーロッパ人にとって未踏の地へ到達することにあったのである。

驚くのはリヴィングストンが牛に乗って旅をしていたことだ。スコットランド出身の彼はもちろん乗馬を習得していたはずだが、当時アフリカでは馬がなかなか手に入らなかったし、自動車も鉄道も普及する前だった。徒歩以外の旅の手段は、丸木舟で川を遡《さかのぼ》るか、牛に乗って揺られていくしかなかったのだ。しかも、アフリカのサバンナや疎林《そりん》ではどこでも牛、山羊、羊を放牧していたので、牛は食料にもなった。ただ、ツェツェバエが媒介する眠り病がまん延している地域では、日中の移動は差し控えている。実際、何頭もの牛が旅の途中でこの病気にかかって死んでいる。この事情は現在でも変わっておらず、私がゴリラを調査しているアフリカ中央部のコンゴ盆地では牛を飼っていない。

多くの訪問地で地元の酋長から牛を贈ってもらい、逆に歓待してもらった返礼として牛をつぶして地元に提供している。肉は貴重なたんぱく源で、リヴィングストンはゾウ、バッファロウ、カバ、種々のカモシカなど野生動物を狩猟して何でも食べたようだ。ときには野鳥や虫も食べている。いなごの炒ったのは海老より好きだそうだ。野生動物を現地の人たちが捕らえる様子を克明に描いている。そればかりではない。注意を引いた動物たちの生態を詳しく解説しているところに、リヴィングストンのナチュラリストとしての真骨頂が発揮されている。ツェツェバエやダニの巧妙な刺し方、アリたちのすさまじい狩猟、蟬とコオロギの合唱、空気中から水分をとって泡を身にまとう虫、ライオンの意外に臆病な習性、においを発したり鳴き声を出すヘビ、愚かなダチョウの行動やそれを利用する人々の知恵、カバの親子の様子や呼吸の仕方、ワニの産卵や人を襲う様子、ミサゴがペリカンから魚を盗む知恵、数々の鳥の姿と鳴き声など、読んでいて思わずその風景が目に浮かんでくる。珍しい生物はきちんと学名を付記しているから、その写真や図版がなくても今ならインターネットでどんな生物なのか簡単に調べることができる。また、現地名とその意味も記していて、現地の人がどの様にそれらの生物を認知していたかがわかる。リヴィングストンが現地語をしっかり学んでいたからこそできた記録である。人々の描写も巧みだ。肌の色や顔つき、頭髪の編み方、服や装身具、その作り方まででていねいに記録している。割礼《かつれい》や雨乞いの儀式、偶像崇拝や神託、死者の扱い、楽器や踊り、丸木舟や家の造り方など、詳しく述べていて当時の人々の生活が絵に描いたようによくわかる。

もう一つの才能は、天体観測によって自分の正確な位置を知る技術を持っていたことだ。緯度・経度だけではなく、寒暖計で気温も常に計っていたし、大木の周囲や半径だけでなく、年輪も数えた。水深、川幅、流速を測り、川の流れる方向を推測していた。だからこそ、ヌガミ湖やザンベジ河の全貌を明らかにできたし、地形の歴史や植生の変化、塩湖ができた理由や湖が消失した理由、さらには自身が名付けたヴィクトリア瀑布のメカニズムなど、地質学的理由にも考えをめぐらせることができたのだ。

旅で訪問した数々の村ではおおむね平和な出会いをした。なかには戦闘的で受け入れない村もあったが、ほとんどの村や町でリヴィングストンは歓迎され、贅沢な食事に呼ばれ、大量の食料を受け取っているし、案内人も付けてもらっている。一夫多妻は、ひとりの妻では訪問者を十分に持てなすことができないから、という理由も面白い。人々の間では争いや略奪もしばしば起こるようだが、それが激化したのはヨーロッパ人が奴隷商売を始めてからで、象牙や金などの資源が高く売れ始め、所有をめぐる敵意が増幅したからだろう。リヴィングストンの旅でもその兆候が見られる。この後、アフリカはヨーロッパ各国の植民地をめぐる争奪戦に巻き込まれ、ますます暗黒大陸、邪悪で暴力的なイメージが強められていく。一九世紀末に出版されたジョゼフ・コンラッドの『闇の奥』はその象徴とも言うべき小説だし、二〇世紀前半にガボンで活躍したアルベルト・シュヴァイツァーの記録を読んでも悪意と怠惰な精神がまん延していたことがわかる。リヴィングストンの時代は違った。土地をめぐる人々の争いは結構過酷だが、集団間の争いを仲裁する女酋長の記述がある。結婚しても妻が夫の行動の決定権を握っている村もあった。アフリカはまだ平和な世界だったのだ。現代はそれが復活している。私がゴリラの調査をしたガボンの村も女性が村長になっているし、母系制で男が婿入りしてくるので女性の力が強い。欧米の男性中心の社会が世界のスタンダードではなかったことを改めて考えさせられる。

リヴィングストンが三回目の探検の途中で亡くなった時、その亡《なき》骸《がら》を二人の従者がイギリスまで運んだ。そのとき本人である証拠となったのは一八四三年にライオンに襲われて負った上腕の傷だった。彼はその時の様子を、「今どんなことが起こっているかはっきりわかっていながら、痛さも恐ろしさも感じない一種夢見るような心持にさせられたのだった。」と記している。私もガボンの密林で二頭のゴリラに襲われ、頭と右ひざの上に咬みつかれたことがあるが、全く同じような気分になったことを覚えている。自分が襲われていることがわかっていても、抵抗する気が起きず、痛みも感じないほど全身が麻痺していたのである。もし私が抗《あらが》っていたら命を落としていたかもしれない。ゴリラは肉食動物ではないが、野生動物との緊迫した出会いはたとえ傷を負っても恐ろしいものではないと思う。それを経験していない人々が、誇張して身の震えるような経験に仕立て上げるのだ。

リヴィングストンはこの旅の途中三〇回近くマラリアと思われる熱を出している。当時はキニーネしかなくて、現地の治療法を試していた。亡くなったのもマラリアによる衰弱が原因だろう。私もこれまで五〇回を超えるマラリア発熱経験があるが、幸い特効薬で回復した。こういった病気や事故や数々の苦難にもかかわらず何度となくアフリカの奥地へ向かうのは、「アフリカの毒」に冒《おか》されたからだろうと人は言う。リヴィングストンは身をもってそれを教えてくれた最初の人なのだと思う。

山極寿一（やまぎわ・じゅいち）

一九五二年、東京都生まれ。京都大学大学院理学研究科博士後期課程研究指導認定、同退学、理学博士。霊長類学者・人類学者。総合地球環境学研究所所長。前京都大学総長（二〇一四―二〇）。ゴリラを主な研究対象として人類の起源を探る。アフリカでの豊富なフィールドワークで実績を積む。国際霊長類学会会長、国立大学協会会長、日本学術会議会長などを歴任。著書に『暴力はどこからきたか』（ＮＨＫ出版）、『父という余分なもの』（新潮社）、『ゴリラからの警告』（毎日新聞出版）、『猿声人語』（青土社）など多数。

目次ー世界探検全集08ーアフリカ探検記

世界探検全集08—アフリカ探検記

私の生い立ち　ケープ・タウンへの船旅

私の好みからすれば、自分自身については、できるだけいわないところであろうが、私の二、三の友人達がいうには、読者というものは著者について何か知ることを好むものなので、私の出生《うまれ》や若い頃のことについて短く書き添えるのは、この本に面白みを加えることになるであろうとのことだった。自分について次のようなことを述べるのは、このようなことを口実にしてのことなのである。

私の曽祖父は、カロデンの戦闘で戦死したのだった。古い王家のために戦ったのである。私の祖父は、アルヴァ島で、小さく農業を営んでいた。私の父は、この地で生まれたのである。それは、ウォルター・スコットが次のごとくうたっているヘブリデーズ諸島の一つなのである。

陰鬱《いんうつ》なアルヴァ島やコロンセー島、
また、名にし負うスタッファをめぐる
すべて明るき島々の群、

祖父は、この偉大な詩人が、その後「祖父物語」やその他の作品の材料にしたいろいろの伝説をよく知っていた。少年の頃の私は、祖父の話す物語に、喜んで耳を傾けたことを記憶している。祖父は話し尽きないほど数多くの物語を知っていたが、それらの物語の多くは、その後私がアフリカで焚火《たきび》を囲みながらきいたのと、不思議によく似ていた。私の祖母は、いつもゲール人の唄を歌っていた。それらの唄のいくつかは、祖母が信じていたごとく、残忍な人々の中にあって、望みもなく失意の中に思いなやんでいた、捕虜となった島人《しまびと》達によってつくられたものだったのである。

祖父は、自分の先祖の人達のことについて、六代も前にさかのぼってくわしく語ることができた。このことは、わが家の伝統について、私がほこらしく感ずることができる唯一つの事柄なのである。貧しい島人であったこれらの先祖達の一人は、たいへん利口な人であることで、そのあたりで有名だった。彼は死の枕辺に自分の子供を呼び集めていった。

「私《わし》は、私達の家について伝わっている事柄を、念入りに調べてみたのじゃが、私達の先祖には一人として不正直な者があったことを見出すことができなかったのじゃ。それで、お前達の中の誰でも、もし不正直なことをする者があっても、それは私達の血の中に、不正直者の血が流れているからではないのじゃ。私は、お前達にこのことを訓《おし》え残しておく。正直であってくれ」

私がこれから述べる事柄の中に、たまたままちがっていることがあっても、それは知っていて書いたのではないと見なしてもらいたいし、私達の家に昔から伝わっている家訓を忘れたものとして指摘してもらいたくないのである。私達の先祖の一人が、今述べたようなことを、自分の子供達に訓え残したというのは、マコーリーによれば、スコットランドの高地に住む土着の者達が南阿のカフィール人達にたいへん似ていた時代のことなのであり、誰でも自分の首領に分け前さえやれば、家畜を盗んでも罰されないですんだ時のことなのである。私の先祖達は天主教徒だったが黄色い杖を持っている人とまわってきた地主によって、新教徒に改宗させられたのだった。この新しい宗派は、おそらく今もそうであろうが、その後長く「黄色い杖の宗派」という名前でとおっていた。

アルヴァ島にある自分の耕作地で数多くの家族の者達を支えることができないことがわかると、祖父はブランタイヤー工場へ移って行った。この工場は、美しいクライド河のほとりにある大きな工場で、グラスゴーの上《かみ》にあった。ヘブリデーズ諸島としては最上の教育をうけていた彼の息子達は、喜んで工場の事務員として採用された。自分自身は、そのひるむことのない正直さを高く買われて、グラスゴーから工場へ大金を持参することをさせられた。老年になると、この会社の慣例によって年金を給与されて、老後を安楽にすごすことができた。

私の伯叔父《おじ》達は、みな陸軍の兵卒か海軍の水兵となって、最近のフランス戦争中国王の軍隊に入ったが、私の父だけは家にとどまっていた。父はあまり良心的であるために、小さな茶商人として金持になることができなかったが、子供達にやさしくすることによって、世に生きてゆくのに役立つあらゆるものを与えることができたかのように、子供達の深い愛情の糸を、自分の身の周りにしっかりからみつかせることができた。父は、この国にとってはかり知れぬほど大きな恵みであったスコットランド教会の教義に従って私達を育てたが、後にはこの教会を去り、最後の二〇年間はハミルトンのある独立している教会の執事をつとめていた。父が、バーンズの『小屋住みの土曜日の夜』の中でまことに美しく描き出されているのに似ている、信仰深い人のいつも変らないお手本を、幼い頃から私に示してくれたことに対して、私はいつも父をありがたく思っている。父は、一八五六年の二月に、「我等が主と救い主」の死による慈悲《めぐみ》を心安らかに望み見ながら亡くなった。その時、私は旅の途中ズンボを下ったところにいた。家に帰ったら、あばら屋の炉側《ろばた》で、旅の物語を父にきかせるのを、何よりの楽しみにしていたのだった。私は父についての思い出をたっといものに思っている。

母についてのもっとも早い頃の思い出は、貧しいスコットランド人達の間にしばしば見うけられる姿をよび起こす。それは、どうにか収支をつぐなわせてゆこうと一生懸命に心をくだいている主婦の姿なのである。私は一〇歳の時、「断糸《だんし》維工《つぎこう》」として工場に入った。最初の一週間に得た給料の一部で、ラデマンの『ラテン語入門書』を買い、夜の八時から一〇時まで授業が行なわれる夜間学校で、幾年もの間、衰えることのない熱心さを傾けてラテン語を勉強した。家に帰ってからも、母が私の手から本をうばいとってやめさせない限り、一二時あるいはそれよりおそくまで勉強をつづけた。私は朝の六時までに工場へ行かねばならなかったし、朝飯と夕食の休憩《きゆうけい》時間があったが、夜の八時まで仕事をつづけねばならなかった。このようにして、昔の人達の書いた本を多く読み、一六歳の時に、ヴァージルやホラティウスについて、今よりもよく知っていた。私達の先生は、半ば私達の会社によってその生活を維持されているのだった。彼は入念で親切な人だったし、月謝もいたって手頃だったので勉強したい人々は、すべてその志をとげることができた。私の学校友達のある者達は、その当時の様子からすればはるかに向上している地位に、今は就いている。このような仕組の学校がイングランドにあったら、貧しい人達にとって、はて知れぬ恵みとなったであろう。

私は小説をのぞいて、手に入れることのできるものは、何でも読んだ。科学的な著述や旅行記は、私にとってとくに楽しいものだった。だが、もっと利口な考え方をすべきであるその当時の多くの人達といっしょになって、科学的な著述は宗教にもとるものであると信じている父は、私が『雲のごとく集れる見証人達《あかしびとたち》』か、ボストンの『四倍の償い《つぐな》』に読みふけっているところを見たかったろう。私は父と考え方が違っていたが、ついに私は父に対してあからさまに反抗するようになり、私がウィルバーフォースの『実践キリスト教』を読むことをこばむと、父は最後に私を棒で打つことをした。このように宗教的な本を読むことをきらう心持は何年かつづいた。だが、たまたまトーマス・ディック博士の『宗教哲学』や『来世の哲学』などの立派な本を読む機会を得ると、彼は宗教と科学はお互い相親しいものであるという私の信念をつよく裏付けてくれているのを知って、私は嬉しかった。

私の両親は、私の心の中にキリスト教の教義を植えつけることに一生懸命だったし、私もわれらが救い主の償いによる無償の救済についての理論を理解するのに困難を感じなかったが、自分自身についての事柄にキリスト教の教義をあてはめる必要を感じはじめたのは、この頃になってからのことだった。それは、「色盲」を治療することができるとしたら起こりそうな、大きな変化だった。私は聖書の中に私達のすべての罪の贖罪《ゆるし》について十分書きつくされているのを読んで、自分の血をもって私達の罪をあがなってくれた神に対して、深い愛情を呼び起こさせられたのだったし、このことはその後の私の行動に多少影響を与えた。

キリスト教によって吹きこまれた愛の精神の焔の中にあって、間もなく私は、人類の悲惨さをやわらげることに自分の生涯を捧げようと決心した。中国においてキリスト教をひろめる先駆者となることは、その広大な国土のある部分に、物質的な利益をもたらすことになりそうな心持がした。そこで、私はそのようなくわだてをする資格を得るために、医術を学ぶことにとりかかった。

私は医学や薬草についての本を読みはじめた。一方薬用植物の採集に国中をかけまわり歩いた。しばしばいっしょだったが、一人は今カナダにいる弟と、もう一人は合衆国で牧師をしている弟が、しばしばいっしょだったが、そのようにして歩きまわることによって私の自然に対する熱烈な愛好心を満足させることができた。私達はたいてい空腹になって、すっかり疲れて帰ってくるので、いたいけな弟は涙を流しているのだったが、面白いものをたくさん見出すことができるので、いつも私達と行きたがった。

当時はまだ地質学という学問が今日のごとくひろく行なわれていなかったが、私達は植物採集に行ったついでに、石灰岩の石切場へ入って行ったことがある。私は高ブランタイヤーやカンブュスラングから産出される石炭紀の石灰岩の化石になっている貝殻を、書き表わすことができないような驚異をおぼえさせられながら採集したのである。採石工夫は、情深い人が狂人を見る時のようなあわれみの目付で私を見つめていた。私はいった。「いつからこのような貝殻の化石が岩の中に出てくるようになったのでしょうか」「神様が岩をつくってからのことなのです。神様が岩の中に貝殻をつくって下さったのです」という採石工夫の答は、とりつく島もないものだった。

工場では紡績機械のどこかに本をおいて読書したが、私は仕事をしながらつぎつぎ文の意味をとらえることができた。このようにして機械の唸声《うなりごえ》に妨げられることもなく、かなり継続的な勉強をすることができた。自分の心を周囲の騒音からすっかり引き離すことができて、子供達が遊んでいたり、あるいは蛮人達が踊ったり、歌ったりしている真只中にあっても、すっかりいい気持になって読んだり、書いたりすることができるようになったのは、半ばこのようにして勉強したおかげなのである。一九歳の時、私は地位をあげられて紡績工にされたが、この仕事は体の弱い若者には辛かった。しかし給料がよいので、冬にはグラスゴーで医学とギリシャ語を勉強し、夏にはウォードロー博士の神学の講習をきいている間、自活してゆくことができた。一生懸命だったその当時のことを回想する時、このようにして働きながら勉強できたことを感謝せずにはいられない。もし、再びこの人生を初めから生きるとしたら、私は同じような辛い訓練をうけたいのである。私は何人《なんぴと》からも一銭もお金をもらわなかったのである。これは宗派に関係のないものだからというので、ロンドン伝道協会に入るようにと友人のある者達がすすめなかったら、私は自分の力で医者の宣教師として中国に行こうというもくろみを成しとげたことだったろう。ロンドン伝道協会の主義は、伝道協会のあり方について自分が考えていることとぴったり一致していたが、ロンドン伝道協会のために身を捧げるについては、苦痛を感じないわけにはゆかなかった、というわけは、自分の努力によって自らの進路を開拓することに慣れている者にとって、多少でも他に頼ることになるのは気持のよいことではないからである。

自分の生まれた村の人々に対して抱いている尊敬の念は、時が経っても、また方々旅をして歩いても薄らぐことがなかった。

医学の課程を終了して、聴診器による診断に関する論文を提出したところ、果たして聴診器が一般にいわれているように役立つかどうかについて、私は試験委員達と意見がちがっていたために、つい私は普通よりも苛酷《かこく》な試験をうけねばならなかった。だが、私は内科医と外科医の免状を得ることができ、長い間人類の悲哀をやわらげることを倦むことなくもとめている職業を業とする一人となったので、心から嬉しかった。

しかし、今や私は最初の計画を成しとげることができたのであるが、阿片戦争が起こったので、中国へ行くのは不利なように思われた。医術を手段にして、その当時とざされている国の人々に近づくことを考えていたが、近く平和になるあてもなかったので、私はアフリカへ行くことを考えついたのである。一八四〇年に船出して、三カ月の航海の後ケープ・タウンに到着した。その後、日ならずしてアルゴア湾に行き、間もなく陸路ベチュアナ地方にあるクルマンの伝道所へ赴いた。この伝道所はケープ・タウンから約一一〇〇キロのところにあって、約三〇年前ハミルトン氏とモファット氏によって開設されたのである。伝道所の建物と教会堂は石造りである。一本の小川によって水をかけている畑には、いろいろな果樹やぶどうがよく根づき、ヨーロッパの野菜や穀物がたやすく生育した。周囲の土地にくらべてはなはだ変っていて、この土地が美しく見えるのは、すべて宣教師達の勤労の賜物であるということが、この土地を一層楽しいところにした。私達にとって、いわばオアシスともいうべきこの土地は、私にとって二重に心ひかれるところだった。というのは、約四年間アフリカで独身生活を送った後、私はこの地でモファット氏の長女であるメアリーと結婚することとなったからである。妻は田舎に生まれて、家事向きのことによくなれていたので、家にあっては、いわば車輪の輻《や》の役目をよく果たしてくれたし、二度ばかりヌガミ湖とその奥地への旅へいっしょに連れて行った時には、大部の旅行記を書いているある人達よりもはるかによく旅の辛さにたえることができた。やがて、三人の男の子供と一人の女の子供が生まれて、私達の孤独な生活は楽しく明るくされた。私達は子供達に英語を話すことを教えるのにちっとも困難を感じなかったといい添えるのは無駄なことではないと、自分は考える。私達は必ず英語で話しかけることにし、子供達にも必ず英語で話させることにした。実際、子供達は土人の言葉を完全に話せたが、めったに土人の言葉で話そうとしなかった。子供達は船に乗ると二言と土人の言葉で話そうとしなかったし、もうすっかり土人の言葉を忘れている。

私は一八四〇年から一八五六年まで一六年間アフリカにいて、医術と伝道に従事していたのであって、私の生活は物を書くのに都合よくはなかった。このような生活は物を書くことをやっかいなものにしてしまったのである。私はもう一冊本を書くよりも、むしろアフリカ大陸を横切りたいのである。書くよりも旅する方がはるかに容易なのである。私は海外に赴いて自分の研究をつづけるつもりだったが、他の人々の領分に入ってゆくなどということは思いもよらぬことだったので、教えることのほかに、家を建てることと、その他の手仕事のことを始めた。ところで、そのために紡績工をしていた時のようにいつも体がつかれて、夜になるともう勉強することができなかった。自己修養のための時間の不足ということが、私のアフリカにおける生活で、ただ一つくやしく思われることだった。読者はこのことを心にとめて、「学ぶにまだ老いすぎてはいない」と自らをうぬぼれて考えている一学究の徒の足らぬところを容赦《ようしゃ》してくれるであろう。

ライオン狩り　大旱魃／野獣を捕える罠

　ロンドンの伝道協会の理事者達からうけとった指令を見て、私はケープ・タウンからもっとも奥に入っているこの協会の伝道所のあるクルマンに到着するやいなや、北の方へ行ってみようと考えた。アルゴア湾からの長い旅でかなり疲れている牛達が元気を回復するやいなや、私はもう一人の宣教師とつれだって、ベチュアナ人と呼ばれている人々の一分派であるバクエナ人あるいはバクウエン人のいる方へ歩みを進めた。

　ベチュアナ人は数多くの種族に分れていて、いろいろの動物にちなんだ名前で呼ばれている。おそらくこのことは、昔彼らが古代エジプト人のごとく動物崇拝にこりかたまっていたことを示しているものなのである。バカトラという言葉は「猿の彼ら」ということを意味し、バクエナという言葉は「鰐《わに》の彼ら」ということを、またバトラピという言葉は「魚の彼ら」ということを意味する。彼らがどの種族に属しているかをたしかめたいときは「あなたは何踊りを踊りますか」ときくのであるが、このことから、踊りを踊ることも彼らの古い儀式の一部であったことを、推察することができる。おのおのの種族が、それにちなんで自分達の種族の名前がつけられている動物を迷信的に恐れて、その動物を決して食べようとしない。自分達が属している種族と同じ名前の動物を殺すことについて「イラ」という言葉を用いる。きらいであるとか、おそろしいとかいう意味なのである。今はその子孫になっている人達の名前から推して、亡《ほろ》んだ種族のあとをたどることができる。バタウ「獅子の彼ら」とか、バノガ「蛇の彼ら」などという種族なのである。人を呼ぶ時の代名詞の彼らという言葉、すなわちバーマ、ワ、ヴァ、あるいはオヴァ、アンーキ等の言葉が、アフリカのいろいろの種族の名前を呼ぶ場合、まことに広くつかわれている。ただ一人であるということをいい表わすのに、モあるいはレという言葉を用いる。モクウェンはバクウェン族の人一人を意味し、レコアは、白人あるいはイギリス人の一人を意味する。マコアはイギリス人達ということを意味する。

私は、はじめて訪ねて行ったバクウェン人達のところに長くいないで、同じ道を通ってクルマンへ帰ってきた。だが、自分が心に描いていた目的は束の間の旅で成しとげられるものではなかったので、私はできるだけ早く奥地へ向ってあらたに出発することに心を決めた。そんなわけで、本部伝道所のようになっているクルマンで三カ月休養した後、レペロレ（今はリチュバルバ）と呼ばれている土地へ出かけて行った。

私は今度の旅で、というのはレペロレ——そうした名前の洞窟があるところからそのように呼ばれている——への私の二度目の旅で、その時は水がゆたかに流れていてちっとも乾いていない小川から水を引く溝を掘って住居をつくる用意をはじめた。住居の用意が具合よくすすむと、私は北の方へ出かけて行った。最近私達一行に加わった者達は、私が多少彼らの言葉を知っていることを知らないので、うち見たところの私の様子について話しあっていた。

「この男は丈夫じゃないよ。全くひょろひょろしてるんだ。こんな袋（ズボン）をはいているから、ただ丈夫そうに見えるだけなんだ。すぐに参ってしまうよ」

こんな言葉をきくと、私の体の中に流れているスコットランドの高地人としての血がわきたつのをおぼえさせられた。私は幾日もの間、彼らを精一ぱいの速さで歩きつづけさせると、最後に彼らは私が足の丈夫なのをほめているのをきいた。

私はかねて住居にしようともくろんでいた場所に荷物を運んでくるために、クルマンへ帰って行った。ところで、私に対してたいへん親切だったバクウェン族の人達が、バロロング族の人達によってレペロレから追われたという知らせが、後から追いかけてきた。そんなわけで、住居をつくろうという私の期待は当分望みのないものとなった。その地に牛を得るために周期的に行なわれる戦争が起こって、種族間の関係がすっかり変ってしまったので、私は伝道所に適した土地をあらたに探し求めねばならなかった。再び北の方へ旅して行った時、行手に彗星が輝きあらわれて、私達がたずねて行ったどの種族の人達も驚きいぶかしがっていた。一八一六年に彗星があらわれた時には、カフィル人の一種族であって、これまでベチュアナ人がおそわれた敵の中でももっとも残酷なマテベレ族の人々がおそってきたのだった。彼らが考えるには、今度あらわれた奇怪なものも、前の時と同じように縁起の悪いものになるかもしれないし、また単にある主だった人の死の前兆かもしれないというのだった。私はクルマンに帰って行く途中、マボツァの美しい谷間を伝道所の敷地にすることに決めた。そして、一八四三年にこの地に移った。この地において一つの出来事が起こった。この出来事については誰にも話さないつもりだったのである。友人達がしつこくせがまなかったら、老人になってから子供達に話してきかせることにして、この

マボツァ村のバカトラ族の人達は、夜になるとライオンが牛の囲場をおそって、彼らが飼っている雌牛を食い殺すので困っていた。ライオン達は真昼でさえ牛の群をおそった。このようなことはいつもはないことなので、自分達は呪《まじない》にかけられていると人々は信じていた。彼らがいうには「自分達は近くの種族によって、ライオン達の力に渡されてしまっている」というのだった。一度彼らは、ライオン達を襲撃しようと出かけて行ったが、この人達は大体ベチュアナ人とくらべると臆病なので、一匹も殺さないで帰ってきた。群になっているライオンの一匹が殺されると、残りのライオン達はそのあたりから去ってしまうことは、よく知られている事柄なのである。そこで、つぎに牛がおそわれた時、私は土人をはげまして、ライオン達の一匹を殺してこの厄介なものをなくそうと、土人達と出かけて行った。私達は木でおおわれた小さな丘の上にライオン達がいるのを見つけた。土人達は輪をつくって丘を囲み、次第に前へ歩みを進めて輪を小さくした。私はメバルウェという土人の先生と下の方の平地にいると、ライオン達の一匹が輪の内側にある小さな岩の上に坐っているのが見えた。メバルウェがその雄のライオンを目がけて鉄砲を放つと、弾丸《たま》はライオンが坐っている岩にあたった。ライオンは、犬が自分に投げつけられた棒や石をかむように、岩の弾丸のあたったところをかんだ。岩をとび去り、包囲《かこみ》をやぶって傷つけられることもなく逃げ去ってしまった。バカトラ族の人達もこの地方の習慣に従って行動するとしたら、彼らは逃げ去るライオンを槍でつきさすところだったろうのに、彼らはこわくてライオンにおそいかかることができなかった。再び輪をつくると、輪の中に二匹の別のライオンがいるのが見えた。輪をつくっている土人達の誰かに、弾丸があたりはしまいかと気づかわれて、私達は鉄砲を放てなかった。二匹のライオンは、包囲をやぶって逃げ去ってしまった。人々をどのようにはげましてもライオン達にはむかわせることができないことがはっきりしているので、私達は村の方へ引きかえしてきた。丘のはずれをまわって行った時、私は、約三〇メートル離れたところにある岩の上に、一匹のライオンが藪を前にして坐っているのを見た。私は藪を間においてよくねらいを定めてから、両方の銃身から藪の中へ弾丸を放った。土人達は叫んだ。「うたれた、うたれた」他の土人達が叫んだ。「誰かの弾丸もあたった。行って見よう」私は、ライオンが怒って、尾をふりあげているのを見た。私は土人達にいった。「弾丸をこめるまでちょっと待て」弾丸をこめていると、叫び声が聞こえた。半ば側《わき》の方へふり向いて見ると、ライオンは私にとびかかろうとしていた。ライオンは私の肩をつかみ、私もライオンも地面にたおれた。ライオンは、ものすごい唸り声をあげながら、ちょうどテリヤ犬が鼠をゆすぶるように、私をゆすぶった。私はこのような衝撃《しょうげき》をうけて、二十日鼠が最初に猫につかまえられた時に感じさせられるかと思われるような麻痺した心持にさせられた。今どんなことが起こっているかはっきりわかっていながら、痛さも恐ろしさも感じない一種夢見るような心持にさせられたのだった。クロロフォームで局部麻酔をされている患者達がいうのに似た心持だった。彼らは手術されるのを見ていても、刃物の痛さを感じないのである。おそらく、このような平静な気持は、食肉動物に食い殺されるあらゆる動物が感じさせられるものなのであろう。もしそうだとしたら、それは死の苦しみを軽くするための神の慈悲深い心づかいなのである。ライオンが片方の足を私の頭の後頭部の上においたので、私はその重みをさけようと顔の向きをかえると、ライオンの目は、一〇メートルか一五メートル離れたところからライオンをねらっているメバルウェの方へ注がれていること直ライオンは、ライオンは、私が命をとがわかった。火打銃である彼の鉄砲は、どちらの銃身の弾丸も発火しなかった。ライオンは、直ちに私を去って、彼をおそい、彼の股を嚙んだ。以前その男が水牛に投げ上げられた時、私が命を救ってやったもう一人の土人がライオンを槍で突こうとした。すると、ライオンはメバルウェを去って、この新しい敵の肩をつかんだ。その瞬間、ライオンは、身にうけていた弾丸の効果があらわれて、死に倒れたのである。すべてが数瞬の出来事であり、死の苦しみの発作からのことだったにちがいない。翌日バカトラ族の人達は、ライオンから魔力をうばい去ってしまうために、ライオンの死骸の上に大篝火《かがりび》をたいた。その篝火はかつてないほど大がかりのものだったとのことだった。骨をいくつにも小さく砕いた上、ライオンの一一枚の歯が私の腕の上部を嚙み切っていたのである。ライオンに嚙まれるのは、弾丸傷をうけるのと似ている。普通嚙まれたところに、痂《かさぶた》ができ、多量に膿が流れ出て、後になっても常にその部分が周期的に痛む。私は格子縞のジャケツを着ていたが、それが私の肉を嚙み刺した歯から病菌を拭い去ったものと信ずる。というわけは、私といっしょにライオンと闘った他の二人は普通に苦しんだのに、私は腕の骨組に喰い違いができて不都合だっただけで、なんら苦しい目にあわなかったからである。事実、肩をかまれた者の傷は、翌年の同じ月に、あらたに口を開いたのである。この不思議な事実は、このようなことに関心をもつ人達の注意をひく価値のある事柄である。

一八四〇年から一八四五年までの間、私は準備としての仕事に従い、クルマンやマボツァにいる他の宣教師達と交わっていた。一八四五年から一八四九年の間は、チョヌアネとコロベングで、キリスト教をひろめることに力を尽していた。ただ妻と二人の土人の教師から手伝ってもらっただけだった。

チョヌアネに住居した第一年目に、私達は、アフリカのもっとも恵まれた土地でさえ時おりおそわれる例の旱魃《かんばつ》に見舞われた。雨乞いの力を信ずるということは、この地方にもっとも深く根を下ろしている信仰の一つなのである。酋長のセチェレ自身が有名な雨乞師だったので、キリスト教が捨てるように求めている他のいずれの迷信よりもこの迷信を捨てるのは困難であると、しばしば私に告げた。私は、畑をうるおす唯一の方法は、何処か決して水の涸《か》れない河を選んで、それから水を引く水路をつくり、周囲の土地をうるおすにあることを教えた。そこで、この種族に属する皆の者達が、約四〇マイル離れたところを流れているコロベング河のほとりに移った。バクウェン人達は、彼らの酋長が住む四角な家を建てるのに手伝ったお礼として、私に水路とダムをつくってくれた。彼らは私の監督のもとに自分達の学校も建てた。私達のこの地における住居の名前にしたコロベング河のほとりの私達の家は、私が自分の手で建てた第三番目の家だった。土人の鍛冶屋が、鉄をきたえることを私に教えた。家を建てることや野菜をつくることについてと同じように、この技についても、さらにモファット氏から教えてもらったので、医術のことや説教のことに加えて、大部分の機械的な仕事について器用な人となった。妻は蠟燭《ろうそく》や石鹼や衣類をつくることができた。このようにして、私達は、中央アフリカに住んでいる宣教師の家族の者達にとって必要かくべからざる手技《てわざ》を身につけることができた。夫は戸外における万屋《よろずや》となり、妻は屋内における雑役女中となることができたのである。

私達がこの土地ですごした第二年目の年も、ほとんど雨が降らなかった。第三年目も異常な旱魃に見舞われた。この二年間に降った雨の量は、全体で二五〇ミリにも達しなかった。コロベング河はすっかり水が涸れて、たくさんの魚が死んだので、このあたりにすんでいる鬣狗《ハイエナ》達が魚を食べに集ってきた。腐ったまま積み重なっている魚をかたづけることもできなかった。一匹の年老いた大きな鰐の死骸が、死んだ魚の中にまじり、泥の中に体を高くして、乾いたままになっていた。第四年目も同じように気候が不順で、穀物を実らせるほど雨が降らなかった。戸外においた針が幾月もさびないでいた。液体電池に用いる硫酸と水の混合液は、イギリスにおいてのように空気中の水分をさらにとり入れようとしないで、かえって水分を空気中に発散させた。木の葉は枯れはしなかったが、しおれてやわらかくなってちぢんだ。ミモザの葉は、真昼でも夜と同じように閉じていた。寒暖計の管を、真昼時よく日のあたる地面の下八センチばかりのところに埋めておいたら、温度は摂氏五五・五度から五六・一度だった。ある種の甲虫を地面におくと、三秒間走りまわっただけで息絶えてしまった。だが、この焼けつくような暑さは、脚《あし》の長い黒蟻の疲れることを知らない活動を一層活潑にしただけだった。蟻達はどこから水分を得るのであろうか。私達の家は、白蟻がよってこないように、鉄分を含む硬い礫岩《れきがん》の上に建てられていた。白蟻の兄弟である黒蟻達は、このように用心して家を建てたにもかかわらず、私達の家をおそってきた。これらの蟻達は、夜になると土をぬらして漆喰《しっくい》のようにねばねばさせ、日中なんなりと自分たちの好きな植物を食べに往復するとき、鳥に見つけられないようにしてくれる、歩廊をつくることができるばかりでなく、露は一滴も下りることがなく、また私達の家は岩の上に建っているので、丘の下約三〇〇メートルのところを流れている河まで地下道を掘ることもできないはずなのに、彼らの住居の奥の部屋部屋は驚くほどしめり気が多かった。彼らは生まれながらに植物の中に含まれている酸素と水素を化合させて水をつくる力をもっているのであろうか。

しかし、雨は降ろうとしなかった。バクウェン人達は、私がセチェレを魔法にかけたのだと信じていた。年老いた顧問役の者達が代表者となって私のところへやってきて、ほんの少しでもいいから雨を降らせることをセチェレにゆるしてくれと懇願《こんがん》した。「もしお聞きとどけ下されなければ、作物は枯れはてて、私達はちりぢりに別れてしまわなければなりません。今度一度だけ酋長に雨を降らせることをゆるしていただきたいのです。そしたら、私達は男も女も子供も、みんな学校へきて、お気に召すまで歌を歌いもすれば、お祈りもいたします」土人達は、棒を燃やしてつくった木炭、丸薬にして痙攣《けいれん》の妙薬としても用いられる山兎（Hyrax capensis）の腎臓の中にできる液の水分を蒸発させて濃くしたもの、ジャッカルの肝臓、狒々《ひひ》やライオンの心臓、年老いた雌牛の内臓からとった毛の生えている結石、蛇の皮と背骨、この地方に見出されるあらゆる種類の塊茎《かいけい》、根、植物等、いろいろの物を焼き燃やせば、雲に魔法をかけて、彼らをよみがえらせる財宝を降らせることができると想像している。雨乞師は特別の球根を選んで、それを砕き、それの冷たい振出液を羊にのませる。羊は五分間の後、痙攣を起こして死ぬ。同じ球根の一部を焼いて煙をたたせると煙は空へ昇る。一、二日の後には雨が降るというわけなのである。あきらかに、こんなことは馬鹿げたことである。

バクウェン人達は、相変りなく私達に親切だったし、この人達の中に一人でも私を憎んでいる人がいるとは思えなかったが、彼らは、自分達の町で「神様の御言葉」が語られるようになったことと、このように旱魃がつづいているのと、何か関係があるにちがいないと考えているので、教会の鐘を好意ある目で見なかった。セチェレの叔父は、たいへん勢力があって、よくものわかった人だったが、ある日私にいった。「私達はあなたが好きです。たとえあなたが私達の間に生まれたのであったにしても、そのことは同じなのです。あなたは私達が親しくすることのできるただ一人の白人なのです。それにいたしましても、あなたの相も変らぬお説教とお祈りをやめていただきたいのです。私達はちっともそのようなことになじむことができません。ご承知のように、私達はちっとも雨が降ってもらえないのに、私がするようにちっともお祈りをしない種族達はたくさん雨を得ているのです」このことは本当だった。私達は一五キロ離れた山々の上に雨が降っているのを見た。ところで、私達のところには、雨がその片目さえ向けようとしなかった。

この長期にわたる旱魃の間、女の人達は幸運な種族の人達から穀物を買うために、装身具の大部分を手ばなしてしまった。子供達は命の糧《かて》になるいろいろの球根や草木の根を探し求めて、国中を歩き廻り、男の人達は狩りをした。数多くの水牛、縞馬《しまうま》、きりん、犀《さい》、いろいろの種類のかもしれない等が、コロベングの近くにあるいくつかの泉に集ってきた。「ホポ」と呼ばれている罠《わな》が、それらの獣を殺すためにつくられた。ホポはV字にめぐらした二つの垣根からできている。二つの垣根は、相接する頂点に近いところが高くそして厚くできているが、二つの垣根はつづいているのではなく、二つの垣根が相接している端には深さが一・八メートルから二・四メートルあって、縦横が三・六メートルか四・五メートルある陥穽《おとしあな》がある。陥穽の縁《ふち》には丸太を幾本も横に置きならべて陥穽の縁におおいかぶらせ、中に入った獣がとび出ることができないようにする。全体が縁の燈心草で念入りにおおわれている。垣根はしばしば長さ一・六キロもあって、入口の幅も同じくらい開いているので、一種族の人々がホポを中心にして輪を描いて並び、次第にその輪をせばめてゆくと、まちがいなく大量の獲物を罠の入口の方へ追いやることができる。人々は叫び声をあげて、獲物を両方の垣根がせばまっている方へ追いやると、そこにかくれていた人々がわめきおどろいている獣の群に投槍を投げる。獣たちは両方の垣根がせまったところにある、せまい開口《ひらけぐち》を目がけて勢よく走って行くように、穽におちいる。幾匹かの獣は、スミスフィールド市場の犬が羊達の背中の上を走って行くように、他の獣達の上を走って逃げて行く。物凄い光景なのである。気が高ぶって夢中になっている人々は、すっかり嬉しい気持になりながら見事な獣達を槍で突く。死んだり死にかかっていたりする仲間の獣達の重みでおさえつけられてもがいている下の方の獣達は、時おり上にのしかかっている獣達をむっくりおし上げる。

バクウェン人達は、しばしばただ一週間で、別々のホポで六〇頭から七〇頭の獲物を殺した。富めるも貧しきも、どの人も獲物のご馳走にあずかるので、肉食は野菜食ばかりしていることから起こる害を防いでくれた。この地方は塩が不足で、金持の人達だけがどうにか買うことができるので、塩を少しももっていない貧しい人達は、根ばかり食べていねばならなくなると、しばしば消化不良で苦しめられる。土人の医者達は、消化不良の原因をよく知っていて、いつも彼らの薬にこの調味料を少しずつ入れていた。牛乳や肉も同じように薬効があったが、塩のように短時間に効果があらわれなかった。ずっと後になってから、私も二度ばかり、四カ月も塩をとらなかったが、少しも塩をほしいと思わなかった。しきりに牛乳と肉をほしいと思った。このことは、私が野菜ばかり食べている間中つづき、やがて肉を食べると、全く塩気のない雨水で煮ても、おいしい塩味がした。

他のいろいろの不利な影響に加えて、獲物を狩りするためか、根や果物を集めるために、しばしば家を離れねばならないことが、人々の知識を高めるのに重大な障害となっている。神の福音《ふくいん》を野蛮人に伝えるのには、ただ聖書を腕にかかえてあちこち歩きまわる宣教師をつかわすだけであってはならない。商業の発達ということに、とくに意をはらわなければならぬ。未開な生活をしているがために感じさせられる孤立感をなくし、諸種族におたがいが依存しあっていることを感じさせるからである。商業は、ただ精神的及び教育的な努力を払うよりも、はるかに文明の祝福を広めることに役立つであろう。

アフリカにおける家庭生活　カラハリ砂漠

アフリカにおける家事経営について簡単に述べてみるのも興味のないことではなかろう。商店というものが全くないので、私達は自分達が入用なものを、いたし方なく一切原料品から自分でつくらねばならなかった。もし家を建てるために煉瓦が入用だったら、野原へ行って木を切り倒し、それを板にひいて、煉瓦型をつくらねばならぬ。土人達からはあまり手伝ってもらうことができない。バクウェン人は働いて賃金をもらいたいのだが、不思議なことに四角いものをつくれないからである。ベチュアナ人達の住居もみなそうであるが、彼らの住居は円い。私は三度大きな家を建てたが、四角な煉瓦をつくったり、丸木を四角にするのは、すべて自分の手でなさねばならなかった。莫大な手仕事を要する相当の広さの家屋が土人の尊敬を得るために必要なのである。

パンはしばしば蟻塚《ありづか》に大きな穴を掘ってつくった即席の窯《かま》で焼き、板石を窯の戸にする。もう一つの方法で焼く場合には、地面に火をよく燃やし、地面が十分熱せられた時、練った粉を短い柄《え》のついているフライパンの中に入れるか、でなかったらただ灰の上におくだけなのである。

私達は自分達が使う蠟燭をつくり、石鹼はサルソラ草の灰か、でなかったら木灰でつくった。ところで、アフリカでは、それらの灰がアルカリ分を含むことがまことに少なく、脂肪が鹼化されるまで一カ月か六週間の間、つぎつぎ浸み出る灰汁《あく》を煮え立たせておかねばならぬ。このように自分の器用さに頼らねばならないことは大して辛いことではなく、数多くの慰安がつましい主婦の手で直接つくり出される時、結婚生活は一そう楽しいものとなる。

私達は朝早く起きた。コロベングでは、日中どんなに暑くとも、夕暮れと夜と朝はまことにさわやかで、気持がよかったからである。咳をするようになることや、リューマチスにかかることを心配しないで、真夜中まで起きていることができる。六時から七時までの間に起きて朝飯をすますと、妻は家男も女も子供もみんな招いて学校を開いた。学校は一一時までつづいた。学校が終えると、妻は家事向きの仕事にとりかかり、私は鍛冶屋や大工や庭師のするような手仕事をした。私が人々のために仕事をしてやると、彼らはその返礼に私のために働き、彼らの不得手な仕事は、そのことに得手な私にしてもらうことができた。夕食をたべると一時間の休息の時間となり、妻は自分がいとなんでいる幼稚園を見た。幼い子供達は、幼稚園を驚くほど好み、大体一〇〇人ばかりの丈夫な子供達が集った。時には幼稚園を開く代りに、若い娘達に裁縫を教えたが、そのことも同じように喜ばれた。日が暮れると、私は町に出て行って、人々と世間話をしたり、宗教のことについて話しあったりした。私達は週に三度夜分公開の礼拝を行ない、また別に絵や標本をつかって宗教に関係のない事柄についての指導を一度行なった。これらのつとめのほかに、私達は病人に薬を与えたり、貧しい人達に食物を与えたりした。友愛の心からの行動は、ごく小さなものであっても、たとえ愛想のよい言葉や優しい顔のようなものであっても、セーント・ザヴィエルが考えたように、宣教師としてのつとめを果たすうえにおいて軽んずることができないものなのである。病床にある無謀なキリスト教の反対者達に親切にせよ、そうすれば、彼らは決して諸君たち個人の敵となることができなくなる。いずれかの場所において愛が愛を生むとしたら、それはこの地上においてなのである。

コロベングにいた時、旱魃の間中、私達は穀物は全部クルマンから得ねばならなかった。一度麩《ふすま》を食べねばならなかった。細かい粉にするために三度もひかねばならなかった。私達は動物質の食物に大へん不足させられたが、この地では動物質の食物が健康上なくてはならぬもののように思われた。イギリスにいた時と同じように大量に肉を欲しがったが、食べたいだけ食べても、他の暑い地方でのように消化不良にならなかった。野菜食は酸をつくり、むねやけを起こさせる。セチェレは、酋長の権利によって、領内あるいは領外で殺されるあらゆる獣の胸肉を得ていたので、彼は親切にも、私達が滞在中たくさん肉をおくってくれた。だが、彼から肉をとどけてくれるのは、まことに不規則だったので、時おり一皿のいなごを喜んでいただかねばならなかった。いなごは強烈に植物の味がして、その味はいなごが食べる植物によって異なる。なぜいなごと蜂蜜といっしょに食べねばならないかについては、生理学的な理由がある。蜂蜜には下痢をもよおさせる性質があって、いなごの便秘させるのを防ぐ。いなごはしばしば炒《い》って、粉末にする。そうすると、幾月も貯えておくことができる。ゆでるといやな味がする。私は炒ったのならえびよりはるかに好きである。だが、できることなら両方とも食べたくない。私の子供達は、とくに肉の不足を感じさせられた。土人達は同情していることを示して見せようと、しばしば子供達に大きな種類の芋虫をくれた。子供達はおいしく食べている様子だった。この芋虫はおいしくないはずがなかった。土人達はこの芋虫を大量にむさぼり食っているからである。

子供達がもう一つ一生懸命に食べたおいしい食物は「マトラメトロ」と呼ばれているすばらしく大きな蛙だった。料理したところは鶏肉のように見える。土人達は、雷雲からこれらの生物が落ちてくるものと思っている。大嵐があると、幾つか水溜りができて、二、三日水がたまったままになっているが、たちまちそれらの水溜りは大きな声でなくこの獲物でにぎわうようになるからである。蛙達は雨が降り注いでいる凹地を目がけてとび込み、ベチュアナ人達は皮の上被《うわおおい》をかぶってちぢこまっているので、突然四方八方から聞こえてくる蛙の合唱は、天から聞こえてくるような心持がする。このようなことが、うち見たところでは生物が一匹もすんでいないように思われる砂漠のもっとも乾燥している場所で見られるのである。私はあとで、マトラメトロは灌木の茂みの根本のところに穴を掘って、旱魃の間幾月もその中にかくれているのだと、ブッシュメンから教わった。蛙はめったに穴からでてこないので、大きな体をしている種類の蜘蛛が、その穴を利用して入口に巣を張る。ブッシュメンのほかは、だれも蜘蛛の巣の奥から蛙をさがしだそうとしないであろう。

アフリカにいる動物のあるものを、イギリスで家畜として飼いならそうとしないのは注意に値する。かもしかとしてはもっとも体の堂々としている大かもしかは、わが国の貴族達の荘園を飾り、その上等の肉は彼らの食卓に美味としてのせられるであろう。フランスでは、あのすばらしい食用蛙を喜んで食料品の一つに加えるであろう。

掃除虫はもっとも有用な虫の一つである。その名が示している目的をよく果たすからである。クルマンのようにこの虫の多い村々は清潔である。動物が糞《ふん》をするやいなや、掃除虫達は臭をかぎつけて、風を起こしてとんでくるのがきこえる。掃除虫達は、しばしば、撞球《たまつき》の球ぐらい大きな丸い牛の糞を、土がやわらかくて掘るに適したところまでころがして行く。そこで、虫達は丸い糞の下の土を掘り、糞をその穴の中へ入れて上を土でおおうてしまうと、糞の中に卵を産みつける。幼虫は糞の塊《かたまり》の表面に出てきて一人で生活を始めるまで、丸い糞の内部を喰っている。大きな丸い糞にとりついている掃除虫達は、地球を両肩に背負っているアトラスのような恰好なのである。掃除虫達は、逆立ちになって足で雪の球をころがしている子供みたいに、頭を下にして後脚で後方へ丸い糞をおして行くのである。

カシャン山地のボーア人の支配下にある諸種族のために力を尽そうと、私は二度ばかりコロベングの東方五〇〇キロのところまで旅して行った。セチェレはボーア人達からすっかり嫌われていて、私といっしょに行きたいのだったが、無理にボーア人達のところへ行こうとしなかった。彼はただボーア人達の手下にならないということと、イギリス人に好意をもっているということで、ボーア人から嫌われているのだった。私が二度目の旅に出る時、彼は別れる時、「彼の両腕となって私につかえるように」というわけで、私に二人のお供をつけてくれた。自分でお供できないのをしきりに口惜しがった。私はいった。「私が北の方へ行くのだったら、いっしょに行ってくれますか」私はこの時、はじめて砂漠を横切ってヌガミ湖へ行こうと考えたのだった。

ボーア人達のところへ行ってみると、どうにも手のほどこしようがないことがはっきりわかったので、私は砂漠を横切るつもりで、それについて情報を集めはじめた。バマングワト族の酋長であるセコミは道を知っていたが、用心深くそのことをかくしていた。湖水地方は非常に象牙が豊富で、彼らはそれらの象牙をわずかの金で大量に得ていたからである。ヨーロッパの物はなんでも珍重し、常に自分の利益になることに抜目のないセチェレは、セコミが象牙の取引によって得る利益の分前を得たがっていた。年齢からいっても、また家柄からみても、彼はセコミの上にあった。もとの種族がバマングワト、バングワケツェ、バクウェン等の諸種族に分れた時、バクウェン族が先祖伝来の酋長の職をついだからである。二人がいっしょに旅をしたり、狩猟に出たりする場合、いつもセチェレはセコミが射殺した獲物の頭を当然の権利としてもらうのである。

セチェレは、私のすすめに従って、セコミのもとに手下の者をつかわし、私が彼の知っている道を通ることを許すようにといわせた。一頭の牛を贈ってこのことを求めたのだった。セコミに対して大きな勢力をもっている彼の母が許さなかった。母へは何ともいってやらなかったからだった。そこで、一頭の牛をセコミと彼の母の二人におくることにしたが、やっぱりうまくゆかなかった。「ベチュアナ人達をあくまで憎んでいるマテベレ族の人達が、湖水へ行く途中に住んでいるので、その白人が殺されるようなことがあると、国中の人達が悪くいわれるようなことになる」というのだった。

ヌガミ湖の正確な位置は、砂漠に近頃よりも多く雨の降っていた頃にたずねて行った土人達によって、少なくとも半世紀前から正確に示されていた。その後この湖に到達しようと何度も試みられたが、できないことがわかった。ヨーロッパ人よりも喉のかわくことによくたえることができるグリクァ人でさえできないのだった。唯一つ成功する見込みのある方法は、砂漠を横切らないで、砂漠のはずれをまわって行くにあることがはっきりしていた。私は自分の心持をアフリカの旅行家ステール大佐に伝えた。するとと、彼はこのことをもう一人の紳士オスウェル氏に伝えた。彼は案内人の費用を全部負担しようとのことだったが、十分その申し出を果たしてくれた。彼は私といっしょしょに旅に出たが、彼はマリー氏をいっしょに連れてきた。

旅行中の出来事について述べる前に、私はカラハリ大砂漠について少し説明せねばならない。南はオレンジ河から、すなわち南緯二九度から、北はヌガミ湖まで、さらに東経二四度から西海岸近くまでの広い土地が砂漠と呼ばれている。大昔この地域を横切って流れていた河の跡が残っているが、今は水が流れていなく、井戸にはいたって水が少ないからである。植物が生えていないどころか、草や蔓草でおおわれていて、ところどころに大きな藪や木立さえある。土地はまことに平坦で、水をあまりほしがらない、あるいはほとんどほしがらないかもしかの大群が、道のない平原をさまよっている。ブッシュメンとバカラハリ族の人達は、これらのかもしかや、数知れずいる齧歯《げっし》類や、猫科の体の小さい種類の動物を捕えて食う。一般に、土は明るい色をしたやわらかい砂で、ほとんどまじり気のない珪砂なのである。昔河であった跡に残っている河床には、多量の沖積土が残っているが、沖積土は燃えるような太陽の熱で固く焼きかためられているので、ところどころに、雨水が一年のうち数カ月のあいだ池になって溜っている。

この風変りな地域に生えている草の量は驚くべきもので、インドのことを知っている人達でさえ驚かされる。通常、間に空地をおいて、草むらをなして生えている。草むらと草むらの間は蔓草でおおわれている。蔓草の根は深く地中に入っているので、焼きつける太陽の暑さをあまり感じない。塊茎状のものがついている根のある蔓草が数多く生えている。根の塊は長い旱魃の時に水分を供給してくれるのである。食用にすることのできる赤い胡瓜《きゅうり》のような実をならせるひょうたん科の植物の一種は、普通は根に塊をつけるものでないのに、枯れないためには貯水槽の代りをするこの瘤《こぶ》が必要なので、この地方では塊をもつようになる。アンゴラでは、これと同じことがぶどうの一種に見ることができる。レロシュアと呼ばれている植物は、砂漠に住む人達にとって、一つの天恵物なのである。それは細長い葉をつける小さな植物なのであって、茎は烏《からす》の羽の翮《かく》ぐらいの太さなのである。だが、二〇センチか三〇センチも土を掘ると、しばしば幼い子供の頭ぐらいもある塊茎状の塊が出てくる。外皮をむくと、細胞組織の塊があって、若いかぶの中に含まれているような液で満たされている。この液は地下深いところにあるために、一般に冷たくておいしい。モクリと呼ばれているもう一つの種類は、この地方の別のところに生えていて、時には大人の頭ぐらいある大きい塊を数多くつける。幹を中心にして半径一メートルか、あるいはもっと大きな円を描いて塊をつける。土人達は石で地面を打った時の音によって塊のありかを知る。

しかしながら、砂漠でもっとも驚くべき植物は西瓜《すいか》「ケングエ」あるいは「ケメ」(Cucumis caffer)である。いつもより多く雨が降ると、この地方の広い地域がこの西瓜でおおわれる。このようなことは、一〇年か、一一年に一度ある。人間もそうであるが、あらゆる種類の、またあらゆる名前の獣が、西瓜の豊作を喜ぶのである。森の真の王者である象といろいろの種類の犀は、もともと草を食べる場合は全く異なった物を食べるのに、西瓜だけは両方とも喜んで食べる。いろいろの種類のかもしかもむさぼり食うのであるし、ライオン、鬣狗《ハイエナ》、ジャッカル、二十日鼠等もすべてこの共有の天恵物をありがたがっているように思われる。だが、これらの西瓜はどれでも食うことができるのではない。あるものは甘く、あるものは苦いからである。土人達は手斧で打ってできた割目をなめて選ぶ。同じ種類の植物が甘い実と苦い実をならせるということの特別な性質は、ある種の胡瓜でも見ることができる。

この地方に住んでいる土人はブッシュメンとバカラハリ族である。ブッシュメンは、きっとアフリカ大陸の南の地方の原住民なのであって、バカラハリ族は初めて移住してきたベチュアナ人達の居残っている者達なのである。ブッシュメンは、言葉でも、習慣でも、見たところの容貌《ようぼう》でも、また人種としても、はっきりした特徴をもっている。この地方における唯一の遊牧の民で、よくもない犬を飼うほかに、土地を耕すこともしなければ、家畜を飼うこともしない。この人達は獲物の習性をよく知っていて、主として獲物の肉を食べ、砂漠に生えている草の根や豆類や果物を食べて、不足を補っている。暑い砂漠に住んでいる人達は、一般に体が細くて、針金のように強く、多く運動することもできれば、はげしい欠乏にたえることもできる。小人というほどでもないが、背が低く狒々のようなところがある。

バカラハリ族は、耕作することと、家畜を飼うことを好む。精々メロンと南瓜ぐらいしか収穫できないこともしばしばあるが、毎年畑をすきかえす。そして、わずかばかりの山羊を大切に飼っている。私は、この人達が、駝鳥の卵の殻で井戸から山羊に飲ませる水を汲んでいるのを見た。バカラハリ族の土人達は、近所に住んでいる二種類のジャッカル、山猫、ライオン、鬣狗などの獣を殺して、その毛皮と交換に他の種族から槍や小刀や煙草や犬を得ている。バクウェン人達は、東の方の諸種族から煙草を買い、その煙草と交換にバカラハリ族から毛皮を得て、それらの毛皮を鞣《なめ》してカロッスと呼ばれている皮衣をつくる。皮衣を仕立てあげると、それらの皮衣を南の方へ運んで行って、若い雌牛と交換する。この人達にとって、雌牛はもっとも金目のものなのである。私は、この地の土人達から、よく「ヴィクトリヤ女王様は、たくさん雌牛をおもちですか」ときかれた。

バカラハリ族は、べチュアナ人達がたずねてくるのを恐れて、水のあるところからはるか離れたところに住んでいる。しばしば彼らは、穴を砂でふさぎ、その上に火をたいて自分達の食糧をかくしている。女の人達は、袋あるいは網を背負って、水を汲みにくる。その袋あるいは網の中には、先端に指先ほどの孔のあいている駝鳥の卵が二〇個か三〇個も入っている。女の人達は、長さ六〇センチばかりの芦《あし》の一方の端に草を束にして結び、それを腕がとどくくらい深く掘った穴の中にさし込み、その周囲にぬれた砂を固くおしこむ。草は水を吸いこみ、やがて女の人はその水を芦によって吸いあげるのである。一本の麦藁《むぎわら》が、その女の人の口から地面においてある駝鳥の卵の殻の一つに通じているのである。女の人は、つぎつぎ水を口一ぱい吸いあげ、麦わらの外側をしたたり流れさせて、卵の殻の中に水をためる。私達は村々をたずねて行って、あばら屋の中をすみからすみまでさがしても、しばしば何も見つけることができないが、我慢づよく待っていると、私達に好意をもつようになって、この貴重な水を卵の殻で一ぱいご馳走してくれるのである。砂漠と呼ばれているこの地域はたくさんの動物を育ててくれるばかりでなく、世界の市場のために多少なりと貢献している。さらに、マタベレ族と呼ばれている本当のカフィール人におそわれて逃げてくる多くの種族にとって、一つの安全地帯となっている。水に恵まれた東の地方からおそってくるマテベレ族は、逃げてくる他の種族の人達を追いかけて行こうとして、何百人も死んだことがあった。あるずるい酋長が、嘘をいう道案内人達をつかわして、マタベレ族の人達を、何百キロもの間一滴の水も見出すことができないところへ案内させたので、マテベレ族の人達は焦《こ》げ死んでしまったのである。私が土人からきいた話であるが、彼が属している種族の者達がたまらなく喉がかわいたので、ブッシュメンの村へ来て水を飲ましてくれと頼んだというのだった。自分達は一切水を飲まないとブッシュメン達は答えた。本当に水を飲まないのかと、その者達は見守っていたが、ブッシュメン達が水を飲むところを見つけることができなかった。とうとうこの者達は「ヤクだ、ヤクだ、こいつらは人間じゃないんだ、さあ、行こう」といって去ったというのである。きっとブッシュメン達は、地下にかくしてある貯水槽から、何か工夫をこらしてこっそり水を汲みあげているにちがいない。

カラハリ砂漠の横断　塩湖／ヌガミ湖の発見

　私達がこれから横切って行こうと用意をととのえていた砂漠は、たくさんの蛇があちこちとはい廻っていたり、次の井戸に着かないうちに貯えていた水がなくなると、しばしば猛烈に喉がかわいて、大変な目にあわねばならなかったりで、以前はベチュアナ人達にとって恐ろしいところだった。私といっしょに行くことになっている人達が到着するすぐ前に、湖水地方に住んでいる人々の一行が、自分達の国をたずねてくるようにといって、コロベングにいる私をたずねてきた。象牙が多くあって、すばらしく大きな象牙を立て並べて家畜の囲場をつくっているなどと、景気のよいことを話してきかせた。

　私達は一八四九年六月一日に、この見知らぬ土地に向かって出発した。木立でおおわれた丘が起伏しているところを通って行くと、やがてバマングワトへ通ずる街道にでた。そのあたりは土地が全く平らだった。ひろびろとした森林や藪があって、よく草が茂っていた。森林に生えている木は大部分「モナト」と呼ばれているアカシヤの一種なのである。「ナト」と呼ばれている芋虫は、夜この木の葉を食べ、日中は砂の中にある根のところにかくれて太陽の強い光線をさけている。このあたりの人達は、この芋虫を炒ったのを喜んで食べるが、野菜のような美味しい味がするからである。さなぎになろうとする時、自分で土の中へ入って行き、何事もなければ、やがて美しい蝶となってでてくる。

やがて、私達は、ボアトラナマというところに到着した。付近は不毛の地なのに、ここだけは美しく草木が茂っていた。深い井戸には水がいっぱいあって、私は牛に飲ませる水を汲んだ。井戸の近くには、バカラハリ族の村が二、三あって、跳《とび》かもしかや、ほろほろちょう、小さな猿などが数多くすんでいた。

次に私達はロペペに到着した。ここへくると、この地方が乾燥していることがよくわかった。私がはじめてここを通りすぎた時は、大きな水溜りがあって、それから南の方へ水が流れていたのに、今度は井戸の底を掘って、ようやく牛に飲ませる水を汲むことができた。

マシュエで、私達は砂岩の間にできた凹地にきれいな水がわいているのに出あった。ここで、私達は今まで歩いてきた道を去り、バマングワトの丘陵地帯へ入って行って、北の方の砂漠の中へ入って行った。ロボタニと呼ばれている井戸で牛に水を飲ませると、さらにカラハリ砂漠の本当の泉のあるセロトリに向かって歩みを進めた。このあたりは藪と薄紫色の花を咲かせる荳《まめ》科の木でおおわれていた。白い色をしたやわらかい砂原がつづき、車の輪が縁の上までもうずまるので、車を引く牛にとってはなはだ難儀だった。ところで、セロトリに着いてみると、水牛や犀が泥の中にころがる時できるような凹みが二つ三つあるだけだった。凹みの一つには、隅の方に少しばかり水が溜っていたが、私達の連れていた犬達が、追い払わなかったら、なめつくしたであろう。しかし、このわずかばかりの水を、約八〇頭の牛と二〇頭の馬と約二〇人の人達が飲み、さらに、荷車をひいて一〇〇キロの道を行く三日間の旅の用にあてねばならないのだった。若い頃砂漠にいたラモトビという私達の案内人が、すぐ近くに水があるという。いくつかあった穴を、二つだけ鋤《すき》と指でさらって、深さも口径も六メートルもある穴にした。案内人達は「水が消え失せてしまうから」というので、底にあるかたい砂の層をつき破らないようにと、私達にしきりに注意した。実際、あるイギリス人が、別のところで、まだ十分岩になっていない砂岩の層をつき破ったために、水をでなくさせたことがある。かたい砂の層まで掘り下げると、やわらかい砂の層とかたい砂の層が接しているところから水が流れ出てきた。その夕方まで、馬達に飲ませる水は十分たまったが、牛達に飲ませる水は足りなかったので、牛達をばロボタニまで送りかえしてやった。牛達はまる四日間水を飲まないでいたが、そこで十分水を飲むことができた。翌朝になると、流れ出る水に通路がひろげられて、一層水がよく流れ出ていた。いつもそうなのである。初めは二、三人の人達の用にあてるくらいしか出ないが、二、三日すると牛達の用にあてることができる。バカラハリ族は、これらの井戸にたよって生活している。一般に、これらの井戸は大昔の河が流れていたところにある幾つかの凹地の中にあるので、おそらくこれらの井戸の水は、凹地に流れ集った雨水が溜ったものであろう。あるものは、今は地表へ湧き出なくなったが、昔は河に流れ出ていた泉であったかもしれない。

大かもしかは、地下に埋もれている水を一滴も飲むことができない。それでいて、数多くの大かもしかが私達のいるあたりでものを食べていた。殺してみると、まことに健康状態がよかったばかりでなく、事実胃の中にかなりたくさんの水が入っていた。いろいろの種類のかもしかや豪猪《やまあらし》等は、水を含んだ球根や塊茎を食べるだけで、いく月も水を飲まないで生きていることができる。犀、水牛、きりん、縞馬、ある種のかもしか等は、必ず水のある近くに住んでいる。これらの動物がいれば、必ず一一、二メートル以内のところに水がある。

私が、セロトリで過した二日目の夜、突然鬣狗が草の中にあらわれて、牛達をおどした。この臆病な獣は、いつもこのように偽って襲うように見せかける。この獣はこわがって、逃げて行く獣でなければ、勇気をだして襲えないからである。私達が連れていた一七頭の曳牛は、セコミのところへ逃げて行ってしまった。セコミは、私達が砂漠を横切るのに反対だったのである。彼はそれらの牛をかえしてよこしたが、今度の計画を思い止《とど》まるようにかたくいい添えてよこした。「あなた達は、どこへゆこうとしているのでしょうか、あなた達は、太陽の熱と涸渇《こかつ》のために殺されてしまうのです。そしたら、白人達はみんなで私があなた達を救わなかったことを責めるにちがいありません」「私達を殺さない限り、連れの者や案内の者達をかえそうとしなかったので」、私達が死んだのは、私達が馬鹿だったからだと、白人達は思うのにちがいないからといって、使いの者達をかえしてやった。

セロトリの周囲の土地は、全くたいらで、白い色をしたやわらかい砂原である。雲一つない空から照りつける明るい太陽の光は、他所とはちがった明るさであたりを照らし、間に空地をおいてあちこちに散らばっている木立や藪は、どれもこれも見たところそっくり同じなので、井戸のあるところからどの方向であろうと、四〇〇メートルも行くならば、再びもとの場所へなかなか帰れなくなるであろう。オスウェルとマリーの二人が、バカラハリ人を一人連れて、エランド（大かもしか）を得に行った。あたりの様子が、すっかり同じなので、この砂漠の息子のような男も道にまよって馬鹿馬鹿しい思いちがいをしてしまった。砂漠の人達が、よく口にする言葉の一つに「キア　イチュ　メラ」(私はあなたに感謝する。あるいは、私は満足です)というのがある。ところで、これと大変発音の似ている「キア　チメラ」(私は道を踏み迷いつつある)という言葉がある。「私は道を踏み迷ってしまった」という時には、「キ　チメツェ」という。この言葉はまた「メツェ」(水)という言葉に似ている。それで、オスウェル氏とマリー氏は「道に踏み迷う」という言葉を「満足している」という言葉と「水」という言葉に取り違えて、二人のイギリス人と案内人は、時おり大体次のような意味のことをいい合いながら、寒い一夜を明かさねばならなかった。

イギリス人——「どこに車はあるかね」

案内人の実際の返答——「私は知りません。私は道を踏み迷ってしまいました。私は、これまで、一度も道を踏み迷ったことがありません。私はすっかり道に迷ってしまいました」

推測された返答——「私は知りません、私は水が欲しいんです。私は嬉しいんです。私はすっかり満足しています。私はあなた達を全く有難く思っています」

イギリス人——「私達を荷車のところへ連れて行ってくれ。そしたらお前は水をうんと飲めるから」

案内人の実際の返答(空虚《うつろ》な顔をして周囲を見まわしながら)——「どうして私は、道を踏み迷ったのだろう。きっと井戸があるだろう。ないかもしれません。私はわからないんです。私は道を踏み迷ってしまいました」

推測された返答——「何か有難いといっているようだ。こいつは満足してるといってるんだ。また水のことをいってるんだ」

何か思い出そうと一生懸命になっている時の空虚な顔は、この土人が低能であることを示し、くり返しありがたいというのは、叱られまいとしてなのであると、イギリス人達は思った。

第一のイギリス人――「そうだ、リヴィングストンは、こんな馬鹿者に私達を案内させて、私達に一杯食わしたんだ。二度とあの男を信用するもんか。有難いの、水だのって、こいつは何をいってるのだろう。おい、生まれながらの馬鹿者奴《め》、私達を荷車のあるところへ連れて行っておくれ。そしたら、お前は、肉と水を、うんと食ったり、飲んだりすることができるから。打ってみたら、こいつを正気にかえすことができないだろうか」

第二のイギリス人――「いやいや、そんなことをすると、こいつは逃げ去ってしまって、私達は今より困ってしまうんだ」

この猟人達は、自分達の神経を鋭く働かせて、翌日荷車を取戻すことができたが、砂漠にいると人々の神経は不思議に鋭くなるのである。

狩猟をする白人のある者達が、土人から軽蔑されるのを、私は時おり不快に思わせられた。野獣と格闘するのは、いざという時の落着いた心持を養うのに役立つものと信じているので、土人達からわが国の人達をもっとよく思ってもらいたくてならなかった。「こんなに遠くまで来て、一生懸命に狩するこの人達は、自分の国に肉がないのでしょうか」――「どうして、この人達は、たいへんお金持なので、一生の間、毎日牛を殺して食べていることができるんだ」――「それでもこの人達は、何の肉だって牛肉のように美味しいのはないのに、こんな乾いた肉を得ようとこの土地へ来て涸渇をたえ忍ぼうとするんですか」――「そうだ、狩猟をするのは楽しいから遊びのためなんだ」こんな問答を交わした最後に、土人達は「あなたは、そんな馬鹿なことをしないでしょう」とか、あるいは「あなたのお友達は馬鹿です」といわんばかりに笑う。誰か自分達のために大量に獲物を殺してくれる人があると、土人達は、その人の心持などおかまいなしに、その人の愚かさを利用したことを自慢にする。土人達の言葉には、遊猟という思想をいい表わす言葉がないのである。

十分に水の用意ができると、私達はセロトリを去った。太陽は、冬でさえいつも猛烈に照り輝き、私達は、朝と夕暮れに旅をつづけることができるだけだった。たった一日、暑い太陽の光に照らされながら歩きにくい砂原を歩いただけで、牛達はすっかり参ってしまったであろう。二日目の夜、車程計を見たら、私達はセロトリからわずか四〇キロ進んでいたにすぎなかった。案内人のラモトビは、私達の歩みの遅いのをおこって、次に水のあるところまで行くのに三日かかるのに、こんなではいつになっても着けないだろうという。打ったり、呼び立てたりしても、かわいそうな牛達は、翌日わずか三〇キロ歩いただけだった。砂原の道を水も飲まずに行かねばならないので、水を飲むことができる固い道を二倍行くよりも疲れてしまった。この季節には、草がすっかり水気がなくなり、手に握ると粉々に砕けた。牛達は、一口も新鮮な草を食うことができなく、物憂そうに乾いた草を嚙みながら立っていた。荷車にのせてある水の香をかぎつけて悲しそうにないた。

ラモトビは、私達が通りすぎて行く道のない藪野原について驚くほどよく知っていた。セロトリから向こう一〇〇キロほどの間、木立や藪はどれもこれもそっくり同じに見えた。それでも、彼は私達と歩いて行きながら「あの凹地まで行くと、私達はセコミへの街道へ出るのです。その向こうには、モココ河が流れているのです」などという。朝食後、水を好む動物の足跡を拾ってせまい道を歩いて行った者達の一人が「メツェ」があるという嬉しい情報をもって帰って来た。その証拠として、膝についている泥を示して見せた。この雨水の水溜りはマシュルアニと呼ばれていた。喉の渇いている牛達は、喉と平らになるあたりまで水の中につかって、ゆっくりゆっくりおいしい爽快な水を飲んでいたが、やがてしなびた横腹は破れそうにふくらんだ。そこで牛達を休ませた後、私達はモココ河の乾いた河床を下って行くと、五、六カ所に、いつも水をたたえている井戸があって、もう私達は涸渇のために苦しまなくともよいであろうとラモトビはいう。このあたりには、草や丈のひくい刺《とげ》のある木が一面に生えていて、ところどころに「一寸待て茨《いばら》」あるいはAcacia detinensの茂みがあった。さらに向こうにもう一つの泉のあったロトラカニで、私達は二六本の棕櫚《しゅろ》を見た、私達は南アフリカではじめて棕櫚を見たのである。

大昔のモココ河は、下流に行くにつれて幾つも他の河を合せていたのに違いない。というのは、それが次第に広くなって、大きな河床となっているからである。私達が、これからたずねていこうとしていた湖は、その河床のごく小さな一部分だったのである。蟻食《ありくい》が穴をつくっているところにはどこでも、今その湖にすんでいるのと同じ種類の貝類の貝殻が放り出されている。私達がモココ河を去った時に、たまたまオスウェル氏は、ブッシュメンの女の人が、体をまえこごみにしてこっそり去って行くのを見つけた。オスウェルは、その女のブッシュメンをライオンだと思って、大急ぎに馬を走らせて側へ近づいて行った。その女の人は捕えられるものと思って、自分のもっているものを差し出すことを申し出た。その女の人のもっているものというのは、糸紐《いとひも》でできている罠だった。私達はただ水をほしいだけなので、もし水のあるところへ自分達を連れて行くならお礼をすると、私が説明すると、その女の人は私達の馬の前に立って威勢よく一二キロも歩いて行って、私達をヌチョコツァへ連れて行ってくれた。私達が一切れの肉と、珠数玉のかなり大きな束を一束お礼に与えると、その女の人は珠数玉の束を見て、いかにも嬉しそうに笑った。

ヌチョコツァで、私達は、きっと硝酸塩だろうが、石灰の風化したものでおおわれている数多くある塩湖の一つにはじめて出会った。周囲三〇キロもあるその塩湖が突然見えた時、入日が青色のぼんやりした美しい光で白い塩湖の面を照らしていて、広い塩湖はまさしく湖のように見えた。オスウェルは、この光景を見て、自分の帽子を投げあげ、かわいそうにブッシュメンの女の人やバクウェン人達が、この人は気狂いになったのだと思ったほど大きな声をあげて万歳を叫んだ。私も、オスウェルと同じように、だまされて湖と思った。私達が長い間探し求めていた湖が、さらに五〇〇キロ以上も彼方にあろうとは、夢にも思わなかったのである。これらの塩湖の上にかかっている蜃気楼は、実にすばらしい。波は踊り、木の影は完全に写し出されているので、ヌチョコツァの塩気の多い水で十分渇きをいやしてもらえなかったはなしてある牛や馬や犬は、さらにホッテントット人さえも、幻の水溜りを目がけて、歩みを早めたのである。蜃気楼の中の縞馬の群はまさしく象の群のごとく見え、オスウェルは、それらの象を狩り捕えようと、馬に鞍《くら》を置きはじめた。もうろうとしている大気の中に裂目のようなものができ、それらの幻影は消え失せてしまった。

七月四日に、私達は馬に乗って歩みを進めた。何度も湖が見えたような心持がした。最後にゾウガ河に辿りついてみると、この河は北東に流れていることがわかった。対岸にバクルツェの村があって、村の人達はゾウガ河はヌガミ湖につづいていることを知らせた。私達はこのことを聞いてすっかり嬉しくなった。ゾウガ河を足下に見下したのである。この河に沿うて行けば、最後にヌガミ湖へ出ることができるのだった。

翌日、私達を助けたり、あるいは私達の道案内をしたりしないように、私達の行手にいるブッシュメンとバカラハリ人達を全部追い払うようにとセコミからいいつけられて、私達の先を歩いて行ったバマングワト人達の二人が、私達が火をたいているところへやって来た。二人は何も私達に敵対する心持はないようだったが、再び私達の先を歩いて行って、私達はゾウガ河とヌガミ湖のあたりに住んでいるすべての種族から掠奪《りゃくだつ》を行なうために来たのであるといいひろめた。二人がしばらく歩いて行ってから、バマングワト人達の隊長は、熱を病んで引き返してきて死んだ。この隊長が死んだことは、私達にとって幸いなことだった。村の人達は私達を苦しめようとしたために、隊長は死んだと思ってくれたからである。はじめは、武装して私達のところへきていたのが、親切にしてやるとすっかり私達を信用するようになった。

私達が、この美しい河の岸に沿うて、最初に辿りついた場所から約一五〇キロ上って行くと、セチェレへ象牙が沢山あると景気のよいことをいってよこした湖水地方のベチュアナ人の酋長が、自分の国の人達に私達をたすけるようにといいつけてくれた。私達は北の方に住んでいる種族と似た言葉を話す一団の人達から迎えられた。この人達は、自分達をバエーエ（人々）と呼んでいるが、ベチュアナ人達はバコバと呼ぶ。多少奴隷達という意味を含んだ言葉なのである。この人達の先祖達は、戦争の時、まずとうごまの弓をつくって最初の攻撃を試みたが、その弓が折れると戦うこと

は、バクウェン人達から聞いてきたことを、すなわちこれより先は賢人達の「広い砂の高原」でなたくさんある――そして大きな木がいっぱい生えているところから流れてくるのです」土人の言葉どこから流れてくるのかと聞いてみた。「おお、河のたくさんある――数えることができないほどた河へ別の大きな河が注ぎ入っているところに到着した。それはタムナクル河だった。私は土人に
　美しく木の茂っている河岸に沿うて河をさかのぼって行く途中、私達はそれまでさかのぼってき人達はいう。

に乗って芦の茂っている背後《うしろ》にかくれていれば、何ものからも害される心配がありません」とこのもカヌーの中ですごすことを好む。「陸の上では、ライオンや蛇や鬣狗や敵に襲われるが、カヌーに、このカヌーを大切にする。いつもカヌーの中に火をたき、旅をする時、岸の上で夜を過すよりがない。丸木が曲っていれば、舟も曲っている。この人達は、アラビヤ人が駱駝《らくだ》を大切にするよう
　これら内陸の舟人達のカヌーは、ただ一本の丸木を手斧でくり抜いてつくった大昔のものと変り
り終えるまであとをふり返って見ようとしなかった。なく、マコロロ族の掠奪団に襲われると、この人達は、ただちにゾウガ河を昼夜漕ぎ下り、河を下ませんでした。今度、私達も戦ってみせます」といったということである。ところで、その後間もこれまで一度ももったことがありません。だから、私達は戦争をすればいつも降参しなければなりねた後長くたってから、湖水地方の酋長がこの人達に盾を与えたら「私達は、このようなものを、むことを好むのであるが、河岸に近い土地を荒す遊牧の民の規則に常に服従している。私達がたずを止めたといい伝えられている。この人達は、決して武器を使用しないといわれ、とくに河岸に住

いことを確かめてくれた。私はまだ探検されていなくて人間の多く住んでいる地方へ、小舟で行ける通路があるかもしれないという私の考えが、その時以来ますますつよくなり、実際湖に到着した時には、湖の発見など大して重要なことでないように思われた。私達がヌガミ湖の北東端に達したのは八月一日だった。ヨーロッパ人がはじめてひろびろとした美しい湖を見たのである。私達が立っていたところからは地平線を見きわめることができなかったし、どのくらい広いのやら、ただ土地の人達のいうことから推測してみるだけだった。土地の人達がいうには、その周囲を一周するのに三日かかるとのことだった。一日四〇キロずつ行くとすれば、周囲が一二〇キロあることになる。浅くて商取引のための船の往復には大して役立たない。毎年北の方から水が増してくるのに先立つ幾月かの間、牛は湿地になっていて芦の茂っている湖岸を通って水を飲みに行くのに困難させられる。湖岸はどこも低い。西岸に木の生えていないところがある。そのことは、あまり大昔でない時に水がなくなったことを示している。この地方一帯が次第に乾燥しつつあることを証拠だてている。私達は湖畔に住んでいるバエーエ人から聞いたのであるが、毎年北の方から水がふえはじめると、大きな木ばかりでなく、かもしかの類まで勢いよく流れる水にさらわれてしまうとのことだった。木は次第に風によって対岸へ吹き送られて、やがて泥の中に埋められる。

湖水の水がいっぱいになっている時には、塩気がないが、水が減ってくると塩気を帯びてくる。このあたりは、私達がすぎてきたところにくらべると、明らかに凹地になっていて、そのもっとも低いところがクマダウ湖なのである。私達はコロベングから六〇〇メートル以上下ってきたことになる。

湖の近くに、バタウアナ族と呼ばれているバマングワト族の血を半分うけている種族が住んでいた。彼らの酋長は、レチュラテべという若者だった。セビトゥアネがこの若い酋長の父を征服した後、その叔父が償金を出してこの若者を請戻《うけもど》してくれたのである。この若者は酋長になったばかりなので、自分一人で何でもできることをみせびらかそうと、ことごとに叔父の勧めと反対な事ばかりしていた。叔父は私達に親切にするようにと勧めたのに、私達が山羊か牛を買いたいと申し出ると、象牙をもってきたりする。「いや、このようなものでは、私達は食うことができないんだ。私達は、何か私達の胃袋を満たすものがほしいんだ」「私とても、このようなものは食うことができないです、しかし、あなた達白人は象牙を大変ほしがっているときいていますので、差しあげるのです。山羊は私の胃袋に入れたいのです」私達といっしょに行った一商人は、一三シリングのマスキット小銃一梃につき大きな象牙一〇本の割合で象牙を買った。私は象の死んだ場所に、象の牙が骨といっしょに朽つるがままにされているのを八度も見た。だが、その後日ならずして、バタウアナ人は、誰でも象牙がたいへん高価なものであることを知るようになった。

私の主な目的は、ヌガミ湖の向こう約三〇〇キロの土地に住んでいるといわれているマコロロ族の大酋長セビトゥアネを訪ねることにあった。この地に着いた翌日、私は案内人を世話してくれるようにとレチュラテべに依頼した。彼はその申し出を受入れてくれなかった。他の白人達も出かけて行ってセビトゥアネにも鉄砲を与えはしないかと心配だったのである。自分だけ火器をもってい て、勢をふるいたかったのである。レチュラテべは、最後にいやいやながら案内人を出すことを約束したが、次に再びそのことをこばみ、私達が河を渡ることをさせないようにとの命令をもたせて、手下の者をバエーエ人達につかわした。私は一生懸命に筏《いかだ》をつくろうと試みたが、乾いている材木はすっかり蝕《くさ》っていて、ただ一人の重みにも堪えることができないくらいだった。私は何時間も水の中で働いていた。ゾウガ河にたくさん鰐のいることをその時知っていなかったが、あとでそのことを知って、鰐に食われなかったことを有難く思った。もう、大分季節は進んでいた。オスウェルはケープ・タウンに行って、ボートをもってこようというので、私達は再び南の方へ帰って行くことに心を決めた。

ゾウガ河に沿うて下りながら、私達は両岸の景色を眺めることができた。両岸はまことに美しく、いろいろのところが、グラスゴーの上のクライド河に似ている。河水がゆれあたる方の河岸は、切立っている。もう一方の河岸は傾斜していて、草が茂っていた。バエーエ人達はこの斜面に陥穽をつくって、河水を飲みにくる獣を捕える。陥穽は、深さも、口の長さも二メートルくらいで、幅は一メートルくらいある。下に行くにつれてせまくなっていて、底の幅は三〇センチくらいしかない。そのために、獣が陥穽から逃れ出ようともがけば、もがくほど、自分の体の重みで陥穽の中に固くはまりこむようになる。大抵二つずつつくられていて、二つの陥穽は三〇センチくらい離れている。前脚がすべり落ちてゆくのに感づいて、獣が前方にとぶ時、第二の陥穽に陥るようにさせるためなのである。掘り上げた土を全部遠くへ運んで、獣に疑いを起こさせないようにする。芦やその他の草で上をおおい、その上に砂をふりかけ、それを水でぬらし、周囲の地面とすっかり同じように見えるようにする。私達のある者は、何度もその陥穽に陥ってしまった。それらの陥穽をひらいて、私達の牛を失わないようにするために、陥穽をさがし歩いている時でさえ陥ってしまった。年とった象は、象の群を先に行かせて、両側の罠の被覆《おおい》を水辺まですっかり払いのけさせるといわれている。

ゾウガ河の両岸を飾っている樹々はまことにすばらしい。二本のすばらしく大きなバオバブ、あるいはモワナが、この河が湖に注ぎ入るところに生えていた。大きい方は、木周《きまわり》が二二・八メートルあった。棕櫚があちこちに生えていた。モクチョング、あるいはモショマは、何も変ったところのない味のする実をならせるが、美しいことにかけては世界第一であろう。幹はカヌーにつくられる。酸味のあるおいしい汁を含む桃色の実をならせるモツオウリは黒みがかった常緑の葉をつけるところはオレンジに似ているが、その形は糸杉に似ている。もう冬になっていて、私達は花らしいものを見ることができなかった。アフリカの広い土地のどこもそうであるが、このあたりにも野生の藍《あい》が多い。その汁で自分達の麦藁の装飾品を染める土人の子供達はモヘトロあるいは「変化させるもの」と呼んでいる。この地方には二種の棉があって、マショナ人はその棉花で着物をつくり、それを藍で青くそめる。

私達は、南岸にたくさんの象を見た。象達は、夜水を飲みにきて、自分達の体にたくさん水をふりかける。豊富にある水をおいしく飲んでいる間中、象達が嬉しそうに甲高い声をあげているのがきこえる。象達は、陥穽に陥らないように砂漠を目がけて、真すぐ歩いて行く。河岸から一五キロほど離れ去るまで、決して道をそらそうとしない。南東のリンポポ河のあたりにすんでいる象は背丈が三・六メートル以上もあるが、このあたりのは背丈が三メートルぐらいしかなく、さらに北にすんでいるものは背丈が二・七メートルくらいしかない。縞かもしかあるいはトロもこのあたりにすんでいるのは、私達がこれまで見たものよりも小さいように思われた。私達は、白犀（R.simum）の変種であるクアバオバ、あるいは真直ぐな角をもっている犀（R.Oswellii）の代表的なものを見た。角は下の方に伸びているので、物を見る邪魔にならず、他の種類よりも用心深くありうるのを私達は知った。

私達はレチェあるいはレチウィと呼ばれている水かもしかの全く新しいそして大変美しい種類を見つけた。体は薄い褐色がかった黄色い色をしていて、胸と腹と眼の周りはほとんど白い。大水かもしかのとそっくり同じような角が少しく後方に曲りながら頭から伸び、先端にいって曲っている。雄は、角から鬐甲《きこう》にかけて、肌と同じように黄色がかった色をしている小さなたてがみをもっている。尾の毛は黒く、先が房のようになっている。この獣は水から一・五キロ離れると決していない。好んで沼地や河の島によってくる。アフリカの中央盆地の湿地以外には決していない。近づいて行く見知らぬ人を仰ぎ見る時の様子は、まことに立派である。逃げ去ろうとする時、頭を低めて角をたてがみと同じ高さまで下げる。初めはよろめきながら走って行くが、やがて足並が速くなり、藪をとび越えて走って行く。いつも水のあるところへ逃げて行き、何度もとんで水のあるところをすぎて行くが、とぶ度に水の底からとび上るように見える。私達は、初めその肉をおいしいと思ったが、間もなく飽いてしまった。

上等の魚の群が、毎年出水とともにたくさん下ってくる。ひめじ（Mugil Africanus）がもっとも多い。網でそれらの魚を捕える。平たい大きな顔をしているGlanis silurisは、鱗がなく、刺《とげ》があり、土人はモサラと呼んでいる。大人が肩にかついで運んでも、尾が地面にとどくぐらい大きくなる。

植物を食べ、習性は多く鰻《うなぎ》に似ている。大きな頭の中に大量の水を保っておくことができ、河を去って水溜りの乾ききった泥の中に埋まっていても死なないでいることさえできる。もう一種類これに似た魚がいて、この方はアフリカの至る所にいる。これらの魚は、しばしば食物をあさって水溜りに来るので、水溜りが干上った時土人達は大量に捕えることができる。黄色と黒みがかった褐色の斑点のある川蛇が頭をもたげて水の上を泳いでいるのをしばしば見うける。この蛇は全く人間を害することがなく、バエーエ人達は喜んでこの蛇の肉を食べる。これらの蛇は多くは魚を食べて生きているので、南部のベチュアナ人達は、いやな心持にさせられる。土人達は、どこでも湿地にたくさん生えているむくげの美しい丈夫な繊維でつくった網で、これらの蛇を大量に捕える。網のあみ方は私達がするのと同じである。バエーエ人達は、イフェで釣糸をつくる。イフェは、いちはつのような植物で、丈夫な繊維をもち、コロベングからアンゴラに至る広い地域に生えている。うきは、節のところに膜がある水生植物の茎なのであるが、膜と膜の間は約二・五センチあって、その中に空気が入っている。バエーエ人は投槍でも魚を捕える。また、河馬に槍を打ち込むのに、まことにすぐれた手練を見せる。あごのある槍の穂先は、棕櫚の若葉でつくった綱に結ばれている。河馬はカヌーを砕いてしまわない限り、カヌーをのがれることができない。事実河馬は、その歯でかみ砕くか、あるいは後足で打つかして、しばしばカヌーを砕いてしまう。

ツェツェ蝿　セビトゥアネ酋長

私はコロベングに帰って、一八五〇年の四月まで、その地に滞在していた。そこで私は、ゾウガ河の下流から河の向こう岸に出て、タムナクル河に達するまでその北岸をのぼって行くつもりで、妻と三人の子供達とセチェレをつれてコロベングを去った。私の目的は、次に河をさかのぼって、北方にいるセビトゥアネをたずねることにあった。

レチェラテベをたずねたがっているセチェレと、浅瀬になっていて河を徒《かち》わたることができるところで別れると、私達はゾウガ河の木の茂っている北岸に沿うて歩みをすすめた。多くの木を切りたおして荷車を進ませねばならなかったし、陥穽におちて死んだ牛の損失は大きかった。バエーエ人達は私達が来たことを知ると、親切にも穽をひらいてくれた。タムナクル河が流れ注いでいる地点の近くまで行った時、私達はタムナクル河の両岸にツェツェと呼ばれている蝿が多くいることを知らされた。これは私達が予期していない障害だった。それでは、子供たちの食物も得ることができない荒野の中に、私達の荷車が完全に立往生させられそうだったので、心すすまぬながらゾウガ河を再び横切らねばならなかった。

セビトゥアネをたずねるために出発しようとしていると、私達の男の子供と女の子供が熱におかされた。翌日は召使いの者達も同じ病気でたおれた。今や私は、その年は旅行することをあきらめねばならなかった。帰ってくる途中ゾウガ河の河畔で、オスウェル氏と出会った。彼はこの季節の残りを一生懸命に象狩りをしてすごしていた。象狩りにかけては、この地方へ来た人の中で彼がもっとも腕前がすぐれていると土人達はいう。彼は犬を使用しないで象狩りをしていた。やくざ犬達がほえたてて注意をそらし、象が人間に意をはらうことができないようにする。象はひざまずいて、犬をつぶして殺そうとする。時には、額をおしあてて直径二五センチもある木を前の方にたおす。ただ、猟人にとって危険なのは、犬達が象の方へ走って行って、自分達といっしょに象をおびきつれてくることなのである。土人達はオスウェル氏の勇敢振りを見て、イギリス人はたいへん勇気があるものと思うようになった。彼らは私にへつらおうとする時、いつも「あなたが宣教師でなかったら、オスウェルさんのようでしょう。あなたも犬なんかつかって狩りをしないでしょう」といった。

私達が第三回目の旅へ出たとき、セコミはいつになく親切にしてくれて、案内人を一人つけてくれた。だが、ヌチョコツァより先は、誰も道を知っていなかった。私達はブッシュメンの住んでいる土地を通って行くことになっていたが、私はこの地に着いた時、ブッシュメンのことについてよく知っている男のもっている鉄砲の主発条《ばね》が、幸いなことにこわれていることを知った。私は、その時ほど、一生懸命になって、鉄砲を修理したことがない。その鉄砲をもっている男から道案内をしてもらうのを頼みにして、私達は西へ行かないで北へ歩みを進めた。

私達は、土の固い平坦な地方を急いですぎて行った。石灰華の上をおおうている少しばかりの土の上に、若緑の丈の短い牧草やモパネやバオバブが数百キロの地域にわたって生えていた。私達は数カ所で大きな塩湖を見た。その一つであるヌトウェトウェ湖は幅が二四キロあって、長さが一六〇キロあった。海上におけると同様に、その水平線によって緯度を測ることができたろう。これらの不思議な場所は見たところ全く平らであるが、ゾウガ河のある北東の方へゆるやかに傾斜している。雨水はゆるやかに流れて行きながらその中にとかしている塩分を運んでゆき、塩分はすべてチュアンツァと呼ばれている一つの塩湖に運び去られ、この塩湖には塩と石灰のかたまったものが四センチも厚くたまっている。塩湖のあるものはたくさんの貝殻でおおわれていた。それらの貝殻は、ヌガミ湖やゾウガ河にすんでいる軟体動物の貝殻と同じだった。貝は、一枚貝、二枚貝、巻貝の三種類あった。

例の石灰華の中に多くの井戸が掘られてあるのを見た。それらの井戸は、ちっとも雨が降らない時でも、水がいっぱいになる時があった。はるか遠くの河から滲透作用によって水が流れてくるのらしかった。マトロマガン－ヤナ、あるいは「連鎖」と呼ばれている場所では、水の涸れない泉が鎖《くさり》のようにつぎつぎつづいて湧いていた。そこには、ブッシュメンが幾家族も住んでいた。このあたりのブッシュメンは、一般に背が低くて薄黄色い肌色をしているカラハリ砂漠のブッシュメンと違い、背丈が高くて体格がたくましく、浅黒い肌をしている。暑さだけが肌色を黒くするのではなく、湿気を含んだ暑さが一層肌色を濃くするように思われる。

ショボというブッシュメンの一人が、これらの井戸のあるところからセビトゥアネの国までの荒野原を行く私達の案内人になることを受け入れてくれた。私達が「連鎖」をすぎてから入って行った地方の物すごい光景は、筆舌につくしがたいものだった。草木としては、深い砂の中に生えている丈の低い矮樹《わいじゅ》を見出すことができるだけで、一羽の鳥も、一匹の虫も見出すことができなかった。さらにいけないことに、ショボは雨季にこのあたりにいた象の足跡をたよりに、あらゆる方向にさまよい歩いたのである。ショボは路上に腰を下ろして動こうともしなくなった。「水はない。原っぱだけだ。——ショボは眠るんだ。——あいつはまいってしまうんだ。——原っぱだけなんだ」ショボは、遠慮もなく体を丸めてぐっすり眠ってしまった。ショボは、四日目の朝、自分はこの地方についてちっとも知っていないことを告白して、逃げ失せてしまった。私達はショボが逃げていった方向に向って歩きつづけた。一一時頃、幾羽かの鳥を見、次に犀の足跡を見つけた。牛達を放すと、タムナクル河から分れてきて西の方を流れているマバベ河の方へ走って行った。召使いの者達が荷車に積んでいる水を無駄づかいしたので、午後になると子供達に飲ませる水がわずかしか残っていなかった。翌朝はいっそう水が少なくなった。子供達は、いつになく喉をかわかしていた。子供達が目の前で死ぬことを思うのは恐ろしいことだった。五日目の朝、お供の者の一人が、水をもって来たのでほっとさせられた。

牛達は、マバベ河の方へ走って行く途中、その後間もなく私達にとって全く厄介なものとなったツェツェ蠅のいる木立を通って行ったらしかった。ショボはバエーエ人のところへ行っていたが、私達が河のところへゆくと、一行の者達の先頭に立ってあらわれてきた。彼は仲間に自分の偉いことを見せたかったので、大胆にも私達の方へよってきて、私達一同に立ちどまるようにいいつけ、さらに火と煙草を提供するようにと命じた。私達は立ちどまって、彼の行動をほめた。彼は私達を

の男が大変困らせたのだったが、あの不思議な人々であるブッシュメンのすばらしい雛形みたいなこの男が、私達は好きだったのである。

翌日、私達はバナジョア族の村に到着した。この種族ははるか東の方に広く住んでいた。この人達は穀類（Holcus sorghum）が不作で、ほとんどツイトラと呼ばれている植物の根ばかり食べていた。これは天南星《てんなんしょう》亜科の植物の一種で、甘い味のする澱粉を多量に含んでいる。乾かしてあらい粉につき砕き、醗酵《はっこう》させると、まずくない食料となる。女の人達は髪をすっかりそり落し、ベチュアナ人より肌が黒いように思われる。小屋がけの住居は、棒杭の上に建てられていて、夜その中に火をたく。煙で蚊を追い払うためなのである。マババベ河とタムナクル河のあたりは、この地方のいずれの地方よりも蚊が多い。この村の村長をしていたマジャネは、少し才能がないように思われたが、自分の家族の若い者を村長の地位につかせるくらいの才智はもっていた。この若者は私達のために勤勉な案内人となってくれた。ソンタ河を横切って、チョベ河の河岸まで私達を連れていってくれた。そのあたりはセビトゥアネの国なのである。

私達は、夜またツェツェ蠅のいるところへさしかかったので、ただちに牛達を北岸にわたした。私達はわずか五〇ヤード離れているだけなのに、そこには一匹もツェツェ蠅がすんでいなかった。私達は土人達がツェツェ蠅がたくさんたかっている生肉をもってくるのをしばしば見たので、このことはいっそう不思議なことだった。この蠅は、普通の家蠅よりたいして大きくなく、蜜蜂の色と同じような褐色をしている。体の後部に三、四本の横線がある。たいへん機敏で、普通の気温の時には、どうしても手で捕えることができない。朝夕の涼しい時には、それほど機敏でない。家畜にたよって旅をする旅行者は、その特有な唸り声を一度きいたら決して忘れることができない。この蠅にかまれた牛や馬や犬は、必ず死ぬからである。私達はよく注意していたので、二〇匹とこの蠅を牛によせつけなかったと思うが、四三頭の立派な牛をこの旅で失った。まことに不思議なことには、人間と野獣はかまれても害をうけない。子牛も、乳をのんでいる間は、かまれても害をうけないが、犬の場合は乳をのんでいても予防薬とならない。毒は針か、あるいは皮膚の下に生みつける卵によって注入されるのではないらしい。手の上で、この蠅に思うがままに食物を食べさせておくと、三本に分れている吻《ふん》のようなものの真中のを真皮に深く刺す。やがて、それを少しくぬきもどして、上顎《うわあご》を活潑に動かしていると、刺してある叉《しや》は次第に赤くなる。前にちぢんでいた腹がふくれ上り、かまわないでいると腹いっぱいになったところでとび去る。かまれたすぐ後に、少しかゆいような心持にさせられる。牛の場合、かまれた直後は人間よりも多くその影響をうけるのではないが、少しばかり日がたつと眼と鼻から涙や鼻汁が流れはじめ、肌毛がさか立ち、喉の下に、時には臍《へそ》の下に、ふくらみがあらわれる。相変りなく草を食べつづけているが、体がやせはじめ、筋肉に一種特殊な無気力さがあらわれる。このような状態がますますはなはだしくなり、おそらく何カ月後であろうが、ついに下痢するようになると、すっかり衰弱して死ぬ。しばしば丈夫な獣が、脳をおかされるかのように、めまいしたり、目が見えなくなったりして、刺されて間もなく死ぬ。雨が降って急に気温が変ると、早く参ってしまうように思われるが、概して幾月もかかって次第に衰弱する。

牛の死体を解剖してみると、皮膚の下の細胞組織に、数多くのシャボン玉をふりまいたように、気泡ができている。血液が少なく、解剖してもほとんど血で手が汚れることがない。脂肪は緑色がかった黄色をしていて、あぶらっこくねばねばする。筋肉はすべてしまりがなく、心臓もすっかりやわらかくなっていて、指でつかむとしばしば指先が合わさることがある。肺や肝臓もおかされている。胃腸は青白い色をしていて、空になっている。胆嚢《たんのう》は胆汁でふくらんでいる。これらの事柄は、血液に毒が入ったことを示しているように思われる。吻が刺し込まれた時、毒が入ったのである。

騾馬《らば》と驢馬《ろば》と山羊も人間や野獣と同じようにツェツェ蠅の害をうけない。ザンベジ河の流域に住む大きな種族達は、彼らの国にもこのようなわざわいの種になるものがすんでいるので、山羊以外の家畜を飼うことができない。私達の子供も何度もかまれたが、何ともなかった。縞馬、水牛、豚、いろいろのかもしか等がこの蠅がすんでいる私達の周囲で静かに草を食べていた。馬と縞馬との間に、また水牛と牛との間に、さらに羊とかもしかとの間に、ツェツェ蠅の害についての差異を十分説明してくれるような性質上の差異を見出すことができない。人間も犬と同様、家畜なのではなかろうか。ツェツェ蠅は、動物の糞《ふん》をきらうので、医者は、獣の糞と人乳と何かの薬をまぜ合わせて、この蠅のすんでいるところを通りすぎて行く動物にぬる。このものはその時は効き目があるが、いつまでも効き目があるのではない。一度かまれたからとて、必ず免疫になるのではない。前年少しかまれた動物が、翌年多くかまれると死ぬかもしれないからである。ツェツェ蠅の害は、時おり、大変なものになることがある。いつか、セビトゥアネが、うっかりこの蠅のいるところへ入って行ったために、家来達がもっている何千という多くの牛を全部失ったことがあった。

私達がチョベ河畔で出会ったマコロロ人達は、私達と出会って大変喜んだ。この人たちの酋長であるセビトゥアネは、河を三〇キロ下ったところにいるとのことだったので、オスウェル氏と私は、彼の仮《かり》の住居を訪ねて行った。セビトゥアネは、白人達が自分を探しているときいて、はるばる幾百キロの遠くから、私達を迎えに来ていたのである。私達が到着した時、彼は主な家来達にとりまかれて島の上にいた。一同は歌っていたのである。この人達の歌は、イーイーイー、エーエーエー、とばかり歌う南方のベチュアナ人達の歌よりは教会の音楽に似ていた。私達が側へ行ってからも、数秒間歌いつづけていた。彼は喜びのことばを述べ、つけ加えていった。「あなたの牛は、みんなツェツェにかまれています。きっと死んでしまうでしょう。でも、ご心配なさらなくともよろしいです。私は牛をもっています。ご入用なだけ差し上げます」彼は、私達に食料にする一頭の牛と一壺の蜂蜜を贈り、世話をする人もつけてくれた。切れのようにやわらかい牛の鞣皮《なめしがわ》が寝具として用意された。彼はこの地方でもっとも偉大な人物だった。

彼は四五歳に近かった。背が高く、頑丈そうな体格をしていた。彼の態度は冷静で落ち着いていた。植民地の彼方における第一の勇者であって、いつも自ら部下をひきいて戦闘に参加した。敵を見ると、いつも、戦斧《せんふ》の刃《やいば》をさすりながらいった。「あはは、この刃は鋭いぞ。誰でも敵に背中を見せるものは、この刃にかからねばならないんだ」彼ははなはだ足がはやく、臆病なことをすれば、のがれる術がないことを、家来達はよく知っていた。こっそり逃げかくれているものがあると、家にかえらせた。やがてその者を前へ呼んでいった。「おお、お前は戦場で死ぬよりも家で死にたいんだな。そうだろう。それじゃ、お前の望みをいれてやろう」このようにいわれるのは、ただちに死刑にすることを知らされることだった。

彼は南の方の生まれで、今は自分の生まれたところから一五〇〇キロ離れた土地に住んでいた。彼は酋長の子供ではなかった。一八二四年に、クルマンからグリファ族によって追われた大勢の野蛮な遊牧の民の一人だった。牛をつれてわずかの人達と北に逃げたのである。

その後、セビトゥアネは、今のように多くの種族を従え、広い領地を支配するようになるまでに、いろいろな目にあい、また幾度も危険なことをしなければならなかった。ある時は、多くの種族がいっしょになって、セビトゥアネ達をみな殺しにしようとおそってきたこともあった。彼は、一撃のもとに、敵をおいかえしてしまった。二度も、もっている牛をみな分捕られたこともあった。しかし、彼は自分達が失ったよりも多くとりかえすことができた。またある時は、自分達の村を髑髏《どくろ》でかざることを好む不思議な趣味をもっている人達のところへ行きあてて、セビトゥアネ達の髑髏で戦勝記念物をつくろうとして集ってきた大勢の人達にかこまれたこともあった。セビトゥアネは、かえってこの人達から、羊や山羊には目をくれることができないほど数多くの牛を分捕った。敵を小島におびきよせて、餓死しそうになったところをおそったこともあった。

彼は、戦争の時に勇敢であったと同じように、平和の時には、まことに情深かった。貧しい人達が、町に鍬《くわ》や毛皮を売りにくると、自分一人で出かけていって、ひもじくないかとききお側の者にいいつけて、ご飯や牛乳や蜂蜜など、おそらく貧しい人達が生まれて一度も食べたことがないような食物をご馳走した。見知らぬ一行の者達が通りすぎれば、召使いのはてに至るまですべての者たちに必ず贈物をした。「あの人は情を知っている。あの人は利口者である」といわれているのを、私達は前からきいていた。

セビトゥアネは、私達が子供を連れているのを見て、自分を信頼しているからだというので、私達をたいへん喜んで迎えた。私達が落着く場所をさがしに、国中を案内してまわることを約束した。ところで、セビトゥアネは突然病気になった。私は、彼が重態であることがわかっても、死んだ場合家来達から非難されはしまいかと気がかりで、薬を与えることができなかった。私は子供のロバートをつれて彼をたずねて行った。しばらくいた後、かえろうとすると、体を少し起こして、召使いを呼んでいった。「ロバートさんを、マウンク（妻の一人）のところへお連れ申して、牛乳をあげるようにいっておくれ」これが、セビトゥアネの最後の言葉だった。

ベチュアナ人の酋長の埋葬式は、酋長のもっている牛の囲場《かこいば》の中で行なわれる。牛達を、一、二時間墓場の周囲と上を踏み歩かせて、埋葬したところがわからないようにする。

セビトゥアネの死後、酋長職は北の方へ一二日ばかり歩いて行ったところにあるナリエレに住んでいた娘のマーモチサネがついだ。私達は、この新しい酋長からどこでも自分の国を自由に歩くことを許された。オスウェル氏と私は、北の方セシェケまで二〇〇キロ歩いて行った。一八五一年の六月の終りに、大陸の中央にザンベジ河を発見することができたので、今までの労苦をむくいてもらうことができた。このことはまことに大切な事柄だった。この河がこのあたりを流れていることは、これまで少しも知られていなかったからである。どのポルトガル人の地図にも、この河は私達がいたところよりもはるか東の方を流れているものとして書き表わされている。私達がこの河を見たのは乾燥期の終りだったのに、深い水が三〇〇メートルから六〇〇メートルの広さで流れていた。毎年おそってくる洪水の季節には、水嵩が六〇センチにもなり、両岸につづく地域を、二五キロから三〇キロのところまで水浸しにする。

私達が、チョベ河から旅して行った土地は、大きな蟻塚が盛土のように七、八〇センチ高くなっているほかは、全く平らだった。これらの土地は一般に野生の棗椰子《なつめやし》と棕櫚でおおわれていて、ところどころにミモザやモパネの森林がある。チョベ河とザンベジ河との間の地域は、時おり水浸しになっていて、チョベ河の近くか、あるいは両岸には、ところどころに大きな沼地がある。マコロロ族の人達は、芦の茂っている深い河が自分達を敵からまもってくれるので、それらの沼地に住んでいる。このあたりには、住まうに適した場所がなかった。健康地は防禦《ぼうぎょ》が悪く、防禦のよい土地では病気にかからねばならず、原住民であったバシュート族の人達は、熱病のためにほとんど死にたえていたからである。

私達はこの土地をおとずれた最初の白人だったので、つぎつぎ土人達がたずねてきた。ある者は華美な模様のついているキャラコの化粧着を着てきた。またある者達は、模様のある木綿の着物を、あるいは青や緑や赤の粗ラシャの着物を着ていた。これらの着物は、ビへの近くにすんでいて、一八五〇年に、マコロロ族の人達と奴隷の売買をはじめたばかりだった、マンバリ族と呼ばれている種族から、男の子供と交換して得たものだった。彼らは幾梃かのポルトガル銃をもっていたが、将来マテベレ族が侵入してくることがあったら、それらの鉄砲はまことに大切なものとなるであろうと、セビトゥアネは考えていた。彼は牛か象牙でそれらの鉄砲を買いとることを申し出たが、鉄砲の所有者達は一四歳くらいの子供と交換する場合のほかは一切売ることをこばんだ。鉄砲を持ちたいという希望は最後に達せられた。同数の子供と交換に八梃の鉄砲を得ることができた。これらの子供はマコロロ族の子供ではなく、彼らが征服した黒人の捕虜なのである。私は、アフリカにおいて自分の子供を売るという例を聞いたことがない。

ボーア人達は、コロベングにいる土人達をおだやかに教え導くことをゆるしてくれそうもなかったので、私は家族の者達をこんな不健康地におくことをしないでイギリスに送りかえすことに心をきめた。一方私は、再び帰ってこの地方を探検し、文明の中心となり得るような健康地をさがし求めることと、東海岸から西海岸へ通ずる道によって内陸を開発することにつとめた。一八五二年四月のケープ・タウンへの旅で、私達はカフィール戦争の第二〇カ月目に植民地のまん中を通りすぎたのだった。なんら防備もないわずかばかりの人数の私達一行は、イギリスを旅すると同じように何の危険もなく旅することができたということは、このような不名誉なことのために毎年莫大な金を払わされている人達が知りたく思うことかもしれない。

私は一一年目に、文明の姿を見ることができるケープ・タウンに帰ってきたのだった。

南アフリカの地理的区分　馬病／大かもしかの大移動

家族の者達をイギリスに送りかえすと、一八五二年の六月に、私は再び北への旅に出た。今度はアフリカ大陸の南の端から西海岸にあるアンゴラの首府セーント・ポール・デ・ロアンダに出て、さらに南中央アフリカを斜に横切り、東海岸のキリマネに出たのである。私は一〇頭の牛にひかせて歩く、重くて速力の遅いケープ牛車をつかって、旅することにした。この牛車はこの地方で普通に用いられている乗物なのである。クルマンから来たキリスト教信者である二人のベチュアナ人と、二人のバクウェン人と、子供達の守《もり》としてケープ・タウンへ来た二人の少女がいっしょだった。二人のベチュアナ人は、これまで私が一度も見出すことができなかったような忠実な召使いだった。二人の少女はコロベングにある自分達の家へ帰って行くのだった。牛車によるアフリカの旅についてはしばしばいわれているので、健康にはまことによく、細々したことに気をつかうことをきらう人や、戸外を好む人には、まことに気持のよい長いピクニックのようだというだけで十分であろう。

私達は、円錐形になってつき出ているケープ植民地の中央近くを通って、北へ歩みを進めた。この地域を縦《たて》に三つの細長い地帯に分けて見るならば、気候、地勢、住民についてはっきりした区別を見出すことができる。東の地帯には水気の多い常緑樹が生えていて、山火事があろうが、旱魃があろうが、一向平気な山地がところどころにある。海岸の峡谷には、大きな樹木が茂っているし、この地帯には河や小さな流れがあって、土地が割合によくうるおされている。雨はかなり多く降り、カフィール人とズールー人である住民は背が高く、筋骨もたくましく、まことに立派である。抜目がなく、丈夫で、勇敢でもある。軍関係の人達が「まことに立派な野蛮人」とほめていったことがそっくりあたっている。黒い肌と羊毛のような縮毛《ちぢれげ》がなかったら、体格や骨組の点では、第一流のヨーロッパ人とあまりちがったところがない。

中央の地帯は、いたって起伏の少ない広大な平原である。泉は少なく、河はさらに少ない。雨が多いどころか、二、三年ごとに大旱魃にあうものと覚悟していねばならぬ。人の手で水をやることを工夫せねば、ヨーロッパの穀物は何も栽培することができなく、ベチュアナ人である住民は、カフィール人より体格が劣っている。

西の地帯は、海岸近くの土地が起伏しているだけで、中央の地帯よりも平らである。カラハリ砂漠も、この地帯の一部になっている。この広大な地域に雨の降ることが少ないのは、内陸の大部に吹いている風が東風なのであって、大気がインド洋から吸いあげた水分が東部の小山の多い、斜面の上に降らされるからである。目には見えないが、気温が高ければ高いほど、その中により水分を含み得ることは誰もよく知っている物理学の法則なのである。空気の流れがカラハリ砂漠に達して、高温な空気の流れに接すると、その中により多く水分を保有することができるようになる。それにもかかわらず、カラハリ砂漠に植物が生育するのは、この地方の地形によるものなのである。この広大な地域は、地形がはなはだゆがめられていて、見たところあまりよくわからないが、鉢のような形をしているのであろう。大部分の雨が降るあたりの地層は、中央に向かって傾斜しているので、雨水は地下水となってカラハリ平原へ流れてくる。ケープ植民地の私達が通っていったあたりは、見たところ不毛の土地のようだった。その年の冬がくる前に猛烈な旱魃があったので、大抵の農夫達が家畜の三分の二を失っていた。周囲の景色は殺風景で、木のない丘は黒褐色をしていた。植物の少ない平原は、カラハリ砂漠よりも砂漠という名前が当てはまっているような心持がした。このあたりには、もと牧草が生えていたといわれているが、その牧草を食べるかもしかがいなくなると、牧草もいっしょに消え失せてしまったのである。この地方に牧草が生えるようになったのは、かもしかが種をまき散らしてくれたからであるが、種をまくかもしかがいなくなってみると、アフリカの旱魃はあまり猛烈なもので、牧草が生成しつづけられなかった。しかし、松葉菊などがそのあとに生えている。この松葉菊は土地が乾いている間中固くとじている果皮をもっている実をならせる。雨が降って大丈夫生育できるようになった時に、果皮がひらいて中味が外に出てくる。他の植物の場合、果皮をはじけさせて、実をまき散らすのは熱と乾燥なのである。

この科の植物の一つ（Mesembryanthemum edule）は食べることができるし、根に生で食べることのできる塊茎のようなものができるのもある。また、乾いている地方では羊や山羊の飼料として、牧草よりも具合のよいのもある。農夫達は、かもしかが自分達の食べる牧草の種をまき散らかす方法をまねて、種のついているこの植物を車で二、三台羊に食わせて、その種子を牧場にまき散らさせる。

ケープ植民地をゆっくり旅して行くのは、まことに楽しいことだった。土地の名前は、今では幾

病毒におかされていないらしかった肉を食べた宣教師達によってためされた。多くのバクウェン人ちまち死んでしまう。みぞおちにできたとき、とくに危険である。この毒の力は、見たところこの病気で死んだ獣を食べると、悪性の吹出物ができ、この吹出物が大切な器官にできると、たに、二五頭を下らない縞かもしかが死んでいた。たくさんの牛かもしかと縞馬も死んでいた。体が肥ったことが、この病毒がはびこるのに都合がよかったのである。私達の家の前にある丘の上の畑に植えてあった種類の蜀黍《トウモロコシ》（Holcus sorghum）の緑の茎を好んで食べるが、思う存分に食べてがなかったので、収穫時に放り捨てておいたバクウェン人の畑によってきた。縞かもしかは、その年実るあ

この病気は野獣をおそう。私達がチョヌアネにいた時、たくさんの縞かもしかが、そが、馬のように一度に五〇頭も死ぬようなことはない。

びかかることはないらしい。牛も、二、三年目ごとに、あるいは長年間をおいてこの病気にかかるでの期間、馬を殺さないようにするには細心の注意を払わねばならぬ。一度この病気にかかれば再ことに致命的な病気なのである。南緯二〇度から二七度の間の土地はどこでも、一二月から四月ま馬病という名前で通っている病気がほとんど緯度七度の地域にわたってはびこっていて、これはま

ツェツェ蠅は、すんでいるところがはっきりわかってしまえば、何も心配はないのであろうが、

と駝鳥が最後に逃げた。

げにすんでいた。鉄砲を放つと、獣の中で一番敏感な象がまず逃げ、用心深くて馬鹿な牛かもしかている。わずかばかりのいろいろの種類のかもしかと野山羊と駝鳥がブッシュメンのように頼りな百キロも向こうにすんでいる水牛や大かもしかや象が、昔これらの土地にすんでいたことを表わし

達が、この病のため死んだ獣を無理に食べたために死んだ。この毒は煮ても焼いても消えない。これに似た例を私達はたくさん知っているが、このことは、大仕掛の実験は生理学者の実験室における実験にまさることを示している。というのは、パリの有名な医者が念入りにしらべた結果、この毒は煮ると消えるとされているからである。

オレンジ河に達する前、私達はとびかもしかが移動してくる最後の群を見た。それらの獣達はカラハリ大砂漠からきたもので、最初に植民地境を横切った時、その数四万を越えていたといわれている。私はあらましの数を数えてみようともしなかった。広い地域にひろがっていて、草を食いながら、しきりに体をゆり動かしたり、見事な角をつきあげたりするからである。これらの獣は、主に草を食べて生きている。草がもっとも多い頃に北から移動してくるので、これらの獣達が移動するのは草に不足するためではない。また水に不足するためでもない。このかもしかは水について大変我慢強い獣だからである。これらの獣達は、敵が近づくのを見張りできる場所を選ぶために移動するのらしい。草が長く伸びているところへ牛達を連れてくると、草の中に体がかくれるために危険を気づかう心持が強くなり、草にかくれてはっきり見えないお互いの姿を見ても、しばしばびっくりさせられる。とびかもしかはこのような心持を多くもっていて、とりわけ群居することを好むので、カラハリ砂漠の草が長く伸びると、不安になってくるのである。進むにつれて次第にその数がふえ、食べる草がなくなると作物に害を与える。途中でたまたま麦畑を見つけると、大群のいなごがおそった時よりも綺麗に食いつくしてしまう。これらの獣達が帰ってくるのを誰も見た人がない。多くは餓死し、残りは植民地の中に散らばる。バカラハリ人は、とびかもしかがさえぎるもののない眺望を好むのを利用して、新たに萌え出る牧草によってこの獲物を呼びよせるために、また この獣達が歩きまわる空地をつくるために、広い面積の草原を焼き払う。

オレンジ河を横切った私達は、グリクァ人とベチュアナ人の住んでいる独立の領土に入って行った。グリクァ人というのは、土人とヨーロッパ人との雑種の種族という意味なのである。このあたりに住むグリクァ人は、オランダ人とホッテントット人やブッシュメンの女の人達との雑種なのである。第一代の雑種の人達は第二代の雑種の人達よりすぐれていると思っている。いずれも両親の特徴を多少うけついでいる。この地のグリクァ人達は、長年にわたって、皆の人達から選ばれたウォターボーアという名で呼ばれている酋長に治められている。この酋長は、働きのある酋長で、よく外敵を防いでくれたので大変勢力があった。グリクァ人やベチュアナ人達は、何百人もキリスト教信者となり、半ば文明人のようになっていた。ほとんど着物らしいものを身につけていないにしても、服装という言葉を使えるとしたら、昔グリクァ人とベチュアナ人はカフィール人とははなはだ似た服装をしていたといえるだろう。女の人達は、長さ五センチばかりの革の紐の束を腰の前側につるし下げ、羊かかもしかの皮でこしらえたもので両肩をおおうていた。胸と腹は裸体のままであった。男の人達は、帽子の頂ほどの大きさの一枚の前掛と、女の人達のとそっくり同じな肩衣を身につけていた。日中は太陽の暑さを、夜は寒さを防ぐために、脂肪と黄土を混ぜ合わせたものを体に塗り、頭には青い雲母片岩を粉々にしたものと獣の脂と混ぜ合わせたものを塗った。輝く雲母の細粉が、体や珠数玉のつないだのや真鍮の輪の上に落ちるのは誠に綺麗であるとされている。今では、彼らも見苦しくない服装で教会へ来る。日曜日の礼拝はよく行なわれているし、宣教師がいない土地でも、宗教的な集合がきまって催され、子供も大人も、より勉強の進んでいる仲間の土人達から本を読むことを習っている。

クルマン地方　ボーア人の暴行

クルマンの伝道所が長くつづいているのは、同じ名前の泉が湧いているからだった。水は通常摂氏二二・二度の温度で流れ出てくる。私がこの地にいる間は、少しも水量が減ったようには思わなかったが、三五年前モファット氏がこの土地に住居しようとした時は、一〇キロほど離れたところにダムをつくったのに、今では泉の水が一滴もそのダムに流れてこない。今生きている人達が記憶している頃に、時々河馬があらわれ、牛や人間を溺れ死なせることができるほどたくさん水が溜っている泉のあった場所が、クルマンの野菜畑から二〇キロばかり離れたところにある。このように水がへったのは、この地方一帯が乾燥してきたことを示している。

クルマン地方は、この乾燥している南の地方が、あまり遠くない昔に、ヌガミ湖の北のように水気が多かったことを証明している。大昔の河の跡が多く、遠い昔に水が出なくなった泉の孔が残っている。それらの孔は、もと割目のようだったのが、幾世紀も水が流れていたために楕円形になっている。これらの多くはもはや水が流れ出なくなっている。出口が高すぎるか、でなかったら、この地方の西側が隆起して、このあたりの土地を下にある水から離してしまったからである。土地の低いところから泉のあるところまで土地を掘るならば、絶え間なく水が流れるようになる。クルマンの近くに住むベチュアナ人達は、大昔の泉を幾つか掘り返してつかっている。彼らの水利工事の仕事ぶりは、いつもはなはだ利口なのではない。彼らは幾月も深く掘りつづけているが、一旦掘りはじめると、面目上あくまで掘りつづけねばならないような心持がして、宣教師から、丘の上へ水を流れさせることができないといわれても掘りつづける。

少しばかりの藺草《いぐさ》と赤色がかった草が生えているだけで、下に水があることを示しているものが何もないのだが、この地方のボーア人達は、地面の低いところから、それらの草が生えているところまで、ながながと深い水路を掘る。これらの草は、大昔にあった泉の孔なのだが、今ではやわらかい凝灰岩で満たされている凹地に生える。藺草がながながとつづく砂山の裾ではなく、砂山の背の上に生えている場合もあるが、それは下に水がひそんでいることを示している。そのような砂山の下を横に深く掘ると、水が流れ出てくる。下に水のあるところの地面は、藺草に吹きよせる埃や砂で高くなるのである。夜地中から上ってくる水分は、砂や埃を根本にとどまらせるので、凹みにならずにむしろ高くなる。

このあたりの光景は、一年の大部分薄黄色い色をしているが、三、四カ月つづく雨の季節の間は、黄色い色が薄れて気持のよい緑色を帯びるようになる。西の方に小山の峰がつづいているが、それらの小山の東の方には、草でおおわれた平原が、幾百キロもつづいているのを私達は見た。大きな綴布のようにつづいているこれらの広い平原は、白い色をした石灰華でおおわれ、その上には、釣針のような厄介な棘《とげ》のある「一寸待て茨」（Acacia detinens）の低い藪の間に見事な草が生えている。黄色い砂地にはモレトロア（Grewia flava）モハトラ（Tarchonanthus）という植物が生えているし、そのほか野生のサルビアやアマリリス等、いろいろの珍しい植物が生えている。二、三の場所に、野生のオリーヴ樹やジラフ・アカシヤ等の昔の大森林の名残りを見出すことができる。

私達は、ジラフ・アカシヤといっしょに、ヌゴトゥアネと呼ばれている珍しい植物が生えているのを見た。この植物はみごと黄色い花をたくさん咲かせ、強い香を放ち、周囲の空気を香《にお》わす。アフリカの乾燥地帯に生えている他の植物は、たいてい香をもっていないか、でなかったら不快な臭気を放つかなのである。ヌゴトゥアネは強い毒を含み、それを少しなめただけで、喉が焼けるような心持にさせられる。フランス人のある紳士が、この植物の花を浸した水を、お茶代りに一口か二口か飲んだら、体からすっかり力が抜けてしまったような心持にさせられた。この毒は酢を加えるとたちどころに消えてしまう。この紳士も、酢をコップで一杯飲んだら、たちどころに体具合がなおってしまった。この紳士のいうところによると、この毒を飲むやいなや、神経のすべてに電気を通じられたような心持にさせられたとのことだった。ジラフ・アカシヤの近くにいつもヌゴトゥアネが生えているのは、この木を食べるきりんが、おそらくこの植物を薬として食べることを説明しているのらしい。

私達は荷車の輪がこわれて、約二週間クルマンにとどまっていねばならなかったが、そのことは私達にとってかえって幸いなことだった。というのはボーア人がバクウェン人をおそった場面に居合わせないですんだからである。ボーアということは、農夫ということを意味するが、アフリカにいるオランダ人の子孫をボーア人というのである。この者達は、土人を奴隷として使用し、土人達が少しでも穏やかでないことをすれば、一向平気でみな殺しにしてしまうのである。今度も、セチエレの部下を六〇人殺し、さらに女や子供や部下を捕虜《とりこ》にし、町を焼いて去ったのである。

私達は一一月二〇日にクルマンを去った。六〇キロ歩いて行って、モテトというところに着いた時に、私達はセチェレに出会った。「イギリスの女王様のところへ行く」途中にあるとのことだった。二人の子供と子供達の母が、それから彼の先妻もボーア人から捕虜《ほりょ》として連れてゆかれているとのことだった。イギリス人は正義が強いことをかたく信じているので、イギリスの国王から救ってもらおうというのだった。「女王様は、私の申し上げることに耳を傾けて下さらないでしょうか。私が女王様のところへ参ることができたらばのことなのですが」と彼はいう。「女王陛下は、お前の申し上げることに、きっと耳を傾けて下さると信じますが、困難なのは女王様のところへ参るまでの道中なんだ」「いや、私は女王様のところへ辿りつくことができます」とのことだった。セチェレは、ケープ・タウンまで行ったが、金が尽きて目的を達することができず、再び一五〇〇キロ離れた自分の国へ帰らねばならなかった。

セチェレと別れた私達は、カラハリ砂漠に沿うて、時にはその中を通って、ボーア人達に近づかないようにしながら歩みを進めた。一八五二年には、いつもより多く雨が降った。このようなことが一一年あるいは一二年に一度まわってくるが、すでに三度あったと伝えられている。雨が多く降ったために、いつになく瓜が実っていた。

雨季になる前に冬につづいてまわってくる乾燥期の間中、時おり暑い風が北から南へ砂漠の上を吹く。竈《かまど》の中から吹いてくるような感じにさせられるが、めったに三日以上つづけて吹いていることがない。全く湿気を含んでいない。大気の中には電気が多くなり、一本の駝鳥の羽を風にあてておくと、強力な電気機械にくっつけておいたように電気を多く含むようになる。そのような時でない時でも、土人がカロスを着て歩くと電気が発生して小さな火花を散らす。

雨燕（Cypselus apus）の大群がいくつかクルマンの北の平原の上を飛びすぎて行くのが見えた。流れるようにすぎて行く燕の群を数えてみると四〇〇〇羽以上はいた。このほかにも、群をなしてすみ、繁殖期になると飛びまわっている鳥が数種類いた。この地方では、鳥の繁殖期は寒い気候の時と暑い気候の時の間なのである。この地方では、寒さがもっとむし暑くない地方の温和な春の暖かさの働きをしてくれるからである。これらの鳥は、卵をかえして雛を育てに帰るヨーロッパの候鳥なのだろうか。

一八五二年一二月三一日に、私達はセチェレの村に到着した。村の近くにレペロレと呼ばれている洞窟があるが、誰もその中へ入って行こうとしなかった。神のすむ所であると誰も信じているからだった。私はこの時ほどバクウェン人が元気なく、やせ衰えているのを見たことがなかった。バクウェン人達が、もっている牛の大部分をボーア人からかすめ取られ、穀物と衣類と家具は全部焼き払われていた。今にも餓死してしまいそうなのだった。

クルマンからコロベングに、あるいはリトゥバルバに至るまでの、さらにヌガミ湖が位している緯度に至るまでの砂漠となっている地域の気候はまことに衛生的である。インドで体をこわしたヨーロッパ人も、この地にくると、すっかり元気を回復してしまう。肺をやむ人達にとっては、まことによい療養地である。五月にはじまって八月に終る冬の期間は、一滴も雨が降ることなく、湿気と冷たさが決していっしょになることがない。コロベングでは、日中どんなに暑くも、たとえ家の中の一番涼しいところでも三五・六度に昇ることがあっても、インドやアフリカの海岸地方でのようにむし暑い感じにさせられて、体を弱らされることがない。朝夕の爽快さは、何物もしのぎ得ないであろう。暑すぎもしなければ、涼しすぎもしない。まことにしのぎよい気候なのである。

動物の病気

ライオンの習性／いろいろの蛇／土人の割礼／駝鳥

まことにあわれな状態にあるバクウェン人達のところに、五日間滞在していた後、私達は、一八五三年一月一五日に出発する用意にとりかかった。数匹の犬が水辺にいて、その場を離れようとしなかった。ボーア人が殺したバクウェン人の死骸を食べていたのだった。誰もいやな思いがして、自分の飼犬にしようとしなかった。クホポングからの先を、ボアトラナマへの通路になっている大昔の河床の跡に沿うて歩いて行く途中、サボテンの新しい種類を見つけた。私は前に二種類見つけていた。一つはケープ植民地で見つけたが、真赤な花が咲いていた。もう一つはヌガミ湖で見つけたもので、茶褐色の花が咲いていた。今度のは花が咲いていなかった。

私達は一月二一日に、ボアトラナマの井戸に到着した。井戸は初めて空になっていた。以前は、芦の茂った大きな水溜りから小川が流れていた。ロペペの井戸もかわいていた。私達はマシュエのおいしい水を目がけて歩みを急がせた。このあたりを旅するものは、時おり強烈な悪臭をかがされる。この悪臭は「レションヤ」と呼ばれている漆《うるし》のように黒い色をした大きな蟻が放つのである。この蟻は体の長さが約二五ミリあって、スカンクと同じように、驚かされると悪臭を放つ。

時おり私達は陸亀に出会った。この陸亀は、腹の中にたくさん卵をもっていて、大変おいしい。

どうしてこの爬《は》行動物《こうどうぶつ》がこのあたりにすんでいるのか、まことに不思議なことである。歩みはまことに遅く、また何の奸計《トリック》も心得ていないからである。また、それをかむと、鬣狗の歯でさえそれはずれてしまうほどかたい甲をもっていても、人間を防ぎ守ることはできないからである。体は黄褐色をしていて、周囲の草や藪の色とちょっと見分けがつかない。土人は甲を利用するためにその子を捕える。甲は箱にされ、女の人達はその中に快い香のする根を入れて身の周囲《まわり》にさげる。一人前になったものは食用として利用され、その甲は食物や水を入れる粗末な鉢として利用される。卵を産む時には、甲の周囲に土を掘り上げて体を土の中に埋め、頂しか見えないようにする。卵を産んでしまうと、その上に土をかぶせておく。雨が降りはじめて新しく草が萌え出る頃になると、亀の子供達は土の中から出てくる。親亀から子守りしてもらうこともなく、一人で大きくなる。やわらかい草とソトナと呼ばれている植物を食べる。時おり木炭をむさぼり食い、強壮剤である塩を求めてはるか遠くまで旅をする。

野獣の習性についてよく知っているブッシュメンやバカラハリ人にいろいろきいてみると、野獣にもいろいろの病気のあることがわかった。皮膚病にかかっているのもあれば、馬病のような病気にかかっているのもいるし、目をわずらっているのもいる。蛔虫はあらゆる獣にいる。縞馬と象にはたいてい蛔虫がいる。縞馬やきりんや大かもしかは、時おりむし歯で歯がかけて、まるで骸骨のようになる。ライオンも歯がかけて体がやせ衰え、やがてみじめに死んでゆく。ライオンは年老いて野獣を捕まえることができなくなると、しばしば村々の山羊をおそう。たまたま夜そとに出た女や子供が、そうして村里へおそってくるライオンに捕まえられる。他に食物を得るところがないので、人間の住んでいるところにばかり襲ってくるのである。こんなことから、ライオンは一度人間の肉を味わうと、何より人間の肉を好くようになると考えられるようになったのである。人間を食うのは、いつも年老いたライオンである。ライオンが山羊を得にやってくると、人々は「あのライオンは歯がかけているから、間もなく人間を食い殺すだろう」という。人々は直ちにそのライオンを殺すことにとりかかる。人間のいるところから遠く離れてすんでいる場合、あるいはブッシュメンやバカラハリ人がこわい場合、ライオンは老年になるやいなや、二十日鼠やその他の小さい齧歯類の動物をつかまえはじめる。草でさえ食べる。おそらく、それは犬の場合のごとく薬として食べるのであろう。土人達はライオンの糞の中に消化されていない植物が混っているのを見て、きっと何かの木の下に動けないでいるだろうというので跡を追う。彼らは造作もなくしとめることができる。

しばしば、食肉獣には人間を極端に恐れる気持がある。大量の野獣が火器でおい払われた町の近くにすむ雌のライオンは、自分が産んだ子を食べて餓えをしのぐといわれている。だが、私達がコロベングに行っていたあいだ中、チョヌアネの半ばあれはてている私達の家のあたりに多くのライオンがやってきて、土人達は夕暮れになると、こわくて一歩も戸外に出られなかったのである。

アフリカのライオンは、犬の大きいのより多少大きいぐらいで、顔も絵にあるのには似ていなく、犬によく似ている。日中人間に出会うと、まず一、二秒間人間を見つめていた後、静かに引き返し、肩越しに後をふりかえりながら一二歩ばかり同じように静かに歩いて行く。次に、人間に見えなくなったと思われるところまで速歩で歩いて行き、やがて猟犬のように走り去る。一般に、何か気に食わないことをしない限り、日中人間をおそうことをしない。月の夜は、牛を外においてもおそってこないが、雨のふる暗い夜は、たいてい襲ってくる。しかし、子を連れているライオンの場合は別で、どんな危険でもおかす。ある時など、一人の男が木に登るいとまもなく嚙まれたことがあった。が襲いかかってくる。ライオンの風上を横切っただけなのに、たちまち雄と雌のライオンが襲いかかってくる。

猫属の他の動物もそうらしいが、ライオンはちょっとでも罠を見ると、立ちどまるという特殊な習性をもっている。インドでは、虎を捕える餌として山羊を杭《くい》につないで野原におくと、虎はまことに手早く山羊をさらって行くので、何人もねらいうつことができない。それで小さな陥穽を掘り、その底に杭を打って山羊をつないでおく。虎は疑って陥穽の周囲をぐるぐるまわっている。猟人はそのところをねらってうちとることができる。ライオンも同じように用心深い。一匹のライオンが、コドリントン大尉にとびかかった。大尉は首に弾丸を射あてて、そのライオンを殺した。逃げて行った馬が、手綱を切株にひっかけて、進めなくなってしまった。馬は二日間そのままになっていた。大尉は馬のいる周囲に、一面ライオンの足跡がついているのを見た。ライオン達は、それが罠かもしれないのを恐れて、馬をおそえなかったのである。夜、夫婦のライオンが、牛達を荷車につなぎ、一匹の羊を木につないでいるところへ近づいてきた。三メートル離れた所まできて咆《ほ》えながら立っていたが、おそいかかろうとしなかった。さらに別の例をあげると、私達一行の者達の三人が、ぐっすり寝込んでいると、一匹のライオンが一、二メートル離れたところにきて咆えはじめた。彼らが乗用にしている牛が小さな木につながれているので、おそえなかったのである。やがて三〇〇メートル離れた丘のところに去って、一晩中そこで咆えていた。翌朝三人の者がそこを去ろうとしている時も、なお咆えつづけていた。

　普通ライオンは獰猛《どうもう》な動物であるとか、気高いところのある動物であるとかいわれているが、これまで私がこの動物について知ったところでは、そのようなところをこの動物に見出すことができなかった。主として防禦のない動物ばかり捕えて食うのであるし、水牛の子を捕えて食おうとしたために、親水牛から突き上げられて殺されることさえある。セビトゥアネの浅瀬の南にある平原では、水牛の一群が、幾匹かいるライオンの方へ雄牛達の頭を向けることだけで、子牛達を護っていた。雄水牛に突き上げられれば、どのように強いライオンでも死んでしまうであろう。ライオンが唯一匹で、十分に成長した水牛と、格闘ができるかどうかは疑わしい。一匹が水牛の犠牲になると、ライオン達は協力して水牛を殺すことを約束しているかのように咆え合うからである。オスウェル、ヴァドンの二人は、三匹のライオンが協力して一匹の水牛を倒しているのを見たことがあった。その水牛は六〇グラムの弾丸を身にうけていたのに、ライオン達は一格闘せねばならなかった。ライオンは犀を見ただけで逃げ去ってしまう。

　果たしてライオンが、たてがみをつかまえて獲物を捕えるかどうかはまことに疑わしく、またためったに獣の臀《しり》にのることをしない。喉の顎《あご》の下にあたるところにとびつくか、でなかったら、横腹にとびかかる。横腹はもっとも攻撃の目標となるところであり、また最初にむさぼり食うところでもある。大かもしかがライオンにすっかり臓腑《ぞうふ》をむしり取られているのを見うけるが、他のところはほとんど裂きむしらないらしい。ごく大きなライオンでも、内臓と脂肪の多い部分だけで、一食分の食料として十分なのである。腹いっぱい食べるとぐっすり眠るが、その時は容易に殺すことができる。ライオンは獲物をあさり歩いている時、ジャッカルを一撃のもとに倒してしまう。

獲物が多いところには、それに比例してライオンが多くいるものと思ってよい。決して大勢群をなしていることがなく、おそらく一家族の者達というわけであろうが、時おり六匹か八匹のライオンがいっしょに獲物をあさり歩いている。犬を連れてライオン狩りをするのは、インドで虎狩りをするのにくらべてはるかに危険が少ない。犬達はライオンを隠場から追い出し、犬達が吼え立てる声にたじろんでいるところを、十分ねらいを定めて打つことができるからである。要するに、私が見聞きしたことから判断して、普通に勇気をもっている人だったら、ライオンは何ら恐ろしいものではない。

ライオンは百獣の王ということになっているが、真暗な夜、雨は流すように降り、アフリカの雷鳴は物すごい音をたてなりひびいていて、ちょっとの間目がくらんで何も見えなくなるほど雷光がきらめき、流すように降る雨は火を消し、防ぎ守ってくれるものとしては一本の木もなく、鉄砲を放つ機会も得ることができない時、ライオンの吼える声をきくのは恐怖心をそそるのにまことにふさわしい。しかし、家の中か車の中に気楽な心持でいる時には、ライオンの唸り声をきいても大して恐怖心をそそらない。ヨーロッパ人は、ライオンの声と駝鳥の声を区別することができない。一般に、ライオンの声は胸の奥から発せられるように思われるが、それよりもはっきりしているのは、駝鳥は日中吼えて、ライオンは夜吼えることなのである。土人は、吼えはじめの声色に違いがあることを、見ぬくことができるとのことだった。たしかに、腹がいっぱいである時の騒々しい歌っているような声と、空腹の時の荒々しい太い唸り声との間にはかなりの違いがある。

マシュエの近くには、いろいろの種類の二十日鼠がたくさんすんでいる。しばしばたくさんの穴が地下に掘られていて、一足ごとに足はしずむ。これらの鼠は、高さ六〇センチぐらいあって、直径の方はそれよりもやや長い小さな乾草堆をつくる。地面が毎年雪でおおわれる地方でもないのに、アフリカで乾草堆をつくるのは、どうしたわけかわかりかねることである。

二十日鼠のたくさんいるところには、きっと蛇がいるであろう。蛇は二十日鼠を食べて生きているからである。猫は蛇を家の中へ誘いよせる二十日鼠を食べて、蛇が家の中に入ってくるのを防ぐ。だが、時おり蛇が家の中に入ってくる。数種類の蛇は驚かされると特有な臭《におい》を放つので、それらの蛇が家の中にいればすぐわかる。アフリカでは、イギリスで蛇について本で読んだ時のようにいやな感じにさせられない。もっとも有害なものでも、噛むのは、自分に害を加えられる恐れのある時か、足で踏まれた時か、あるいは雌雄がいっしょにいる時である。

蛇のあるものは、特別有毒である。私達がコロベングで殺した種類は、頭を切り取られた後も、その毒歯から何時間も澄んだ毒液をしたたらせていた。毒をまことに多量にもっているので、多くの犬がこの蛇をおそうと、まず最初に噛まれた犬がたちどころに死に、第二番目に噛まれた犬は約五分の後に、第三番目に噛まれた犬は一時間ぐらいの後に、第四番目に噛まれた犬は数時間の後に死ぬ。この蛇は牛の囲場をあらす。私達が殺したのは、ほとんど黒に近い黒褐色をしていて、長さが二・五メートルあった。きっと「毒吐蛇」という名で呼ばれているものと同種類のものだった。この種類は、風具合がよくて毒を多く出せる時には、眼の中にさえ毒を出すことができると信じられている。このほか、大毒蛇や、とりどりの色をしているいろいろの種類のまむしやコブラなど、いろいろの蛇がいる。これらの蛇は、怒らせられると、頭を地面から約三〇センチももたげ、首を平らにしてすばやく舌を出したり、ひっこましたりする。よどんだ目で、いかにも怒っているようにじっと見すえている。どの蛇も水を好み、水を求めてはるか遠く、ゾウガ河や、その他の河や水溜りまで出かけて行く。

土人達が「ノガプツァネ」あるいは子山羊蛇と呼び、子山羊がなくのとそっくり同じような声で夜なく蛇がいる。私は一度、おそらく子山羊がいるはずがない場所でその声をきいたことがある。旅人を呼びよせるために、そんな声でなくのであると、土人は思っている。蛇族のあるものが獲物をとらえる方法はまことに変っている。ある蛇は、小鳥とその卵を探し求めて、木にはいのぼって行く。たちまち近くにいる小鳥達は皆いっしょに集って、警戒の叫声をあげる。この種の蛇の毒歯は、嚙んだものに毒を注入するのにはあまり具合よくできていないが、一たん嚙みおさえた獲物をにがさないようにするにはまことに都合よくできている。またある蛇は、小さな歯をもっていて、薄い殻の卵をこわさないで喉の奥までのみ下すことができる。前歯が大きかったらそうはゆかないであろうが、喉のところにある奥歯は卵の中味を口のそとにこぼさないようにして卵の殻をわる。中味のなくなった殻は口の外にはき出される。錦蛇のごとき蛇は食料にすることができ、大きいのになると長さが五、六メートルもある。これらの蛇はかもしかを食べることもあるが、主として齧歯類の小さな動物を食べている。人間にはなんら害を加えない。私達がその背骨を射ぬいたものは長さが四メートルもあった。太さは人間の脚ほどあった。背骨を射ぬかれても、約一メートル半ぐらい高く体をもたげ、おどすようにして口を開いて見せたが、蛇は逃げて行きたいらしかった。バカラハリ人とブッシュメンは蛇の肉を喜んで食べる。めいめい自分の分前を丸太のように肩にかついで行く。

ザンベジ河の南に住んでいるベチュアナ人とカフィール人の諸種族はすべて割礼（ボグェラ）を行なうが、一切秘密にして行なう。私は一度バマングワトで「セチュ」と呼ばれている儀式の第二部を見たことがある。ちょうど夜明けごろ、一四歳ぐらいの裸体の少年達が、一列に並んでコトラの中に立っていた。めいめいの家に属するいくつかの小屋が円を描いて並んでいて、数多くのこの小屋の集りで村はできている。おのおのの小屋の集りのまん中あたりにコトラと呼ばれるところがあって、そこには火をたく場所がある。村の人びとはここで仕事をしたり、食事をしたり、その日の出来事について話し合ったりする。貧しい人は金持の人のコトラに属し、その人の子供とみなされる。めいめいが盾《たて》として手に一足のサンダルをもっていた。同じように裸体でいる大人の人達が、モレトロアと呼ばれている丈夫でしなしなした灌木の棒をもって、子供達と向かいあって立っていた。一同は「コハ」と呼ばれている踊りを踊りはじめた。大人の人達は、踊りながら少年達に「お前達は酋長を守るか」とか「お前達はよく牛を育てるか」などとたずねる。少年達が承知したことを述べると、大人達は前に進み出て、各自自分の前にいる少年を思いきり打とうと狙《ねら》いを定める。少年達はサンダルで頭をおおい、大人が打ち下ろすしなしなした棒が肩の上におちるようにする。棒でうつごとに、傷口から血が三〇センチか四五センチもほとばしり出る。踊りが終るころには、肩全体にみみずばれができ、その痕《あと》が一生残る。若い兵士達を、頑健にするために打つのである。コア踊りは、このような訓練を経て、さらに一匹の犀を殺した後に、妻をめとる資格を与えられる。

彼らの数多くある他の慣習と同じように、年長者に敬意を払うことにもなる。少年をこらしめた若者は、自分も年長者にこらしめられる。セチュは三種族が行なっているだけである。宗教的な儀式であるよりはむしろ民間の儀式であるボグエラは、ベチュアナ人とカフィール人のすべてが行なっているが、南緯二〇度の彼方に住む黒人の諸種族は行なわない。一〇歳から一四歳あるいは一五歳にいたるまでのすべての少年達が、終生酋長の子供の家来となる者達として選ばれる。選ばれた子供達は、森のどこか人目につかないところに連れて行かれ、いくつかの小屋が、子供達の用にあてるためにつくられる。年老いた人達は子供達に踊りを教え、アフリカ政治の奥義について手ほどきをする。めいめい「レーナ」あるいは名声と呼ばれている自分自身をほめたたえる名文句をつくり、流暢《りゆうちよう》にその名文句をくりかえさなければならぬ。

訓練生達は、一定の標準に達するまでさかんに打たれなければならぬ。子供達は帰ってきた時、背中にたくさんの傷痕をもっている。帰ってくるやいなや、もっともはやく走れるものに賞品を与えられる。訓練を終えれば、一人前になったものと見なされて、コトラでも年上の人達の中にまじって坐ることができる。

複数の場合はメパトと呼ばれ、単数の場合はモパトと呼ばれている隊が組織されている。隊員は村の別々の場所に住んでいるが、召されれば、直ちに集まって酋長の息子の支配の下に行動する。彼らは一種の平等権を認め、お互い呼びあうのにモレカネ、あるいは仲間という言葉を用いる。同じ隊に属する者達は、臆病だったり、呼べば聞こえるところに仲間がいるのに一人で食事をしたりして規則をおかす者を、お互い打ってもよい。年上の者達のモパトに属する者達は年下の者達のモパトのことに口出しすることができても、年下の者達のモパトに属する者達は年上の者達のモパトのことに口出しすることができない。三つか四つのモパトができると、もっとも年上の者達のモパトは、戦争があっても戦争に加わらないで、女や子供を守ることにあたる。土人は自分の年齢を知っていない。年齢をきくと、「自分が生まれた時をおぼえている人がいるでしょうか」と答える。自分の属するモパトができてから、できたメパトの数ばかり頼りにしている。自分達のができて四つか五つのメパトができれば、もはや彼らは武器をとることをしいられない。一五歳の時自分の属するモパトができたとすれば、それから六年か七年に一度新しいモパトができているので、その後一〇メパトができた場合、その人は七〇歳ぐらいか八〇歳ぐらいになっている。このくらいの年齢ではまだ決して年老いたことにならない。

若い女の人達にはボヤレと呼ばれている相似た儀式が行なわれる。若い女の人達は、南瓜の種と芦を短く切ったものを糸で交互につなぎ合わせた紐でつくった綱を8の字形に体にまきつけ、一人の年老いた女の人の監督のもとに、つかれても我慢づよく大きな水瓶をはこぶことにならされる。しばしば彼女らは、燃えている木炭をあててつくった傷あとを二の腕にもっている。苦痛にたえる力をためすために、そのようなことがなされたにちがいない。

バマングワト高原は、バカァ山脈と呼ばれている山脈の一部分なのである。しかし、バカァ族は、コロベングに移って、セチェレの種族といっしょになっている。山脈は平原より約二〇〇メートルか二五〇メートル高くそびえ、黒い大きな玄武岩からなっている。高原の東の端にはきのこのような、あるいはお茶椀のような形をした不思議な凹所《くぼみ》がいくつかあった。その大きさから判断して、大昔の噴火口の跡かもしれないと思わせられた。いたるところに、熔岩流の跡をみとめることができる。

北への旅の途中、私達はこの高原をすぎて、マナカロングウェ、あるいは一角虫の峠と呼ばれている峠にさしかかった。この地の一角虫は、角のように真直《まっす》ぐな尾をもっている大きな芋虫なのである。この芋虫は食用に供することができる。これから向こうの土地は、玄武岩でおおわれた石灰華の大きな塊でできていて、草でおおわれた広い砂の平原のあちこちに草とウェイト・ア・ビット茨の藪があるだけで、あまり植物が生えていない。一年の大部分、主として黄色か、あるいは焦茶色をしていて、あちこちにモレトロアやマハトラ等の灌木が生えているのはまことに変った眺めだった。

この地方のどこでも、灌漑しないでヨーロッパの穀物を栽培することができない。土人はもろこし、とうもろこし、南瓜、メロン、胡瓜、いろいろの種類の豆を栽培しているが、雨水ばかりを頼りにして栽培している。農具は鍬ばかりで、主な労働は女の人達ばかりでしている。この点ベチュアナ人はカフィール人に似ている。男の人達は狩猟をしたり、乳をしぼったりする。牛に対しては全支配権をもっている。皮に手を加えて衣類をつくるのも彼らの仕事であるが、多くの点で彼らは仕立師の国民と見なしうるであろう。

一月二八日に、レトロチェに向って歩みをすすめて行った私達は、バマングワト高原の向こう約三〇キロのところに、綺麗な水のわいているのを発見した。水があるということはまことに重要なことなので、私達は行き交う人があると、まず「水があったかね」ときく。土人も、仲間に出会うと、何より先に、「どこに雨水がありますか」ときく。決して真心のない人達ではないが、土人は、「私は知りません。ちっともないです。私達は、飢餓と太陽に殺されるのです」と答える。何か変ったことがないかと聞くと、彼らは「何にもありません。少しばかり嘘なことを聞いているだけです」と答える。やがて彼らは何でも話すようになる。

レトロチェの向こうにあるいくつかの井戸を目がけて、歩みをすすめた私達は、カンネというところで、バカラハリ族の村人達が、丁寧に垣をめぐらしている井戸があるのを見た。水を汲みあげる場所があって、卵の殻と芦をもったブッシュメンの女の人達が、その周囲にたくさん集まっていた。私達は、それより先約一〇〇キロの道を、水のないところを行かねばならなかった。やわらかくて深い砂原を行くのは、牛達にとってまことに難儀なことだった。例のごとく大かもしかが数多くいた。彼らはほとんど水を飲んでいないのだった。このあたりの平原の多くは木のないひろびろとした草原であるが、地平線にはたいてい木が見えていた。

駝鳥は、その用心深い目で、だれでも近づいてくる人をみつけることができるような高いところで、物を食べている。目は高いところについているので、はなはだ遠いところまで見ることができる。荷車がはるか風上に向かって動いて行くと、駝鳥は荷車が自分より先に出ようとしているのだと考え、多分一・六キロも遠く離れているところからとび走って来て、先頭の牛達のすぐ前まで近づいてくるので、時おり旅行者はこのおろかな鳥をうち殺すことができる。駝鳥が走りはじめると、駝鳥の姿の見えるところにいる獣達はみなそれにならって走りはじめる。時々土人達は、両端が開いている谷間にこの鳥がいるのを見つけると、この鳥のおろかさを利用して捕える。土人達は風が吹いてくる方の退路をたとうとしているかのように走りはじめる。反対側の出口から逃げられるのに、駝鳥は気狂いのようになって土人達のいるところを通りぬけて逃げようとするので、容易に槍でつき殺すことができる。一度すすみはじめた進路を決してそらそうとしない。何かおそろしいものがあれば、ただその歩みをはやめるだけなので、一層はやく罠の中に入ってしまう。それでも、犬に追われると、犬の背中をけって時おり背骨を折る。ライオンは時おり駝鳥を捕えようと試みる。物を食べながら歩いている時の歩幅は五〇センチか五五センチで、ただ歩いている時はそれより一〇センチぐらいひろく、おびやかされている時の歩幅は三・五メートルから四メートルになり、四・五メートルにさえなる。一般に、私達ははやく回転している車の輻《や》を見きわめることができないように、はやく走っている駝鳥の脚を見きわめることができないが、私は一度ストップ・ウォッチをつかって駝鳥の歩数を数えることができた。私の計算にまちがいなかったら、一〇秒間に三〇歩走ったのである。一歩三・六メートルとみて、一時間に四〇キロ近く走ったことになる。このように足のはやい走者も、時おりそのまっすぐな進路を横切る騎乗者にうち殺される。しかし、イギリス人で、この鳥を殺すことに成功した人は少ない。

駝鳥は、巣をつくる場所を定める前に、卵を産みはじめる。そんなわけで、ベチュアナ人が「レセトラ」と呼んでいる親のない卵がいたるところに転がっているのが見られ、それらの卵はジャッカルの餌食となる。巣は砂原の中に掘った深さ五、六センチ、直径一メートルぐらいの穴にすぎない。駝鳥の雌は自分が卵を産む場所を選ぶのが嫌いらしく、しばしば他の駝鳥のえらんだ場所に産卵する。四—五個もいっしょに産まれているのを見出すことがある。卵のあるものは、中に殻と同質の塊を持っているために、駝鳥の卵の中には石があると考えられている。雄と雌の両方が協力して卵を孵化させる。数個の卵が巣の外に置かれているが、それらの卵はひとかかえの卵の中の最初にかえった雛達が、残りの卵がかえって生れる雛達といっしょに餌をあさりに出かけるまで食べる餌として残されているものと考えられている。私は、雄鳥が雛鳥の面倒をみているのを数度見た。雌鳥は、追手の注意をそらすために、千鳥のような歩き方をして、真に上手にびっこであるかのようによそおって見せた。まだ走れない小さな雛鳥はうずくまって動かないでいるが、普通の鶏ぐらいの大きさになれば、おどろくほどはやく走る。駝鳥はしばしば一夫多妻のように見えるが、必ずそうだとはいえない。とらえて容易にならすこともできるが、家畜としては大して有用なものではない。肉は白くて上品なものではなく、よい肉はかたい七面鳥の肉に似ている。

卵ははなはだ生活力にとんでいる。三カ月以上も長いあいだ温度約六〇度の部屋の中に貯えていたのが、その中に半ばかえった雛をもっていることがわかった。ブッシュメンは、駝鳥の巣を見つけると、よく注意して卵にふれたり、あるいはその近くに足跡を残したりしないようにする。彼らは風にしたがって巣のある場所へ行き、長い棒で中にある卵をさらってくる。こうして、私達が鶏の場合にするように、親鳥に疑いの心を起こさせないようにして、何カ月も駝鳥に卵を産みつづけさせる。卵はまことに不快な味をもっている。砂漠を歩いて大へんひもじくなった時でない限り、ヨーロッパ人は食べることができない。ホッテントット人は、自分のズボンを袋にして、普通一つの巣の中に見出される二〇個から二五個の卵を家にもちかえる。

駝鳥は、いろいろの種類の荳科の植物の莢《さや》と実を食べ、またいろいろの種類の灌木の葉を食べる。

これらの食物はしばしばかたく、そして乾いているので、駝鳥はよく弾石《はじきいし》ほどもある小石を多量についばみ食う。また、小さな球根や、時には野生の瓜を食べて水分をとる。いつか、瓜を喉につかえさせていたことがあった。駝鳥にしのびよるには、ブッシュメンのように幾キロも腹ばいして行かねばならぬ。しかし、商品になる羽は翼と尾に二、三本あるだけなので、毎年集められる駝鳥の羽の量は駝鳥が殺される数がかなり多いことを示している。十分に生長した雄鳥の羽は、商品になる白い羽をのぞいて、全体光沢のある真黒い色をしている。鳥が多くいるカラハリ砂漠のような気候の土地では、これらのふわふわした羽を用いるほど具合のよいものはない。これらの羽はその蔭で私達の体をおおいかくしてくれ、それらの羽の下を自由に風が通りすぎていってくれるからである。半ば生長した雄の駝鳥は濃厚な鳶色がかった灰色をしている。

バオバブ樹とモパネ樹　ブッシュメン／チョベ河

モトラツァ井戸のあるところに住むバカラハリ族の人達は、私達にいつも大へん親切にしてくれ、私達が土人達の言葉で教える事柄を注意深くきいた。しかし、幾世紀もの長きにわたる野蛮な生活や生活の資を得るための苦闘によって堕落させられている人達に教えるということは、ヨーロッパの人達には想像もできないほど困難なことである。私達がひざまずいて目に見えぬ神に祈ると、しばしば土人達にはまことに馬鹿馬鹿しいことに見えて、彼らはどっと笑いだしたりした。いつか私は、ある宣教師がベチュアナ人のある種族に、歌を歌ってきかせようとしているところにいあわせたことがあるが、この人達はただおかしくて、頬に涙を流して笑った。いつも頭の中にあるのは、ほとんど飲み食いのことだけだった。もし私が、神の福音をとくことによって、彼らにどのような影響を与えたかと問われるならば、彼らはようやく人にかくれてお祈りをするようになったと、ずっと後になってから告白したといい得るだけである。病気中に親切に看護されると、彼らはしばしばイエス・キリストへお願いの言葉をいう。神と次の世の存在ということは、ベチュアナ人のすべてが常にうけ入れている。創造とか突然の死のような普通の理由では説明できない事柄はすべて神のせいにしている。「神様がこのようなものをつくって下さるとは、何と不思議なことでしょう」

とか「あれは病気で死んだのではないのです。神様から殺されたのです」などということがよくいわれている。一人より多く妻をもつことは別として、その他の事柄についてはヨーロッパの人達が罪と考えていることは、バクウェン人達も罪と考えている。彼らは雨乞師の祈りにこたえて雨を降らすのや、危険に際して救われるのを神の力によるものと考えているが、宗教的な心持でいることをほとんど示して見せないので、そのような心持を欠いていると思われるのも当然であろう。実際、ベチュアナ人は、なんら外に表わして見せる礼拝の形式をもっていないために、彼らは人類の中でもっとも不信心な人達のように思われている。

カフィール人についても同じようなことをいえるであろうが、私はカフィール人やブッシュメンとは彼らの言葉で話し合ったことがない。彼らが考えていることを正しくつかむには、彼らの言葉で話し合うことがいかに大切であるかは、次のような小さな出来事によって知り得るであろう。私達はロトラカニで、年老いたブッシュメンと、火を囲みながら彼の若いころの冒険談をきかされたことがあった。冒険談の一つは五人のブッシュメンを殺したという話だった。彼は指折り数えながらいった。彼は「二人は女の人で、一人は男の人でしたし、もう二人は牛の子でした」といった。「お前は、なんという悪者なんだろう。自分の国の女や子供を殺したことを自慢するなんて。お前が神様の前にあらわれたら、神様はなんというだろう」と私はいった。すると、彼は「お前は、まことに利口な奴だと、神様はいうでしょう」と答えていった。よくきいてみると、神という言葉はバクウェン人達が神について話すとき用いるのと同じであるが、彼はただ酋長のことばかり頭においていることがわかった。神様というのは酋長のセコミのことなのであり、殺された人達は謀反人だったので、この男はセコミ酋長から殺してくるようにとつかわされたのであることがわかった。

一八五三年二月八日に、モトラツァを去った私達は、モココ河をすぎて行った。今生きている人達の記憶によれば、もとこの河にはさかんに水が流れていたのだった。さらに、ロトラカニとヌチョコツァの間にあるオラパと呼ばれている小さな井戸をすぎて行った。オラパの北東一六キロのところにチュアンツァ塩湖があった。この塩湖をおおうている塩の塊の厚さは三・七センチあった。塩の塊は、きっと石灰の硝酸塩だろうが、塩のほかに何か苦いものをふくんでいる。土人はそれにねばねばする植物の汁をまぜて砂の中に埋め、その上に火をたいて焼く。すると石灰がとけうせて味がよくなる。

バマングワト人は、砂漠のこちら側のいたるところに、多くの羊と山羊を飼っている。これらの家畜は、塩と藪のあるところでは不思議によく育つ。山羊の乳は濃厚であるためになかなか凝結しないが、土人達は、茄子科の植物の一つであるトルアネの実を入れると、たちどころに凝結することを発見している。ベチュアナ人達は、山羊の乳を毛を取り去っただけでなめしていない皮の袋に入れて日向につるしておく。すると、その中味がたちまち凝結する。乳の中の水分を袋の底にある栓から流して、つぎつぎ新鮮な乳を加えるので、袋の中は酸味のある凝結した乳でいっぱいになる。この凝結した乳は、慣れるとおいしいものである。裕福《ゆうふく》な人達は、この凝結した乳を粥にまぜて食べるので、貧しい人達は時おり「水粥ばかり食べている人達」と軽蔑して呼ばれる。

この年は、いつもより雨季が長くつづき、私はヌチョコツァで、日蔭でも寒暖計が三三・三度を示しているのを見た。コロベングでは、このような温度はいつも雨が間近く降ることをあらかじめ知らせた。クルマンでは二八・九度以上に温度が昇ると雨が降り、さらに北では三七・八度以上にならねば雨が降らない。この地方では、寒暖計の管を五センチばかり地下におくと五三・三度を示していた。ヌチョコツァのあたりは、見渡す限り焼けこげて見え、広い塩湖をおおうている白い風化物からの照りかえしが目にいたかった。水は塩辛く、間違いなく何かの動物の体内を通過したものであることを示していた。私はこのいやな水に吐気をもよおさせられながら少なからず飲んだ。どのように手を加えようと、アンモニヤと塩味をとることができなかった。ただ一つの手段はなるべく早くもっと北へ行くことだった。

私達は数カ所に井戸を掘った。どの井戸の場合も、一、二日待たねば、牛達に十分水をやることができなかった。それで、私達の歩みはなかなかはかどらなかった。コオベでは、水溜りの中を犀達があらしまわったために、水が泥のように濁っていて、私達は水溜りの一方の側の泥をはらって、水を滴り流れさせるのに長い時間骨折らねばならなかった。犀達がかえってくるならば、ただ一度水溜りの中に体をころがしただけで、私達の骨折は無駄になってしまうので、夜はその場を見張っていねばならなかった。縞馬や牛かもしかの、時には水牛の群が、その汚れた水をわけてもらいたくて、いかにも物欲しそうな様子をして井戸の方を見ながら、いく日も周囲の広い平地に立っていた。流れ出る生命の水は、一層水を飲みたい心持にさせる。これらの獣達は、必死になって、危険を無視してまでも水を求めようとする。「私は死んでも水を飲まねばならぬ」ということになる。

私達は、すばらしく大きなヌトウェトウェ塩湖を横切り、その北岸から約三・六キロ離れたところで、このあたりでは、ベチュアナ人の言葉でモワナと呼ばれているバオバブの代表的に見事なもの木蔭で休息した。その木は、六本に枝分れしていて、地面から一メートルのところで、木周《きまわり》が二五メートルあった。

私は三カ所でこの木の年輪を数えてみた。三〇センチにつき、八一半の年齢を数えることができた。一年に一つの年輪ができるものとすれば、木周《きまわり》三〇メートルの、あるいは半径約五メートルのモワナは、一四〇〇年前に生えはじめたことになる。

土人は、モワナの皮で丈夫な紐をつくるので、しばしば幹の全体が、土人達の手のとどくところまで皮をむかれている。裸にされた幹は新しい皮をつけるが、何度も皮をむかれるので、普通根元から約一・五か一・八メートルの部分がそれより上よりも直径で二・五センチか五センチほど細くなっている。ほかの木なら、そんなことをされたら大抵枯れてしまうだろうが、モワナはまことに不思議な生命力をもっていて、切りとられてただ一方の端がくっついているだけにすぎない細長い皮切れさえ生長しつづける。外部からの害では、火でもこの木を枯らすことができない。内部からの害も、この木はあまり問題にしないので、その中に空洞ができているのが普通である。私はこの木の中に、二、三〇人の人達が寝ることができるような空洞ができているのを見たことがあった。切りたおしても枯れない。私は、この木が切りたおされた後も、八四の年輪の幅がおのおの二・五センチずつのびている例をアンゴラで見た。外長植物と呼ばれている樹木は、つぎつぎ外側に層を重ねて大きくなる。この樹木は、内部をくりぬいても枯れることがない。第二の種類は内長植物と呼ばれ、内部に層を重ねて成長する。外側をはいでも、成長がとまることがない。モワナは両方の力を持っている。おのおのの薄い層が別々に生長力をもっているからである。これは木というよりは、むしろ花時のすぎた大きな球根のようなのである。根元から四〇メートルから五〇メートルの遠くまでひろがっている根も、同じように命づよく、幹が切りたおされた後も生きつづけている。この木は生長するがままにしておいた方がよく、切りたおすとかえって厄介である。木はやわらかく、斧で切りつけると抜きとることができないほど深くくいこむ。

モパネの葉は小さな蔭をつくることで人目をひく。暑い太陽が照りかがやいている間中、いっしょに合わさって、ほとんど垂直に立っているので、ただ葉の端だけが地面に小さな蔭をおとす。翼のある昆虫が、甘いねばねばする分泌物でこの木の葉をおおう。土人はこの分泌物をたくさん集めて、食用に供する。この葉を食べて生きているロパネという体長七センチばかりの芋虫も、食用に供せられる。土地の人達はモパネには落雷することが多いという。注意深い旅人は、近くで雷がなっている時には決してこの木の下にやどらない。枝にお互い向かいあっている三本の棘《とげ》のある「モララ」と呼ばれている木には、決して雷光がふれないというので、遠くアンゴラにいたるまで雷よけとして珍重されている。ポルトガル人は、この木の枝を屋根に置いている。さらに、土人達は、この不思議な木の蔭に入れば、あばれ狂っている象から守ってもらえると信じている。

カマ・カマから北の方へ歩みを進めた私達は、モホノノの深い藪の中に入って行ったが、その向こうに開けている平原に出るまでの二日間、一行の中の三人の者達がたえず斧をつかって道を切りひらいて行かねばならなかった。三月一〇日には、一行の中の四人が黄熱病にかかり、先に進めなくなった。牛達は丈の高い草の中にいるので不安でいるところへ、ある夜一匹の鬣狗が襲って来たのにおどかされて、東の方にある森の中に逃げてしまった。そんな時彼の種族の者達がいつもするように、バクウェン人の若者が牛をさがしに出かけて行った。バクウェン人達は、牛達が少し落ちついた気持になるまで、藪や木立原を通って幾マイルでも追いかけて行く。そこで、バクウェン人達は、乳を搾《しぼ》る時にするように、牛達に口笛を吹いて聞かせる。牛を落ちつかせたところで、朝まで見張りしている。たいていむこうずねを茨で散々むかれて帰ってくる。私達の牛を追いかけて行った若者は、道のない平らな森の中で牛を見失ってしまったのだった。彼は翌日一日中追いかけて、午後おそく見つけ出すことができたので、一晩中見張っていて、日曜日の朝牛達を連れて帰ってきた。そんなところで、磁石もないのに、どうして帰ってくることができたのか、また四〇頭もいる牛をどうして一頭もはぐれさせずにすんだのか不思議なことだった。

ベチュアナ人達は、体が力なく感ずる間は病人のつもりでいる。私は彼らが歩みをすすめようとするのが待ち遠しくなった。私達は、もしもの時の用意に荷車の中に寝床をつくって、どうにかしずかに歩みを進めることができた。先頭の牛をみちびいて行く男が、あるいは、彼がみんなから呼ばれていた名前にしたがえば「案内人」が力がないために、立木とたおれている木の両方にじゃまされねばならなかった。それらの木を切り払う労苦はいつもよりはるかに辛かったが、私の健康状態はすこぶるよかった。私達はツェツェ蝿のいる前に通った道をさけたかったので、新しい道をひらくために一層苦労せねばならなかった。南緯一八度のところで、私達は前年には食べることのできなかったぜいたくなご馳走によって、その労苦にむくいてもらうことができた。いくつかの大きなぶどうの繁みが目の前にあるのを見た。それはまことに思いがけない眺めだったので、私は夢の中で見ているのでもあるかのように、もぎとるのも忘れて、しばらくの間群りなっているぶどうの房を見上げていた。

私はこの地で体長約三センチぐらいあって、体の厚みは鳥の羽の翮《かく》の厚さぐらいある、そして全身が黒い毛でおおわれている虫を発見した。頭を地面の小さな穴にさしこみ、尾をば敏速にふるわしているのである。蟻はそのように尾をふるわしているのにひきつけられてのぞきに行くと、尾のはさみ状をなしている部分がとどくところまで行くやいなや捕えられてしまう。頭は土の中にあるのに、どうして尾を獲物に近づけることができるのか、まことに不思議なのである。この虫は、幼虫として、また成虫として、たくさん見うけるありじごく（Myrmeleon formicaleo）の新種なのであろう。あらゆる木の下の地面に、これらの虫の巧妙な陥穽が点在している。この虫の成虫の形は、うすばかげろうに似ているので、よく見る形の虫なのである。しばしば両方がいっしょにいることがある。一方はその尾についているはさみ状のもので他方の首につかまっている。

森林は次第に木立が密になり、私達はほとんど休む暇もなく斧をつかって道をひらかねばならなかった。木々は南の方のより一層葉が茂っていた。木の葉は主に羽状、あるいは両羽状のもので、大空を背景にして眺めると、まことに美しかった。これまで自分の荷車をひかせて行くのに手伝っていたフレミングが、三月の終りにすっかりまいってしまった。私は二つの荷車をかることができないので、残っている水を半樽分けてやった。あらたに水を得ようとさがしに出かけて行った。大雨が降りはじめた。私は一日中木を切りたおすことをしていた。一斧ふるうごとに、たくさんの水が私の背中と靴の中へ落ちてきた。このことは辛い仕事をしている自分に気持よかった。私達は夕方四、五人のブッシュメンに出会った。ブッシュメンは自分達からすすんで、水溜りのあるところへ案内することを申し出た。私は身軽になって、その水をさがしに、幾マイルも歩いて行った。

この水溜りの水は乾ききっていたので、私達は間もなく再び歩みつづけなければならなかった。ブッシュメンの一人がさいころをいくつかとりだしてふった。神様は、自分に家へ帰るようにつげているという。ブッシュメンは、神のおつげを私に示して見せようと再びさいころをふった。今度は反対のおつげがあらわれた。ブッシュメンはそのままいてくれて、私達のために役立ってくれた。一匹のライオンが、私達が連れている牛を遠くへ追いやってしまったからである。このあたりでは、ライオンの咆える声をめったに聞くことができない。ライオン達は、ブッシュメンをおそれているのらしい。ブッシュメンはライオンが十分物を食べたらしいあとがあると、眠りをさまさないようにこっそり側へよって行く。一人は七、八〇センチ離れたところから毒矢を放ち、もう一人は自分の皮外套をライオンの頭にかぶせる。ライオンは驚いて、あわてふためきながらとび去る。今度のブッシュメンが用いている毒はヌグワと呼ばれている長さ一・三センチばかりの芋虫の内臓からとったものだった。ブッシュメンは鏃《やじり》の上に毒をしぼり出して、それを日向に乾かしておく。この作業をしたのち、丁寧に爪をあらう。掻傷《かききず》の中に少しでもこの毒が入ると、たいへんな苦しみ方をせねばならないからである。この毒におかされた人は、自分で自分に傷をつけたくなり、幼児にかえった心持になっているかのように乳房を呼び求める。また、しばしば家をとび出したりして、まるでたけり狂っている狂人のようになる。ライオンも同じようになる。この毒をうけたライオンが、苦しみうめいている声をきき、怒って木や地面をかんでいるのを見るからである。

ブッシュメンはこの毒を消すことができるといわれている。例の芋虫そのものを脂肪の中に入れ、それと同時に脂肪を傷口にこすりつければ毒は消えるというのである。ブッシュメンはその理由について次のように説明する。「ヌグワは脂肪を欲しがるのです。体内に脂肪がなくなったことがわかると、人を殺すのです。私達はその欲しがるものを与えるのです。すると満足するのです」

もっとも普通に用いられている毒はたかとうだい科に属する木（E.arborescens）からとる乳状液である。この毒は馬の類の動物に特別効果がある。少しばかりのこの毒を、一ポンドの水にとかしたもので、一群の縞馬を、三キロと歩まないうちにすべてたおれ死なせることができる。牛や人間にはただ下痢を起こさせるだけである。あるところでは、この毒に蛇やある種の球根（Amaryllis toxicaria）の毒を加えて、一層毒性をつよくする。

私達が北の方に進んで行くにつれて、周囲の眺望は美しくなった。草は緑色をしていて、しばしば荷車よりも高くのび、木々にはぶどうの蔓が花綵《はなづな》のようにからみついていた。それらの木々の中には、気根をたれ下がらしている本当のバンヤン樹（Ficus indica）や野生の棗椰子《なつめやし》や棕櫚などがあり、私がはじめて見る木も数種あった。凹地にはたくさん水がたまっていた。やがて、つぎつぎに水が流れているところに出た。それらの流れは小川に似ていて、幅が二〇メートルに、深さは一・二メートルもあった。一行が先に進んで行けば進んで行くほど、流れの幅は広くなり深さもました。それらの流れを徒《かち》わたり歩いている象達が小川の中にたくさん穴をつくっていて、それらの穴の中に陥る牛達は必死になってもがかねばならなかった。荷車の轅《ながえ》は折れ、私達は三時間半もの間、胸まで水につかって行かねばならなかった。

私達が徒わたって行った大量の水は、毎年氾濫するチョベ河の水があふれてきたものだった。やがて私達は、サンシュレー河の岸に到着した。これは、チョベ河からあふれ流れる水を南東に流してやる支流にすぎないが、一面芦が生えていて、その中には河馬もすんでいる大きな深い河だった。私はブッシュメンをつれ、胸まで水につかって、芦の茂みをわけて長いこと岸辺近くをさぐり歩いたが、どこもひろびろとしていて、芦が生えていないところは、深くて徒わたることができないことがわかった。

私達は、チョベ河畔に住んでいるマコロロ族のある者達に会えるかもしれないというので、あまり何度もサンシュレー河を横切ろうとしたので、ブッシュメンはあいてしまった。贈物をして数日とどまってもらうことができたが、とうとう彼らは夜こっそり逃げ去ってしまった。私はやむなく、まだ弱っている連れの者達の中でもっとも丈夫な者をつれて、コドリントン、ウエブ両大尉から贈られた平底船にのって河を渡らねばならなかった。チョベ河へ出るだろうと思って、西の方へ約三〇キロのところまで行ってみた。私達はその時知らなかったが、北の方へ行けば、チョベ河はもっと私達に近いのだった。私達が第一日目に一日中水をはねとばしながら歩いて行った平原は、膝の上までとどく草が一面生えていて、水は踝《くるぶし》のあたりまであった。夕暮れ私達は、高さ二、三メートルもある芦が壁のように行手をさえぎって生えているところへきた。その中へ入って行こうとしたら、水はまことに深く、私達は思いとどまりたかった。寝るところをさがし、近くの土地を眺めて見ようと、南の方に見えている木立の方へ歩いて行った。水かもしかを一頭射殺し、十分火もたくことができ、おいしいお茶も飲み、楽しい一夜をあかすことができた。

翌朝、もっとも高い木にのぼってみると、どちら側も通りすぎることのできない芦の茂みで囲まれている広い水面が見えた。これはチョベ河の広い部分なのであってザベサとよばれている。まず、私達は自分達が立っているところよりも河水に近いように思われる木立でおおわれた二つの島にたどりつくことをせねばならなかった。私達の歩みをさまたげるのは芦だけでなかった。それらの芦にまじって、鋸歯状の風変りな草が生えていて、ある角度に向いている場合には、剃刀《かみそり》のように私の手を切った。全体が、鞭紐《むちひも》のように丈夫なひるがおの蔓でまきしばられていた。私達はこのよく茂っている高い繁みの中にいると、小人のような心持がした。時おり二人で繁みによりかかって、十分曲げた上を越えて行かねばならなかった。繁みの中は風通しが悪く、太陽は高く照りつけているので息づまるほど暑かった。汗は体をつたわって流れた。膝までひたしている水は、まことに気持よく、さわやかな心持にしてくれた。数時間このような労苦を重ねた後、私達は島の一つにたどり着いた。私達はここで例の藪にめぐりあった。連れの者の両脚から血が流れていた。二人のズボンはさけていた。ほとんど疲れきって帰ってきた私達は、チョベ河の岸に沿うて歩みを進めると、サンシュレー河が枝分れしている地点へ到着した。そこで向きをかえて、反対の方向へ歩いて行った。一番高い木にのぼっても、やっぱりひろびろとした芦の繁みのほかは何も見えなかった。一日中難儀して歩いて行った後、私達は蟻塚の上に、今は住む人もないバエーエ人の小屋のあるところへ出た。小屋につかっている草や棒切れのほかは、一本も薪を得ることができなかった。私は古い小屋にはほとんど住んでいる毒だにがこわかったが、戸外にいると幾千という蚊に刺され、冷たい夜露が下り始めると、やむなく小屋の中へ入って行かねばならなかった。

　私達は芦の繁みの近くにいたが、繁みから聞こえてくる異様な音を耳傾けて聞いた。日中私は、水蛇が頭をもたげて泳ぎまわっているのを見た。このあたりにはかわうそ（Lutra inunguis, F. Cuvier）がたくさんいて、水にひたされた大草原の丈の高い草の中に、魚を探し歩いた小さな足跡が数多くついていた。奇妙な鳥が芦の茂みの中から急に飛び立ってみたり、ゆっくり渡り歩いたりしていた。水がはねとんだり、泡立ち流れたりする音にまじって、人間の声のような音やこの世ならぬ物音が聞こえた。これらの見慣れぬ鳥や獣の生息所で、めったにない面白いことが行なわれているかのごとくだった。湿気の多い寒い一夜をあかした後、私達は朝早く起きて、あたりをさぐることを始めた。このあたりにある蟻塚のあるものは、高さが一メートルあって、底面は木が生えているくらい広い。だが、あたりの土地は毎年洪水に見舞われるので、草のほかに何も生えていない。いつまでも水がひかないでいるところには、森林ができ得ないであろう。私達は、大きな蟻塚の上から、チョベ河への入口を見つけることができた。私達は平底船に乗って深い河の中へ出て行った。河はそのあたりで幅が八〇メートルから一〇〇メートルあった。河馬が船の一方の側にあらわれ、死物狂いにとびはねて去った。私達は河馬の上をのり越えたのである。河馬がまき起こした波は、平底船を河馬から速かにすべり去らせた。

私達は正午から日暮れまで漕ぎつづけた。両岸には、芦の繁みが防壁のように茂っていて、ほかには何も見ることができなかった。どう考えても、夕飯も食べずに一晩中ただよい流れていねばならないように思われた。ところで、ちょうどこの地方の短いたそがれがおとずれてきた時に、私がこの前たずねた時知合いになったマコロロ人のモレミの村が北岸にあるのを発見した。彼は今、マホタン島（南緯一七度五八分、東経二四度六分）に住んでいた。村の人達は一行を見て、幽霊《ゆうれい》を見た人のような顔をしていた。そして例の形容の多い言い方でいった。「この方は、雲から私達のところへ下ってきたのです。それでも、河馬の背中に乗ってお出になったのです。私達からきかないでチョベ河を横切ることのできる人はいないのだと、私達マコロロ人は思っていました。ところで、この方は、鳥のようにここ私達のところへ下りてきました」

翌日、私達は水でおおわれている土地をカヌーで横切って、荷車のあるところへ帰ってきた。ところで、私がいない間に荷車の番をしていた者達が、不注意にも西の方にあるツェツェ蝿のいる小さな森に牛達がさまよって行くのを、そのままにしておいたことがわかった。このように不注意なことをされたために、私は一〇頭の見事な牛を失った。私達が二、三日そこにとどまっていると、マコロロ人の酋長のある者達が、私達を案内して河を渡らせてくれるといって、一団のバロツェ人をつれてリンヤンテからやってきた。この人達は、私達をまことに見事に河の向こう側へ渡してくれた。荷車を分解して、幾隻かのカヌーをつなぎ合わせたものの上にのせて河を渡した。一方自分達は、人間というよりもむしろ鰐のように、牛達の間を泳いだり、くぐったりして河を渡った。今や、私達はお友達の国にきていたのである。チョベ河の北にひろがるまだ氾濫《はんらん》している土地をさけたいために、北の方へ約五〇キロ歩みをすすめた後、私達は西の方リンヤンテ（南緯一八度一七分二〇秒、東経二三度五〇分九秒）の方に向かって歩みを進めた。私達は一八五三年五月二三日に、その地に到着した。リンヤンテはマコロロ族の人達の首府であって、一八五一年に私が車の立場にしたところ（南緯一八度二〇分、東経二三度五〇分）からわずかの距離のところにあった。

セケレトゥ酋長　熱病

六〇〇〇人か七〇〇〇〇人ぐらいいるリンヤンテの町の人達は、荷車が動いているところを見ようと皆外に出てきた。この前の時は、私達が夜出発したので、彼らは、荷車が動いているところを一度も見たことがなかった。今や政権を握っているセケレトゥは、威儀をただして私達を迎え、この地方のビールであるボヤロアを幾壺か私達に贈った。それらのビールの壺は女の人達がもってきた。毒でないことを示して見せようと、どの女の人もそのビールをかなりたくさん飲んで見せる。

宮内通報官が私達に挨拶にきた。この役にある者は、一切の布告を伝え、議会を招集し、いつもコトラを清潔にして、火をもえつづけさせ、公衆の前で死刑に処せられる人がある時には、その死骸を引きずって行く。今度の、通報官は、セビトゥアネの時にも同じ役をつとめていた老人だった。通報官は立ち上って、はねたりとんだりした後、あらんかぎりの声をはりあげて、次のようなお世辞をいう。「私はあの白人の方にお目にかかったのではござりませぬか。私はセビトゥアネのお友達にお目にかかったのではござりませぬか。私はセケレトゥの父上にお目にかかったのではござりませぬか。私達は眠りたいのです。御上人《ごしょうにん》様、あなたの息子に眠りを与えて下されませ」眠りを与えてくれといったのは、白人達は「どんな外敵でも焼きつくしてしまうことができる煙筒管（大砲のこと）を、自分達の都市《まち》に」もっていることを、セビトゥアネは知っていたからというわけだったのであり、その武器さえもつことができれば、この老勇士は、その余生を安心して「眠っていられる」だろうと考えたからだったのである。

セケレトゥは、一八歳の若者で、黒黄色い、あるいは牛乳入りのコーヒーのような肌色をしていた。マコロロ族の人達は、そのような肌色をしていることを自慢する。河畔地方の黒人から自分達を区別してもらえるからである。女の人達は、薄い肌色の子供を産むことを望み、そうすれば望みをかなえてもらえるだろうというので、時おりある種の木の皮をかむ。

セケレトゥの背丈は約一・八メートルくらいあった。父のように風采もよく、また才もあるのではなかったが、イギリス人に対しては親切だった。セビトゥアネは死ぬずっと前に、娘のマーモチサネを酋長につかせたが、具合よくゆかないで、弟のセケレトゥに酋長職をゆずった。

東か西の海岸への道をひらくことにとりかかる前に、この地方に健康に適した土地があるかいなかを確かめるのが私の目的だったので、私は一八五一年に発見した大きな河を上ることをセケレトゥに申し出た。セシェケへの道を約一〇〇キロ行ったところで、ムペペに出会った。マコロロ人達は、私が一八五一年にたずねてきた時にすすめるまで、決して牛に乗ろうとしなかった。今度、セケレトゥとお供の者達は牛にのっていたが、鞍も手綱もないので落ちてばかりいた。ムペペが自分の方へ走ってくると、セケレトゥは近くの村に走って行った。ムペペは、自分が酋長になりたくて、セケレトゥをねらっていたのである。セケレトゥは、先手をうって、家来達にムペペを捕えさせ、二キロばかり離れたところへ連れて行って、槍でさし殺させた。これは罪人を死刑に処する普通の仕方なのである。

ムぺぺをこのようにして死刑にしたのは、マコロロ族が政治に関しての重大な罪をさばく仕方の特色のある見本を示して見せるものなのである。普通の事柄については、もっと慎重な裁き方をする。訴える方の人と訴えられる方の人が、時には証人もいっしょに行って、コトラの中で酋長から裁いてもらう。しかし、酋長が自分の身内の者に有利な裁き方をしたとて、人々は大して驚きもしない。

リンヤンテに着いて間もなく、セケレトゥは、何なりとほしいものをいってくれとしきりにいう。何もいらないが、セケレトゥと家来にキリスト教徒になってもらいたいというと、聖書を読むことは習いたくないという。心持が変って、セチェレのようにただ一人の妻しかもちたくなくなるのをおそれているのだった。心持が変れば、ただ一人の妻で多くの妻をもったと同じように満足していることができると、どんなに説明しても無駄だった。いつも五人の妻をもっていたいのだった。ベチュアナ人の制度によって、彼は何人かいた父の妻達の所有者となり、そのうち二人を自分の妻とした。残りは、勢力のある副酋長に与えた。長兄が死ぬと、その妻達は次兄の妻となる。酋長は常に一人の一番上に立つ妻、あるいは女王をもっている。この妻の家は大家と呼ばれ、その子供達が酋長職をつぐ。女王が死ねば、新しく迎えられた妻がその地位をつぐ。

マコロロ族の女の人達は、乳やその他の食物を気前よくめぐんでくれる。自分達の小屋や庭をかざることをするだけで、あまり働くことをしない。ボヤロアあるいはオロアを、すなわちアラビヤ人のブザを、たくさん飲む。このものは、ほうきもろこしと呼ばれている穀物を細かにくだいてつくる。栄養分にとんでいて、体を肥らせるが、肥っているのは美しいとされている。女の人達は、これを飲んでいるところを男の人達から見られるのをきらう。房々した髪を短く切り、体全体にバターをぬって、光らせることを喜ぶ。着物は膝までかかる短袴《キルト》なのである。やわらかい牛の皮でつくったものであるが、決してみっともないものではない。何もしていない時は、やわらかい皮でつくった外套を肩にかけている。だが、なんなりと仕事をする時には、この外套をぬいで、短袴だけで働く。女の人達がもっともほしがる装身具は、小指ほどふとい真鍮の踝飾《あしかざり》と真鍮か象牙の腕環である。踝飾はまことに重く、しばしば踝《くるぶし》がその重みで水ぶくれしているくらいであるが、「誇りは苦痛を感じない」のである。ヨーロッパの人達が、かたくしめたり、窮屈な靴をはいたりすることを我慢するように、そのような苦しみを寛大に我慢している。また、珠数玉をつないだのを首の周囲《まわり》に下げる。薄い緑色と桃色のものをもてはやす。商人はこれらの色の珠数玉さえもって行けば、どんな品物でも得ることができる。

眉目《みめ》うるわしいということについては、このあたりの女の人達も、ヨーロッパの人達と多少同じように考えているようである。彼女らはしばしば鏡をほしがった。私が本を読んでいると、自分達のことに注意をはらっていないと思って、女の人達は吹き出させるようなことをいっていた。「これが、私なんでしょうか」「私の口はなんて大きいのでしょう」「私の耳は南瓜の葉ぐらいあるわ」「私は顎《あご》がちっともないわ」「私は美人になるところだったのですけど、この高い頰骨《ほおぼね》が私の器量《きりよう》を台なしにしているのですわ」「ごらんなさいな。私の頭はまん中のところで上につき出ていますから」女の人達は、自分達がいった言葉がおかしくて、大声で笑っていた。また、一人の男が私の寝ているところへきて、口をいろいろにゆがめてみてから、独言《ひとりごと》をいっていた。「みんな私を醜男だというが、全く私はなんて醜男だろう」

コトラで行なう礼拝では、少しばかり聖書を読んで、それを説明するための講話が行なわれた。教区の世話係をしている宮内通報官の召しに応じて集る会衆は五〇〇人から七〇〇人を下らなかった。場所によってよび起こさせられる連想は決しておごそかな礼拝を行なうのにふさわしいものではなかった。礼拝が終って三〇分たつと、まさに同じ場所で、踊りが行なわれたであろう。それでも、マコロロ人の女の人達は、お祈りが終る時のほかは、はじめから礼儀正しくふるまった。ひざまずく時、女の人達の多くは子供達の上に上体をまげた。子供達はつぶされはしまいかと、一斉にわめき泣いた。すると、くすくす笑う者があって、私が「アーメン」というやいなやそれが心からの笑いに変じた。

セケレトゥが本を読むことを習うのを辞退してから数週間すぎた時、セケレトゥの義父であるモテビとほかに数人の者達が、いわゆる不思議な本に手がけてみることを承諾した。幾人かの者は、短時間のうちにアルファベットをおぼえ、他の人達にも教えることをはじめた。しかし、私はこの人達の学習があまりすすまないうちに、ロアンダに向かってたって行かねばならなかった。読むことを習っても何事もないというモテビの報告をきいて、セケレトゥとお側の若い者達も習ってみようということになった。本を読むことを知らない土人達にとっては、文字で知識を伝えるということが不可解なのである。私達が本の中に書かれている事柄を区別できるということが彼らには不思議なのである。機械も同じように不可解なのであるし、物々交換ばかりしている土人達には、貨幣もそれが使用されているところを見るまでは、ほとんど同じように不可解なものだったのである。彼らは物々交換ばかり見慣れている。金というものが知られていないこの地方の中央地帯では、ボタンと金貨の何《いず》れなりと自分の好きなのを選ぶようにといわれるならば、彼らは孔があいているというので、ボタンを選ぶであろう。私がこの国にいた一一年間、私達はたずねて行った酋長にいつも贈物をしたが、その返礼に象牙をもらうことをいつもこばんだ。その人達の精神的な幸福を希っているのだといっている人達から贈物をもらって、神の道を説く人が自らを堕落させていると考えていたからだったのである。私はしばしば立派な贈物をされたが、象牙をば自分の後からきっとやって来るにちがいない商人に売るようにといつもすすめた。事実、やがてケープ・タウンから象牙を買う商人がくるようになった。商人達は、一梃のマスキット小銃と交換に九〇ポンドの象牙を要求した。マコロロ人達は桿《はかり》についてはちっとも知っていないので、だまされるのではないかしらと考えて、雄と雌の象の牙各一本につき、小銃一梃と交換することを申し出た。これら二本の牙から象牙を平均七〇ポンド得ることができ、ケープ・タウンではその象牙が一ポンド五シリングで売れた。一方古物の小銃の代金は一〇シリングに達しなかった。私は贈物として改善した種類の山羊と鶏と一つがいの猫をもって行った。マコロロ族の人達は自分達の家畜を改善することを好むので、私がえらんで持参したものをたいへん喜んでくれた。彼らははなはだ牛をかわいがる。マコロロ族の人達は、まだ成長をつづけているうちに、角の一方の側を少しばかりけずりとって、角をその方向に曲らせ、珍奇な形のものとするのが常である。その曲り具合が珍奇であればあるほどその牛は美しいとされる。また、一群の牛の飾りとしていつまでも残される。この事は、アフリカに大昔からあった慣習らしい。というのは、エジプトのごく古い碑石のあるものに、エチオピアからの納貢諸種族が、ゆがんだ角の牛をエジプトに連れてきたところが描かれているからである。彼らが牛を飾る方法はこれだけではない。牛達のあるものは、熱した小刀で幾本も線を描いて焼かれ、そのところの毛は変色していつまでもそのままになっているので、縞馬の肌のような帯模様ができる。もう一つの装飾の方法は、頭の周囲の皮を縦横四、五センチの大きさに切りとって行なう方法なのであって、傷はひとりでにいえるがままに放っておくのである。

マコロロ族の人達は、牛の皮を、外套をつくることと、盾をつくることに用いる。外套をつくる場合は、まず皮を木釘でのばして乾かす。一〇人か一二人の人達が皮のまわりに集まり、小さな手斧で皮の内側を全く薄くなるまではぎとる。多量の脳漿《のうしょう》と少しばかりの濃い牛乳をそれに塗る。次に、木片のまわりに幾本かの鉄の大釘を結びつけた道具でその皮を梳《す》く。大釘の先端だけが皮に突き刺さるのである。すると、皮の繊維組織がほごれてくる。再び牛乳かバターをぬると、皮は布のようにやわらかくなる。

盾は、半ば日向で乾した後、槌でうってかたく乾した皮でつくる。縦に広い帯状に切った二本の異なった色の皮切れがそれらの盾に縦に縫いこまれ、それらを固定させるために、幾本かの棒が刺しこまれる。土人は戦う時、主としてすばやくとんだりはねたりして投槍を避けるが、あまり多く投槍がとんできて、その幾本かを身にうけねばならない時には、この盾がはなはだ役に立つものとなる。象狩をしているところを見たのから判断して、土人は走って行って槍を投げる余地のある場合には、走って行った余勢を駆って、四、五〇メートルの遠くまで槍を投げることができるに違いない。私は投槍を向脛《むこうずね》にうけた人を見たことがある。槍の穂先が骨を裂き、それがあまりしっかり裂目にはまりこんだので、いくら引いても抜くことができなかった。斧で裂目をひろげて、抜くことができたのである。

五月三〇日に、私ははじめて熱病にかかった。このころはどこも冷たい東風が吹いていて、風は水溜りの水が蒸発して空気中に多量の水蒸気を含んでいる他の多くの地方の上を吹いてくるばかりでなく、チョベ河の水が氾濫している広い地域の上を吹いてくるので、中にマラリヤの病菌と水蒸気を含んでいるものと思わねばならぬ。土人は私達が知らない治療法を心得ているかいないかをたしかめたくて、私はセケレトゥの医者の一人に助けを乞うてみた。彼は何かの根を水といっしょに土瓶に入れ、沸騰すると、それを私の側におき、土瓶と私の上に毛布をかけて、私が湯気の中にとじこめられるようにした。こうしてもすぐには効果があらわれないので、彼は薬になる木を小さな束にしたのを一束もってきて、それをこわれた瀬戸物の中でほとんど灰になるまで焼いた。煙と暑さで汗を出させようというのだった。彼らの蒸気浴によって蒸され、緑の小枝の上につるされて燻《いぶ》される赤い鰊《にしん》のごとく燻された後、私は自分の方が彼らよりも速く病気をなおし得るという結論を得ることができた。

私が一八五一年にたずねて行った時、マコロロ人は私のために畑をつくってくれて、私がこの地を去る時に彼らがいうには、私がまた帰ってきた時、他の人々のように食物があるようにということで、とうもろこしを植えてくれたのだった。今度、女の人達はそのとうもろこしをくだいて、細かい粉にしてくれた。女の人達は、エジプトの碑石に描かれているのとそっくり同じような木製の大きな臼でそのとうもろこしをくだく。私はこうしてかなりたくさんのとうもろこしを得たうえに、セケレトゥから蜂蜜を約二ガロン入っている壺で一〇壺か二〇壺おくられた。多量の落花生(Arachis hyrogœa)も、納貢種族が貢物としてリンヤンテにもってくる度にもらった。屠殺して食べるようにということで、一週間か二週間ごとに牛を一頭ずつおくられた。さらに、二頭の雌牛を私達の用にあててくれた。このようにもてなすことは、酋長は特別の用でたずねてきて自分のコトラに宿るすべての外来者達に食事を供すべきであるという、この国を通じて認められている慣例に合っているのだった。

副酋長達の中に知合いのある外来者達は、彼らの住居で同じ原則によってもてなされる。それは一般に認められている義務なのであって、一夫多妻主義が認められているもっとも有力な理由の一つは、ただ一人の妻では、高い地位にある人が訪問者を十分もてなすことができないということなのである。

リンヤンテからセシェケへ　レーアンブエ河

リンヤンテで一カ月待っていた私達は、セシェケ（南緯一七度三一分三八秒、東経二五度一三分）から河を下るために再び出発した。セケレトゥばかりでなく、副酋長の多くが私達にお供してくれた。リンヤンテとセシェケの間の地方は、ところどころ四、五〇センチ周囲の土地より高くなっているところや白蟻が巨大な蟻塚を積み上げているところをのぞいて、完全にたいらである。それらの巨大な蟻塚を見たことのない人達は、それらを築きあげるこの小さな労働者達の勤勉振りを想像することができないであろう。通例、蟻塚は野生の棗椰子でおおわれている。チョベ河は私達の右側を流れていて、岸辺には芦が地平線まで幾キロもつづいて茂っていた。あとから私達のお供の者達が長い列をなして歩いていて、道が彎曲《わんきょく》しているのにつれて、その長い列がよじれたり、曲ったりするのを、あるいは蟻塚の背後に出たり入ったりするのを、ふりかえって見るのは楽しかった。ある者達はライオンのたてがみでつくった帽子をかぶっていた。ある者達は牛の尾の白い端を頭の上にのせ、またある者達は黒い駝鳥の羽の大きな束を頭の上にのせていて、それが風にゆれて見えた。多くの者達が、赤い上衣か、いろいろの色の更紗《さらさ》の着物を着ていた。普通の者達は荷物運搬人の役をつとめ、紳士達は犀の角の小さな棒をもっていて、自分達の盾をもって歩く従僕を従えていた。

つかもってきて、主だった人達に一壺ずつおくるのである。ビールをおくられた者は、自分の好むロロ人であるが、彼は村に起こった出来事について説明し終えると、ビールの入っている壺をいくいう。セケレトゥは、それらの挨拶の言葉を、王者らしく冷然ときいている。村長はほとんどマコン」「偉大なる酋長様」「眠りませ、わが領主様」等と叫んだ。男の人達も似たような挨拶の言葉を長を喜び迎えるために出てきた。女達は舌をすみやかに動かして、甲高い震声《ふるえごえ》で「偉大なるライオすむ「ナコング」と呼ばれる水かもしかもいた。どの村に私達が到着しても、村中の女の人達が酋行がいっても一向平気で平原のいたるところで群をなして物を食べていた。湿地か泥の多い沼地に

このあたりで、レチあるいは土人の呼名に従えば「レチウェ」と呼ばれている水かもしかが、一たが、鞍も手綱もないので何度もころがり落ちてみんなを喜ばせた。

の者達は、彼が私の老馬に乗ると、それをまねて自分達も半ば乗りならしてある牛の背にとび乗っ手招きする。この者は前へ進み出て壺をもち、自分の仲間の者達へ手渡しする。セケレトゥのお側の者達も食べるようにとすすめる。その者達の番が終えると、おそらく彼は誰か遠くにいるものをの家来達と食事をともにすることを誇りにしているからである。酋長は自分で少し食べると、近くセケレトゥに一番近くいる者達は、セケレトゥと同じ皿の物を食べる。マコロロ族の酋長達は自分

セケレトゥは、常に自分自身のモパト、すなわち自分と同年輩の一団の若者を側に従えていた。

である。

「マチャカ」あるいは戦斧をもっている者達は、自分の物を自分でもっていた。この人達は、いつ一〇〇キロの遠くまで使いにやられるかも知れないのであるが、その遠い道を走ってばかり行くのである。

者達をさそってできるだけ多くの人達とわかち合って飲み、こわれはしまいかと思われるほど一生懸命にコップ代りにつかっている瓢《ひさご》をつかんで飲む。六ガロンか八ガロンも入るかと思われる鉢に入れた濃い牛乳も幾鉢かもってこられて、ビールと同じように皆してわけて飲んだ。牛乳は手ですくって飲んだ。私はしばしば鉄のスプーンを連れの者達におくったが、彼らははなはだ喜んでくれた。しかし、手づかみで物を食うことをやめようとしなかった。ただ牛乳を手にすくいうつすのに、その珍らしい道具を使った。

酋長はお供の者達へ食物を与えることになっているが、国のいたるところにある数多くの自分の牛の飼場から一、二頭の牛を得るか、でなかったらたずねて行った村の村長から入用なだけおくってもらうことにする。牛は胸のあたりに小さな投槍を刺して殺す。血を無駄にしないように、なるべく傷口を大きくしないようにする。血は内臓といっしょに屠夫《とふ》への心付となるからである。それで、だれも屠夫になりたがる。獣の分け方は種族によって異なっている。マコロロ族では背肉と肋骨の部分の肉が酋長の取前とされ、バクウェン族では胸の肉が酋長の取前とされている。牛が切りこまざかれると、大きな肉切れがセケレトゥの前に置かれ、彼はそれらの肉切れを一行の紳士にわけ与える。お側の者達はすみやかに肉切れをいくつもの細長い肉切れに切り、消えてしまうほど大量の肉を火にくべる。半ばあぶりやかれて燃えるように熱い肉切れが順々にもちまわされる。どの人も一口ずつかじって次の人にまわすのであるが、酋長のほかはどの人もかじりとった肉を噛んで味わう時間をもたない。彼らの目的は長く美味を味わうのにあるのではなく、側の者達が食物をつめこんでいる間に、自分もできるだけ多くの食物を得ればよいのである。土人達は大勢で食事をすることをはなはだ好み、ただ一人で食事することをはなはだ軽蔑するので、私は何も食べないでいた後に食事をとる時には、常にコーヒーを二杯用意して、酋長か、だれか主立った人からいっしょに飲んでもらうことにした。土人達はコーヒーを大変好むようになった。ある種族のごときは子供を多く産むようになったのは、コーヒーのおかげだとしている。

セケレトゥと私はめいめいジプシー・テントをもっていて、その中にねた。マカラカ人の小屋には有害な虫が多い。マコロロ人の小屋は、牛の糞と土とまぜ合わせてつくった一種の漆喰でしばしば床をぬるので、一般に清潔である。最高級の住居は、犬小屋の場合のごとく戸口代りになる小さな孔のある三つの円形の壁でできている。四つばいになっても、体をひくくしなければ、中に入って行けない。屋根は芦あるいは真直ぐな棒でふさいで、中国人の帽子のような形にし、円い帯輪をはめてかたくしめ、それらの輪をミモザの丈夫な真皮でしばっている。全体がみごとな草でふかれている。屋根は壁よりもはるかに外の方へはみでていて、地面から一・二メートル以内のところまでたれ下っているので、この地方ではもっとも涼しい日蔭をつくってくれる。これらの住居は、日中は涼しいが、夜はむし暑くて換気が悪い。寝床は藺を撚糸でつづりあわせたマットなのである。いくつかの村々で、私達はテントをすてて小屋の中へ入って行かねばならなかった。二十日鼠が私達の顔の上を走って行ったり、餓えている犬が私達の靴を食べて、底皮だけ残しておいたからである。

河をさかのぼって行くのに必要なカヌーを、方々の村々から集めるために、数日費やされた。私達は今度わかったのであるが、バロツェ人はすべてこの河をリアンバイあるいはレーアンブエと呼んでいるのであって、それは「大河」あるいは「すばらしい河」という意味だった。同じ河筋でもところによって、その地方の方言でルアンベジ、ルアンベシ、アンベジ、オジンベシ、ザンベジ等と呼ばれている。これらの語はすべて同じ意味をもち、この大きな河はこの地方の主な排水溝であるという土人の考えを表わしている。

この地方には、南の方では知られていないテアンヤネと呼ばれている小さなかもしかが多くいた。背丈が約四五センチあって、体側と背は褐色がかった赤い色をしている。腹と尾の端は白い。動作がまことにやさしく、おどろかされると鶏がおどろかされた時の声に似たところのある声を出す。はなはだ臆病であるが、母性愛が強く、子のためにはしばしば人間にさえいどみかかる。子かもしかがまだ幼くて母とともに走り歩けないときには、首の第七脊柱のあたりにある突起か鬐甲の上に片足をのせて、どこかとくに選んだ場所にねかせ、母が鳴き声をあげて呼びよせるまでそこにいさせる。群居を好む雌のかもしかが群から離れているときには、きまって子かもしかをどこか居心地のよい場所にねかせている。幼い時の毛色は、猛禽からかくれる必要のない大きくなったものの毛色よりも、地面の色によく似ている。私は、アデンのアラビヤ人達が、駱駝の鬐甲に拇指をおしあててひざまずかせるのを思い起こさせられた。おそらく彼らは砂漠のかもしかから習いおぼえたのにちがいない。

このあたりの平原には、数多くの水牛、縞馬、いろいろの種類のかもしかがのんびり草を食べていて、やむなく日程をのばしても、私達一行の者達が食べる肉を得るのに困らなかった。この地方では、徒歩で狩りするのはまことに困難な仕事である。季節は冬になっていたが、日射《ひざし》はまことに暑く、もし私が狩りをしてもらえるような人を得ることができたのだったら、あらゆる種類の狩猟をしてもらったことであろう。ところで、マコロロ人はまことに射撃が下手で、私は火薬を無駄にしないように自分ででかけて行かねばならなかった。

私達は、見事な木の蔭の中に立っている大かもしかを射た。それはこのすばらしい大かもしかの新種だった。体に縞かもしかのものとそっくり同じな細い白色の縞目があり、前脚の外側に手の幅よりも広い黒い斑点があった。あきらかに、最近この雌のかもしかの子がライオンに殺されたのにちがいなかった。かもしかは子を救おうとしてライオンにいどみかかったのであろうし、ライオンは子の方を手離して母親の方をおそったが、たおすことができなかったらしく、尻の両側に五カ所ばかり長くて深い搔傷《かききず》のあとがついていたのである。ふくれた乳房から乳が流れ出ていて、乳が貯まって苦しさのあまり木蔭を求めて寄ってきたのだった。私といっしょに行ったマコロロ人の一紳士はこのかもしかの美しさに心をうたれていった。「キリスト様は、牛の代りにこのようなかもしかを私達に下さるべきだったのです」

レーアンブエ河上り　バロツェ谷

最後に三三隻からなるカヌーの船隊を組織することができ、約一六〇人の人々を得ることができたので、私達は河をさかのぼって行った。私は自分の好きなカヌーを選ぶことができたので、もっとも大きくはないが、もっともよいものを選ぶことにした。それは、長さが一〇メートルで、幅はわずかに五〇センチしかない細長いものだった。六人の漕手がのりこんでいた。セケレトゥの乗っているもっと大きなカヌーには一〇人の漕手がのっていた。それらの漕手は真直ぐに立っていて、舟の進み具合によって一方の側から他の側へ櫂《かい》を移すのであるが、その漕ぎ具合はまことに正確である。船首と船尾には、みんなの中でもっとも丈夫でその上、漕ぐこともっとも上手な者達がのっている。カヌーは、船底が平らなので、浅瀬に入って行くことができ、水夫《かこ》達は長さ約二メートル半ある櫂で、河底にとどく場合にはいつもそれを竿代りにつかって漕ぐ。陸上ではマカラカ族の人達がマコロロ族の人達をおそれるが、水上ではマカラカ族の人達の方が優勢である。水夫達はお互い競争し合う。全速力で漕いで、主人を危い目にあわせる。舟が顚覆《てんぷく》する時、マコロロ人は大抵石のように沈んで行く。舟旅の第一日目に、年老いた医者が乗っていたカヌーが、東風がでた例のレーアンブエ河の波で水びたしになって沈み、医者は水底に沈んで行ってしまった。いっしょに乗っていたバロツェ人達は泳いで助かったが、夜になったら医者を助けなかったということで、死刑にされるだろうと心配していた。医者がもっとえらい人だったら、彼らは死刑にされたであろう。

私達は舟脚《ふなあし》はやく漕ぎのぼった。私はヨーロッパの人達が一度も見たことのない土地を見るのが嬉しかった。すばらしく大きな河は、しばしばその幅が一・六キロ以上に達し、その水面は長さが五キロから八キロもある多くの島々で飾られていた。それらの島々は、少し離れたところから見ると、美《うる》わしい水面にたれ下っている鬱蒼とした円い繁みのように見えた。それらの島々のあるものは、棗椰子の優美な曲線を描いて彎曲している葉と明るい新鮮な緑色によって一層美わしくされ、一方亭々とそそり立っている棕櫚は空高くそびえていて、鳥の羽のような簇葉《むらば》を雲一つない空の下にひろげていた。河の両岸は同じように森林でおおわれていて、水際に生えている木の大部分はバンヤン樹あるいはFicus indicaのように枝々から根を下ろしていた。両岸につづく土地は岩が多く、地面が起伏していて、象やその他岩の多い土地をさけるように思われる水かもしかとかもしか以外の大きい猟獣が多くすんでいた。

カテマーモレロ（「私は火を消した」）と呼ばれている北の方への曲角から、河底に岩が多くなり、また水流が急で、つぎつぎ急流となっているところがあった。ところどころに滝があって危険だった。ゴンエの瀑布は一層重大な障害だった。水は約九メートル高いところから流れ落ちていて、私達はやむなくカヌーを水から上げて、約一キロ半以上もカヌーを運んで行かねばならなかった。

私達が河をさかのぼって行くと、バンエテ人のつぎつぎの村の人達がでてきて、セケレトゥに食物や皮を貢物として奉った。河の中流を行く時でさえツェツェ蠅が私達の上にとまったが、南緯一六度一六分のあたりへくると、もうでてこなかった。そのあたりへくると、高い木の茂った両方の河岸が河を離れ、次第に北北東と北北西に遠のいて、高さ八、九〇メートルもある山の背となり、最後に山の背はお互い五〇キロの遠くに離れていた。その真中あたりをレーアンブエ河がうねうねとゆるやかに流れ、長さ約一六〇キロもある、二つの山の背の間の土地が、バロツェ谷なのである。

バロツェ人の村々は小山の上にあって、河水が氾濫して谷全体が大きな湖のようになると、それらの村々は水に囲まれて、小さな島のようになる。土地は肥沃で年二度穀物を収穫することができる。バロツェ人はこの土地を非常に愛している。レーアンブエ河は「生命と生気」をはこんで、この土地の上にひろげてくれるのである。彼らは「ここではひもじい目にあう人は一人もいないのです」という。レーアンブエ河の流速は一時間約六キロだった。この河の水源地になっているらしい高地に、自分が探している健康地を見つけることができるかもしれないと私は思った。バロツェ地方を残るくまなく探し歩いてしまうまでこの考えを捨てまいと決心した私は、バロツェ人の首府であるナリエリでセケレトゥと別れて、さらに河をさかのぼって行った。セケレトゥは、私にお供の者達をつけてくれた。お供の者達の中に、お先払いの役をするのが一人いた。私が威厳があるとされている様子をして彼の村々へ入って行くことができるようにというわけだったのである。この者は、一行が村に入って行くごとに大きな声で叫んだ。「領主様のお通り」「大きなライオンのお通り」あとの方の文句は「タウ　エ　トナ」というのであるが、この男の発音が不完全なために、「サ　ウ　エ　トナ」となり「大きな雌豚のお通り」というのとまことによく似て聞こえたので、私はお願いして止めさせることにしたが、お供の者達ははなはだ困った様子だった。河をさかのぼって行く途中、私達は多くの村々をたずね、その度ごとに「眠り」あるいは、平和の使いとして心から喜び迎えられた。

リボンタの上のあたりには、猟獣が多くすんでいて、それらの猟獣はまことにおとなしい。ある夕暮れ、火をたいていると、八一頭の河馬が鉄砲弾丸《だま》のとどくところをゆっくり列をなして歩いて行った。すばらしいかもしかの群が、日中、二〇〇メートル離れたところに平気で立っていた。それらのかもしかは、すべて体に縞のある種類で、前脚の斑点や喉の垂肉など、それから艶々した毛並など、見る目も美わしかった。このあたりのライオンは、南の方にいるのよりもはるかに多く吼える。一匹のライオンが、できるだけの声をはりあげて、何時間も河の向こう岸で吼えていた。ライオンは、吼える時声をよく反響させるためにいつもするように、口を地面によく近づかせて吼えていた。猟獣の多くすんでいるところには、それに比例してライオンが多くすんでいる。この地方にもライオンが多くすんでいる。このあたりのライオンは体が大きく、とくに大きい二匹は普通の驢馬ほどあるように思われた。

私達はマリレ河とよばれているレーアンブエ河の支流を下って行った。この支流は、南緯一五度一五分四三秒の地点で、本流から分れている。それは、河幅が約六〇メートルある深い見事な河で、ナリエレの周囲の地方全体を一つの島のようにしている。セケレトゥが自分の母の住んでいる町に行っているから、後を追ってくるようにといいおいていた。私達はその地の方に向かって歩みをすすめた。セケレトゥは自分の領地でありながらはじめてこの地方をたずねてきたので、多くの人々が嬉しいひと時を過ごしていた。お供の者達の食欲は驚嘆させられるほど旺盛であるが、村々の村長達は一同が飲み食いし切れないほど多くの牛や乳やビールをセケレトゥに奉った。土人達はこんな時踊ったり歌ったりして自分達の喜びを表わし、また興奮した心持の吐口《はけぐち》を求める。土人達は、裸体のまま手には棒か小さな戦斧をもち、円陣をつくって集り、ありたけの声をはりあげて咆えたて、それと同時に交互の足で二度ずつ重く地面をふむ。両腕と頭を四方八方にふる。汗は体を伝って流れ、騒音はあたりの空をつんざくばかりになりひびいた。つづけて足踏みしている間に、土《つち》埃《ぼこり》が烟《けむり》のようにまき上って地面に深い輪ができる。白髪の老人達も若い人達と同じように一生懸命になって踊ったり歌ったりする。女の人達は、手をたたきながら、側に立って見ているが、時おりその一人が一〇〇人から並んでいる円陣の中に入って行って、少しばかり身振りをして再びもとのところに帰ってくる。モテベが私に感想をたずねたので、私は答えていった。「これはまことに辛い労働です。その上大して得るところがないです」「その通りです。でも、たまらなく愉快なんです。それに、酋長様は踊ってあげた返礼に、牛を一頭下さるのです」いつも酋長は踊り終えると牛を一頭下さるのだった。

私達は河を下って、再びリンヤンテへ帰ってきた。私は住まうに適した健康地を見出すことができなかったので、第二の計画を果たすことに心をきめ、海岸への道をひらくことにつとめることにした。

土人の議会　チョベ河下り／いろいろの鳥／河馬

一八五三年九月——リンヤンテで経緯度をはかって見ると、ロアンダよりもセーント・フィリップ・デ・ベングェラ港の方が私達のいるところに近いことがわかった。マンバリ人達に頼んで、港への道の途中にあるビへまでいっしょに連れて行ってもらおうと思えば、簡単にそうしてもらうこともできたが、一度奴隷商人が通った道を行くのはまことに望ましくないことなので、私は別の道を行くことにした。奴隷を買いにきているマンバリ人達は、ロアンダにイギリス人が多くすんでいることを知らせたので、ロアンダに出ることにした。たとえどんなに難儀するようなことがあっても、自分の国の人達に会うことができたら、その労苦を報いてもらって、なお余りがあるように思われた。

私の申し出を審議するために国民議会《ピチヨ》が招集された。これらの議会では、どの人も自分の思うことを自由に申しのべることができる。今度の場合、老占師《ろううらないし》達の一人がいった。「この方は、あなた達をどこに連れて行こうとしているのでしょうか。この白人の方はあなた達を捨て去ろうとしているのです。あなた達の上着は、今から血の臭《にお》いがしています」この占師は、不吉なことばかりいうことで有名な人だった。セケレトゥは笑ってばかりいた。世論は私に有利だった。二七人の仕事のない人達が、私と同じように酋長とその家来達もはなはだ好ましく思っている目的を成しとげるために、私にお供する人として選ばれた。ケープ植民地の商人達がこの地方の商品を得るために費やす金額は、彼らの旅費をのぞいたらまことに少額なもので、土人達がそれらの物産を集めるのにはほとんど値しないくらいだった。一方マンバリ人達は、土人達から、更紗《さらさ》や粗ラシャの小切れ二、三枚と交換に、それらの織物を幾ヤードかやってもなお幾ポンドも利益のある象の牙を幾本も得ていた。そんなわけで、マコロロ人達は海岸地方と直接取引することを切望していたのであるし、私についていえば、国民の永続的な向上は商業なしでは不可能であると信じていたのである。

一八五三年一一月一一日に、私達はチョベ河に船をすすめようと、セケレトゥと主だった人々に供《ともな》われて、リンヤンテの町を出発した。

チョベ河には、河馬が多くすんでいる。通例、河馬は人間が近づいて行くと逃げてしまうので、危険なのは河馬達が群をなして眠っている真只中にカヌーをのり入れて、河馬達のあるものが驚き恐れて舟を打つ時なのである。この災厄を避けるためには、日中は岸の近くを、夜は河の中流をすぎて行った方がよいと、一般にすすめられている。しかし、群から仲間はずれにされた年老いた雄のあるものは、時おり癇癪《かんしゃく》を起こして、誰でも側を通りすぎるものをおそう。仲間はずれにされた河馬の一匹が、自分の居場所から出てきて、頭を下げながらかなり早い速力で、一行の一人のあとを追いかけてきた。もう一匹は、一行が行く前に、一艘のカヌーを後足で粉々にくだいていた。私はお供の者達から、そんな時には河の底にくぐっていって、数秒間そのままにしていた方がよいと教えられた。この獣はカヌーをこわすと、いつも水の上に人々の姿を探し求め、誰もいないと、間もなく去ってしまうからとのことだった。私は水にくぐることのできない人達が脚にいくつか深傷を負うているのを見た。河馬は自分の歯を敵をおそう武器として用いるが、全く草食動物なのである。

この河のザベサ、あるいはザベンザと呼ばれているあたりは、小さな湖のようにひろがっていて、周囲全体が丈の高い芦がびっしり生えている繁みで囲まれている。チョベ河はこのように水を多くたたえているところから流れてくるので、河幅が一〇〇メートルか一二〇メートルほどもあって、決して徒歩できるほど水が涸れることがない。ところどころ、一部分芦が生えていなくて、対岸への見晴しのきくところには、マコロロ人達が見張りの村をおいて、自分達の敵であるマタベレ族を見張っている。私達はこれらの村々をつぎつぎたずねて行ったが、どの村へ行ってみても「そのナケ（医者）を飢えさせてはならない」という命令が、私達が行く前に伝えられていた。

チョベ河はゾウガ河のように石灰華の間を流れていて、自然に河底が深く掘れて垂直に切り立っている。河岸の高い所には、カヌーにすることができるような大木が茂り、ツェツェ蠅がすみ、いろいろの種類のかもしかや野犬や縞馬や水牛や象の隠場所《かくればしょ》となっている。チョベ河を離れた私達は、引き返して来て、ザンベジ河をのぼりはじめたが、一一月一九日に、再びセシェケの町に到着した。セシェケとは「白い砂の土堤」という意味なのであって、このあたりには白い砂の土堤が多くある。

ベチュアナ人よりも北の方に住んでいる黒人諸種族の間には、ベチュアナ人の間には行なわれていない一つの珍しい風習が行なわれている。これらの種族の人達は、新月が姿をあらわすのを待ち構えて、一生懸命に空を見まもっている。太陽が西に深く沈んだ後、月のかすかな輪郭が見えはじめたのに気づくと、大きな声で「クア」と叫び、月にお祈りの言葉をいう。たとえば、私にお供した者達は次のようなお祈りの言葉をいった。「私達のこの白人の方との旅を順調なものにして下さい。私達の敵がほろび、ナケの子供達がさかえるようにして下さい。この白人の方が今度の旅でたくさん肉を食べることができるようにして下さい」云々。新月があらわれた翌日は、この国のどこでも唯一のきめられた休日となっていて、その日は土人達がただ畑へ行くことだけはつつしんでいる。

河の高い岸の上にあるコトラの日覆《ひおい》代りになっている、よく枝の茂ったジラフ・アカシヤの下で、私はセシェケの人達に何度も公開のお説教をした。町の各方面からの男女の人々や子供達の一行が、その長である者の後からうねうねと列をなしてつづいてくるのを見るのは楽しかった。それらの人々はしばしば五、六〇〇人の多人数になり、まことに熱心にお説教をきいた。一度モリアンツァネは私を喜ばせようとお説教の途中にたち上って、皮の酒嚢《さかぶくろ》から酒を飲んでいる若い者達の頭に杖を投げた。時おり会衆は、自分に出された問題について、分別のある問いを出しもしたが、また時にはおごそかな真理について聞いた後に、他愛もないことでふざけたりした。ある者は、白人の神について聞かされるやいなや、こっそりキリストに祈ることをはじめたが、自分がいかなることをしているかについてはほとんど意識するところがないのである。またあるものは、真夜中に目をさまし、死んでから後のことについて話されたことを思い起こして、あまり恐ろしい思いにさせられたので、再びお説教を聞かないことにきめたと翌日にいう。多くの者達が「トラング・ロ・ラベレング」（お祈りにおいで）といって鳴いたというので、自分達のもっている雄鶏をみんな殺してしまったという南部の村人達のように、信じまいとする決心をひるがえそうとしなかった。

河の両岸は、前の時よりも今度の時の方が、はるかによく見えていた。雨は多く降らなかったが、木々は生々とした葉をつけ、その明るい緑色は、今や桜桃ほどの大きさの赤い実でおおわれているモツォウリあるいはモエラの黒みがかった色と対照をなして美しかった。急流は私達の進行を困難にした。河幅がわずか二七〇メートルしかないところでははなはだ深い河水も、このあたりでは一キロ半以上もひろがっているので、浅くなって底に岩角の多い急流になっているからである。舟をすぐ下に横たわっている岩にのり上げないようにするのに、すぐれた手練が必要だった。カヌーが岩にぶっつかったり、あるいは渦巻の中にまきこまれたりすると、舟人達は少しもためらうことなく水の中にとびこんだ。土人の舟は決して舷側を横にしてはならない。舟底が平らなので、すぐさまひっくりかえって、その中にあるものをすべて失ってしまうからである。

両岸のおおいかぶさっている木立の下を行きながら、私達はしばしば、怒号しながら流れている急流の上の方にある巣に、山鳩《やまばと》が静かにとまっているのを見た。朱鷺《とき》が切株の上にとまっていた。「ワ、ワ、ワ、」というその高くて荒々している叫声とみさごの笛を吹くような鳴声は、一度それをきいたら決して忘れることができない。河岸に上って行くと、千鳥の一種でいわば「公共心にとんでいる鳥」ともいうべきやっかいな鳥（Charadrius caruncula）が、きっと頭の上をとんであとを追いかけて来て、まことに根気づよく、すべての獣達に危険がせまっているから逃げるようにと警告する。同じ科（Pluvianus armatu of Burchell）のもう一つの種類は「テンク　テンク　テンク」と鳴く驚いた時の金属性の鳴声から「セトゥラ－ツイピ」あるいは金鎚《かなづち》と呼ばれている。この鳥は雄鶏のかかとにあるのとよく似ているけづめの形をしたものを肩にもっている。しかしながら、その長さは一センチ半に足らない。自分の力を自覚しているこの鳥が、比較的体が大きくて、首の白い大鳥をたいへんな勢いで追いかけ、大鳥に恐怖の声をあげさせているのを見うける。ナイル河の鰐と仲がよいので有名なのは、そしてセーント・ジョン氏が鰐にとって爪楊子《つまようじ》の代りになっているのを見たというのは、この千鳥なのである。しばしば、この鳥は鰐と同じ砂洲の岸にいるが、通りすがりのものには鰐の上にとまっているように見える。私達は卵を産もうとしてけわしい河岸をはいあがる水亀が、ころがり落ちるのをつかまえた。

私達は、ザンベジ河の岩の多い部分をふちどっている森林の中に、数種の新しい種類の鳥を見た。あるものは、音楽的な声で鳴き、それらの鳥の鳴声はこの地方の鸚鵡の荒々しい鳴声にくらべて気持よく聞こえる。真黒な色をした織工鳥も多くいた。

このあたりには、しゃことほろほろちょうもたくさんいた。あらゆる切株や岩の上に鵜 (plotus) がとまっていて、流れを前にして日をあびているか、でなかったら翼をひろげて真直ぐに立っていた。この鳥はまことに機敏に水の中にくぐって行って、全く思いがけない場所にふたたび浮きでるので、老練な水夫でさえ捕まえることができない。この種の鵜の尾はいちじるしく長く、泳ぐ時には、舵《かじ》の用をなし、飛び立つ時には体を水から離れさせる梃子《てこ》の用をなす。頭と首は白く、体は赤みがかったチョコレート色をしているみさごが木にとまっているところを、時おり見かけるであろう。一般に、この鳥は自分が食べるよりも多く魚をとらえ、背中のところを食べただけで、残りはバロツェ人達に残しておく。バロツェ人達は向こうの砂洲にみさごが魚をたくさん食い残していることを知ると、しばしば競争しながら河を横切って行く。また、この鳥はペリカン鳥の袋から、時おり次のようにして掠奪を行なう。空の上に高くとびあがり、ペリカン鳥が見事な魚をその袋の中にのみ下したことを見張っていて、すっかりのみこんだことを確かめると、すばらしい勢いでとび下りてくる。ペリカン鳥は、どうしたことかと上を見上げる。みさごが近づいてくるのを見て、おそれおののきながら、「殺人者」と叫ぶ。みさごはペリカン鳥が口を開いた機会に、袋の中の魚をかすめとってしまう。ペリカンは仕方なしにまた魚をさがしはじめる。

やなぎはえほどの大きさのモシェバと呼ばれている魚は、カヌーをさけようと、水面とすれすれに去って行く。決して飛魚のように見事にとぶのではなく、むしろ側鰭でつづけてはねとぶのである。

おおいかぶさっている枝の上で、太陽の日をあびていた多くの大とかげ（mpulu）が、一行が近づいて行くと水の中にはねとんだ。これらの大とかげは、食料として珍重されているので、船頭がしらはいつも軽い投槍を用意していて、逃げおくれたものを刺し殺した。河の曲っているところをまわって行くと、河面は勢いよく水にとびこむ鰐に一層かき乱れた。

マテマーモレロとナメタの間の急流のところどころに、水が深くて流れの静かなところがあって、そこには河馬が多く集っているらしかった。夜、草を食いに岸に上った時つくった溝が、いたるところにはっきり残っていたからである。河馬達は、水の臭いに導かれて再び水のあるところへ帰って行くので、長雨の後にはどっちの方向に河があるのか知ることができなく、途方に暮れて陸の上に立っている。猟人は、この時を利用して無力な河馬を殺す。

雄河馬は黒みがかった褐色をし、雌河馬は黄色がかった褐色をしている。象のように性の区別がはっきりしていない。河馬は通例水の下にかくれているので、群をなしている多くのものをいちいち見きわめることができない。しかし、二、三分ごとに呼吸するために水の上に頭を出すので、絶え間なく頭が水の上にあらわれるようだったら、数多くの河馬がいる。河馬は流れの静かなところを好む。流れのはやいところでは、流れに運び去られないようにしなければならないので、ゆっくり居眠りしていることができないからである。日中は眠くて欠伸《あくび》ばかりしているので、遠くの事柄にはほとんど気をとめようとしない。雄が鼻をならす音はまことに高く、一キロ半離れたところでもきくことができる。子河馬は母河馬の首の上に立っていて、母河馬が呼吸するために身を浮かせる時は、子河馬の頭が一番先に水の上にあらわれる。子河馬をつれている時の母河馬は、子河馬が自分より頻繁に呼吸せねばならぬことを知っていて、一層頻繁に体を水面にもちあげる。ロンダの河にすんでいる河馬は射殺される危険が多いので用心深くなる。ザンベジ河の河馬は頭を出しているのに、これらの河馬は鼻を水生植物の中にかくし、静かに呼吸して一切わからないようにしているからである。

腹を空かせた勇者ども
金原ひとみ

『蛇にピアス』から二十年、『マザーズ』から十一年——金原ひとみが初めて十代の目線で描いた母娘長篇。勇敢で不遜な青春小説。

▼一七六〇円

きょうはそういう感じじゃない
宮沢章夫

なぜ人は「きょうは中華って感じじゃない」と思ってしまうのか。軽妙洒脱な名文の数々。宮沢章夫による、ゆるく笑える脱力エッセイ。

▼一八七〇円

あなたの燃える左手で
朝比奈秋

ハンガリーの病院で手の移植手術を受けたアサト。しかし他人の手を受け入れられず——。身体を、国を奪われる意味を問う傑作中篇。

▼一七六〇円

5分シリーズ+

私の心臓は誰のもの
藤白圭

大ヒットシリーズ「意味怖」著者、初の長編ホラー。高校生の日常に忍び寄る殺人事件——ラストに待つ衝撃の事実に恐怖が止まらない!

▼一三四二円

氷室冴子とその時代 増補版

少女小説を中心に活躍し、近年再評価の

ゴンエ瀑布　いろいろの鳥

一八五三年一一月三〇日に、私達はゴンエ瀑布にさしかかった。この瀑布は、河水が八、九キロの間幅約一〇〇メートルの深い砂岩の割目の中を流れているためにできたもので、河水はその割目の間をまことに勢いよく渦巻いて流れているので、老練な泳手もおぼれ流されてしまう。洪水の時には水嵩《みずかさ》が一七、八メートルになる。岩はみどりいしで孔をうがたれ、その表面は鉄がしみこんで光っている。この地では雨が降らなかったので、曇っても晴れてもまことに辛く、私達はすっかり旅に疲れた気持にさせられた。木々はまことに明るい色合の粧《よそお》いをこらし、多くの花が周囲の眺望を飾っていたが、雨が降らないためにすべてが生気なく見えた。

私達は、毎日朝五時少し前に起き、コーヒーで軽い朝食をとると、カヌーに荷物をのせて河をさかのぼって行った。それからの二時間は、一日の中で一番楽しい時だった。一一時になると、上陸して軽い昼食をとった。

一時間休んで、私達は再び舟をすすめた。私は日傘で太陽の強烈な光線をさけた。お供の者達はなんら暑さをさけるものをもっていないので、だらだら汗を流してばかりいた。時には、日没の二時間前に宿泊地に到着して、楽しい一夜をすごした。幸い何か獣を殺すことができない限り、夕食にはまたコーヒーを飲んで、ビスケットか、でなかったらとうもろこしか土地の穀物でつくった粗末なパンを一切れ食べた。何か獣を殺すことができた時には、その肉を鍋いっぱい煮て食べた。

次に、私達は夜とまる仕度をせねばならない。お供の者達のある者は、私の寝床をつくる草を少し刈り、一方船頭がしらのマシャウアナは、私のテントを張る棒をうった。床ができあがると、その西側に箱が置きならべられ、その次にテントが張られた。族長の火、あるいはコトラの火は、テントの前一メートル半ほどのところにたかれた。めいめいコトラにおける名誉ある座席の順序によって自分の占むべき座席を知っている。二人のマコロロ人は、旅行がつづいている間中、食事の時も、また寝る時も、常に私の左右に席をとった。しかし、私が退くやいなや、私の舟の船頭がしらのマシャウアナは、戸口のところに自分の寝床をつくった。残りの者達はそれぞれ自分の属する種族によって小さな仲間に分かれ、火の前に牛達が立っているに足るだけの馬蹄形の空間を残して、その周囲にいずれも小屋をつくった。火は牛達を安心させるので、人々は注意して牛達を火の見えるところに置くようにする。小屋は二本の頑丈なまたのある棒を傾けて立て、それらの棒にもう一本の棒を水中にわたしてつくるのである。たくさんの枝を傾いて立っている二本の棒と同じ方向に傾けさせて地面にたてならべ、それらの枝を木の皮を細くさいたもので水平にわたしてある棒に結びつけてつくるのである。さらに、それらの枝の上に、長い草を雨よけにかぶせる。通例、一時間たらずで、みなの者達がその身をおおいかくす場所を得ることができる。明るい月光の下に、人々や獣達がさまざまな姿をして寝ているのは、絵のように平和な光景なのである。

食物はたいてい土人風に料理されたが、決していやしいものではなかった。料理人は鍋に残って

ないではいられなかった。

ゴンエで、滝になっていて舟をやれないところだけ、土地の人々が私達のカヌーを棒につるし、肩にかついで運んでくれた。彼らはまことに朗かな人達で、ちょっとした冗談をいっても、さかんに笑った。他の地と同じように、この地でもすべての人達が幻燈を見たがった。幻燈は教え導くのによい道具なので、私は喜んで見せてやった。瀑布の上の島々はこの上なく美しい群葉でおおわれていて、瀑布の上につき出ている岩の上からの眺望は、私がこれまで見た眺望の中でもっとも美しいものだった。

どの村の人達も、牛やバターや牛乳や碾割《ひきわり》を私達におくってくれた。自分達の数多くいるバロツェ谷の雌牛からは人々が飲みきれないほど牛乳をしぼることができ、男も女も多量のバターをもって来てくれたので、私は旅して行く途中そのバターでお供の者達の元気を回復させることができた。バターを体にぬることは、あまり多く汗が出ることを防ぎ、太陽に当るところでも、また日蔭でも、衣類の代りになってくれる。このあたりの土人は贈物をするにも、常に奥ゆかしかった。雌牛をおくる時でも「ほんの少しばかりパンをさしあげたいと思いますので」というのが常だった。このことは、いかにも勿体ぶりながら「雌牛をごらんなさい」といってみすぼらしい山羊をおくるベチュアナ人の仕方になれている私にとってうれしいことだった。女の人達はしきりに金切声をあげて、私をほめたたえる言葉を、あるいは「歓迎の言葉」を述べようとした。私は、しばしばそんなことをさせまいとしたが、このかわいそうな人達が自分の成功を祈ってくれるのを知ってうれしく思わないではいられなかった。

一行は、ナメタを過ぎて、やがてナリエレに到着した。ナリエレにいる間に雨が降りはじめ、驟雨《しゅうう》は気持よかったが、陽気はうっとうしく暑かった。気温は日蔭でも三二・二度あった。私はこの地で再び熱がでて、すっかり元気がなくなってしまった。この地でセケレトゥから借りたカヌーを送りかえし、ムポロロから別のを借りた。牛も乗用にするものを八頭と、食用にするものを七頭用意してもらった。ムポロロは牛をあずかって生活しているので、自分の役得がそれだけ減るのが辛かったろうに、セケレトゥの命令に従って特別気前よく用意してくれた。

多くの人達から成功を祈られながらナリエレをたった私達は、再び河をのぼりはじめた。谷間に雨が降りはじめたばかりだったが、もう水嵩が増しつつあった。両岸は低いが、切り立っていて変化がなく、水の低いところははなはだ運河に似ている。洪水になると、河水が常に河岸の何れかの側を掘り崩し、しばしば一つの彎曲部からもう一つの彎曲部へ土地を切りひらいていって、新しい水路をつくる。私達は岸の下近くばかり舟をすすめたので、頭上におおいかぶさっている岩の破片が落ち、鰐がとびこんだ時のように飛沫《ひまつ》をあげてカヌーをあやうくした。

それらの岸には群居する習性をもっている美しい種類の蜂喰鳥がすんでいた。砂洲の面には、それらの鳥の巣に通ずる孔が、約三〇センチぐらいずつ離れて、幾百となく掘られていた。私達が通りすぎると、それらの鳥達が流れるように隠家《かくれが》から出てきて、私達の頭の上をただようように飛んだ。斑点のあるかわせみや、鳩ほどあって薄黒い色をした、名も知らぬ鳥や、その他の鳥は河岸に巣をつくっていた。時おり、岸辺の芦に真水の海綿がついているのを見た。河水は一時間八キロの速さで流れていた。河の面には、芦の折れたのや腐った植物が浮び流れていた。

一二月一七日に、私達はリボンタにいた。リボンタはマコロロ族の最後の町で、この町とロンダあるいはルンダの間には二、三の牛の飼場と辺鄙《へんぴ》な小部落がいくつかあり、その向こうには、寂しい無人の境がつづいている。

人間のすんでいる土地を、すっかり出はずれた私達は、いろいろの種類の動物が数多くすんでいる土地にさしかかった。河岸近くにだけでも、三〇種類からの鳥がすんでいた。ナイル河と同じように、ザンベジ河の水嵩がふえるにつれてやってくる朱鷺、一時に三〇〇羽も群をなして波形の線を描いてとんでいる白色の体の大きいペリカン、雲のように群をなしてとんでいる黒色のリノンゴロ（Anastomus lamelligerus）と呼ばれている貝を食べる鳥、その他千鳥、だいしゃくしぎ、あおさぎなどがことに多くいた。

そんなに多くはいないが、水牛の背中にとまっていて、水牛が走り出すと自分もあとを追いかけてとんで行く白色の美しいアーデタ、水牛が全速力で走っている時その鬐甲にとまっている椋鳥の一種類であるカラ（Textor erythrorhynchus）、胸は雪のように白く、体は真黒で、嘴《くちばし》は赤く、ゆったりと砂洲の上にとまっている不思議な鳥であるあじさしなどの珍しい鳥もいた。これらの鳥は、ちっとも何かでおおいかくすことをしないで、砂洲の上に巣をつくる。自分の巣を油断なく見まもっていて、こうのとりや烏がよってくると、頭をめがけておそいかかろうとしているかのごとく見せかけて、追いはらう。だが、人間が近づいていった時には、戦法をかえて、なべげりや駝鳥のように一方の翼を垂れさげ、片足で跛《びっこ》のような恰好で歩いて見せる。上嘴は下嘴よりいちじるしく短いので、雛鳥は食物を一切れ親鳥から口の中に運んでもらわねばならぬ。水面をかすめすぎる時、紙切ナイフのように薄い下嘴を水の中に入れて、出あっただけの小さな虫を一切れすくいあげる。よくこんな方法で十分に食物を得ることができるものだと、不思議でならない。たいてい、虫や魚が水の表にうかび出る暗い時に虫をとるのだからである。体が小さくて美しい渉禽《しょうきん》類の鳥なのであるが、脚が非常に長く、嘴が上向きに曲っている。そりはししぎがいつも浅瀬を歩いていて、虫を掘りあげているのが見られる。特有の形をしている嘴で掘りあげるのである。急に頭を水にくぐらせて水底の虫を捕え、急いで頭をあげるが、もがきあがいている虫をうのみにしようとしているかのようにして、急いで呑み下す。また細くて長い脚と、特別長い指をもっているパラー・アフリカは、漂い流れている植物の上に立っていることができる。直径一三センチもある蓮の葉の上に立つ時、四方にひらいた指は葉の表をおおうて、葉を沈ませないようにする。そんなわけで泳いだり、飛んだりして食物を得ないで、水の上を歩いて得る。

この他、へらさぎ、あかづる、ヌミジア鶴などの鶴の類や、いろいろの種類の鷗や、鵞鳥や鴨などがいて、ある時など、私は二発の弾丸で、一七羽を下らない鴨と一羽の鵞鳥をうちとることができた。イスラエル人がエジプトにおける美食を恋い慕ったごとく、バロツェ人が常にこの豊饒な谷を恋い慕うのも不思議はない。いたって貧しい人達でも、畑からは野菜を、森の木々からは果物を、河からは魚を、十分に得ることができるので、彼らの子供達がマコロロ人の用をするためにつれて行かれると、すっかりやせ衰えて、両親のもとへかえりたがる。

私達の一部の者達は牛をひいて徒歩で河岸を行き、残りの者達はカヌーで河をさかのぼって行った。私達の歩みは陸を行く人達の歩みによって調整された。陸を行く人達は、数多くあるザンベジ河の支流にさまたげられ、彼らはそれらの支流を遠廻りして行くか、でなかったら小舟で渡って行かねばならなかった。鰐が多くいて、この地方の鰐は他の地方の鰐より一層猛悪だった。セシェケやその他の町々では、つぎつぎ子供が鰐にさらわれる。危険なのにもかかわらず、いつも子供達は水を汲みに行って河辺であそんでいるからである。小牛も多く見えなくなり、セシェケでは牛の群が河を泳ぎ渡る時、その幾頭かが見えなくならないですむことはめったにない。私のお供の者達の一人が鰐にかまれて水底につれて行かれたのを見てから、私は彼らがこれらの支流を泳ぎ渡ると、いつも身ぶるいせざるを得なかった。けれども、彼はうろたえなかったし、手に小さな投槍をもっていて、それで鰐の背中を一つき突いたら、鰐はいたさにたえかねて彼を放したので、股に深い傷をうけて浮びあがってきた。この地方の人たちは鰐にかまれた人を別になんとも思わないが、バマングワトやバクウェンの諸種族にあっては、鰐にかまれるか、あるいは尾をふって飛沫をかけられるかすると、種族から追いはらわれる。バクウェン人達は鰐が近づいてくると、地面に唾して「ボレオ　キ　ボ」(罪悪なものがいる)といって、鰐がいることを知らせる。ただ見ただけでも、目に炎症を起こすものと思っている。彼らは平気で縞馬を食べるのに、縞馬にかまれた者は、家族を連れてカラハリ砂漠へ去って行かねばならない。

このあたりの獣は、いたっておとなしく、五〇メートルぐらい近づいて行っても、にげようとしなかった。おもしろいことには、同じ程度の傷をうけても、ある獣はいっこう平気なのに、ある獣は死んでしまう。水陸の両方にすむことのできるかもしかの類は、陸ばかりにすむ獣より命づよく、かもしかなら体を射ぬかれても、脚さえ折られなかったら、きっと逃げおおせるのに、縞馬は死んでしまうであろう。驚きうろたえさせられるのがもっとも致命的である。きりんは、なんら傷をうけなくても、二、三〇〇メートル優秀な馬から追いかけられただけで、たおれ死んでしまう。

レーバ河との合流地点を下ったあたりのザンベジ河の両岸は、六メートルも高く木立でおおわれている。氾濫する河水は高い河岸をもおおいかくしてしまうが、水は長くたまっていないので、木木はよく繁茂している。左岸には、ツェツェ蠅と象がよく集ってくる。これらの二つの生物の間には、何か関係があるのらしい。テテ地方のポルトガル人達は、ツェツェ蠅を、象蠅と呼んでいる。

私達が岸に沿うて歩みをすすめて行くと、緑色の鳩の群が木々からとび立ち、多くの鳥の鳴声は、私達が見知らぬ国に来ていることを知らせた。胸は明るい真赤な色をしていて、背中が黒い見事なトロゴン（孔雀の一種）は、メムノンによって発せられ、竪琴の調べになぞらえられたといわれているのに似た、まことに特有の声で鳴いた。舟人達は、そのような鳴声をくりかえすのは、大量の獲物を得ることを示しているると考えているのであるかのように、「ナマ　ナマ」（肉、肉）といって、それに答えた。

水嵩が多くなると、ゾウガ河と同じように、たくさんの魚の群がザンベジ河を下ってきた。それらの魚は食物を求めて水浸しになっている平原へ泳いでくるので、やがて水が引くと、土人達はそれらの魚を捕えて干物にする。あまりたくさんいるので、いたるところに腐るがままに残されていて、いやな臭いを発散させている。

レーバ河上り　鰐の習性／女酋長／土人の迷信

私達は一二月二七日に、レーバ河とザンベジ河の合流地点（南緯一四度一〇分五二秒、東経二三度三五分四〇秒）に到着した。今や私達はザンベジ河を去ろうとしていた。ザンベジ河はこの地点から東の方に向かって流れ、私達は西北の方に向かって歩みをすすめようとしていた。レーバ河との合流地点からモシオアトゥンヤまでの間に、テムズ河の汽船と同じぐらいの大きさの汽船が自由に航行できる広い場所が数カ所あって、その上流にさえ、テムズ河のロンドン橋のあるあたりほど広いところがところどころにある。しかし、一気に一五〇キロも航行するのは、なかなか容易ではない。途中に砂洲があったり、急流や瀑布があったりするからである。

さて、私達は、レーバ河をさかのぼりはじめた。河水は本流とくらべて黒みがかった色をしていて、両岸から多くの小川をうけ入れながら静かに流れている。両岸の木々は生々した簇葉でおおわれ、濃緑の草原など、人工を加えてつくった公園のような眺めだった。私達が一頭の大きな水牛に傷を負わせると、その水牛は血を流しながら森のもっとも木のこんでいる中に逃げて行った。若い者達が追いかけて行った。足音をきいた水牛はその位置をかえて、まことに巧妙な仕方で逆走してきた。水牛は自分の足跡から二、三メートルのところへひきかえして凹地に横たわり、猟人のくるのを待ちかまえていることを、私は時おり知らされていた。水牛は体が重くて歩みのおそい動物らしく見えるが、攻撃してくる時はまことにはやく、そして恐ろしい。傷をおわされている時はとくに性質《たち》の悪いことをすることを、誰も知っている。しかし、土人達は水牛を恐れようとしない。水牛が攻撃してくると、土人達は木の背後《うしろ》にかくれる。ぐるぐる木の周囲をめぐり歩いている間に、すきをねらって水牛を刺し殺すのである。

その時花の咲いていた一本の木は、さんざしの快い香を思い起こさせた。花は茨苺の花ほど大きく、「その実」は子供達が玩具にする弾石みたいだったということをのぞいて、あらゆる点でさんざしに似ていた。このあたりの花々は、すべて快い香を放つが、南の方の花々はめったに香らしいものを放つものがなく、稀に放つ香も嘔気を催させられるような香だけなのである。植物学者はレーバ河畔において豊富な収穫を収めることができるであろう。攀縁《はんえん》植物はまことに生気がよく、根もとばかりでなく頂まで葉がよく茂り、生長のはやいアスパラガスのようだった。

二八日に、私達は、右岸の鰐の子達が二孵《ふたかかえ》かえったばかりのところに寝た。河をさかのぼってくる途中、私達は、多くの子鰐が親鰐といっしょに、砂洲の上で日をあびているのを見た。鰐が巣から出てくる時期だったらしい。私達は、ゾウガ河で一つの巣から六〇個の卵をとったのを見た。卵は鵞鳥の卵ぐらい大きいが、完全に丸い。殻は幾分弾力をもっている。内側に強靭な膜をもっていて、ほんのわずかしか石灰分をふくんでいないからなのである。私が寝た場所は、水面から約三メートル離れたところにあった。河縁《かわべり》に通じている通路は広くなっていて、そこは何年も前から野営する場所になっていることを示していた。卵を産むと、母鰐はそれらの卵を全部おおいかくしてしまう。やがて、親鰐は卵の中にとじこめられている子鰐が生まれ出てくるのを助けるために帰ってくる。生まれ出るのを助けるのは必要なことらしい。卵の内側に強靭な膜がある上、卵は一〇センチばかり土でおおわれているからである。しかし、子鰐は、生まれ出たばかりの時は食物がいらない。腹の中の膜に残っている鶏の卵のそれと同じくらい、卵黄の一部を食物のたくわえとして残しておくからである。この残したくわえていた食物がなくなると、親鰐は子鰐達を河縁に連れて行って、自分達で魚をとらせる。親鰐も子鰐も主として魚を食べて生きている。鱗のある広い尾は魚をとらえるのにはなはだ役立つ。一般に、人間に出会うことをきらうが、時あって近くの水の中に人間の姿を見るようなことがあると、驚くほど軽快に水の中にくぐってしまう。食物を得るためにはめったに水を去ることをしないが、日にあたるために時おり水をはなれる。食物を探し歩く時、彼らは姿を見せないようにし、主として夜魚を捕える。食物を食べる時、まことにさわがしい音をたてる。一度その音をきいた人は決して忘れることができない。

私達がその夜を過したところにあった巣から出てきた子鰐達は、体長が約二五センチあって、目は黄色く、体全体に薄緑と褐色の縞が交互についていた。槍で突き刺すと、荒々しく槍をかみ、子犬の鳴声のような鋭い声をあげて鳴いた。卵は卵黄だけかたまり、その部分だけ食用に供する。

私達は、マネンコという女酋長の村の対岸に到着した。私はこの女酋長をたずねて旅行の目的を説明しないで通りすぎるのは不作法なことだろうと、使いの者をつかわして交渉したが、具合よく話がすすまないので、たずねないことにして、マコンド河（南緯一三度二三分一二秒）の方へ河をさかのぼって行くことにした。

一八五四年一月一日。――私達はほとんど毎日大雨におそわれた。もうすっかり雨季になっていたのだった。村の人達は、しばしばマワと呼ばれている紫色の果物を籠に入れてもってきた。酋長達は、私達がよくもてなされたと聞いて喜ぶだろうというわけだったのである。私達はその返礼に、肉を切って与えた。

レーバ河とマコンド河の合流地点で、私達はイギリス製の鋼《はがね》の時計の鎖《くさり》の切端を拾った。そこは、マンバリ人達がマシコのところへ行く時横切る地点であるとのことだった。これらのマンバリ人達は、まことに企業心にとんでいる商人達なのである。この人達は、マンチェスターの製品をアフリカの真中にもってくるのであり、マコロロ人達が人間の手でできたものと信ずることができないほど不思議な木綿の更紗をもってくるのである。イギリスの製品は海から出てきたのであって、珠数玉はイギリスの海辺で集めたものであると、マンバリ人達はマコロロ人達にいい聞かせている。アフリカの土人達にとって、イギリスの紡績工場は夢のように空想的なものである。「どうして鉄の機械が糸をつむいだり、織ったり、またそのように美しく模様をつけることができるのでしょう」というわけなのである。いろいろ説明して聞かせると、彼らはいつも「あなた達は神様です」という。

マコンド河を去った私達は、シェアコンドの村に到着した。使いをやると、間もなくシェアコンドの村長はマニオクの立派な贈物をたずさえている二人の妻をつれてたずねてきた。シェアコンドといっしょに来た人達は、美しく見せるために何本かの歯をみがいて先をとがらせていた。一般に、このあたりの人達は体のいろいろの場所に、とくに腹に、いれずみをしている。星とか、その他何かの形になるように皮膚に傷痕をこしらえて盛りあがらせる。黒い肌色をしているので、それらの模様を色で表わしても無駄である。この人達は、体全体に脂《あぶら》をぬってもらって快い気持にさせられるのを喜ぶ。とくにバターか牛脂をぬることを好む。シェアコンドの妻の一人は、足首にたくさんの鉄の輪をつけ、それらの輪に鉄板の小さく切ったものをつけていた。アフリカ風に気どって歩くと、それらの鉄板の小片はチリン、チリンとなった。

毎日雨が降りつづけ、空は曇ってばかりいるので、二週間の間一度も経緯度を観測することができなかった。レーバ河は大して水かさがふえた様子もなく、また水の色もなんら変って見えなかった。さらに東の方では一層雨が多く降ったのだった。ザンベジ河は、急速に水かさが多くなり、両岸の砂っぽい土をとかして流れる河水は、少しく黄色を帯びていたからである。レーバ河には、鳥も魚も少なく、鰐もこの河のはザンベジ河のより臆病である。バロンダの人達は、鰐や鳥をさかんに捕えるからである。

一月一六日に、私達はヌヤモアナと呼ばれているもう一人の女酋長の村に到着した。この女酋長はマネンコ女酋長の母親で、この地方のバロンダ族のもっとも有力な酋長であるシンテ酋長と兄妹《きょうだい》だといわれている。この女酋長の家来達は最近この土地に移ってきたばかりなので、付近には二〇軒ぐらい小屋が建っているのにすぎなかった。サモアナというこの女酋長の夫は、緑と赤の粗ラシャの短袴をはき、槍と古風な幅広の剣で武装していた。女酋長とその夫は、少しく高くなっていて、周囲に壕をめぐらしてある円い場所の中央にしいた皮の上に坐っていた。壕の外には約一〇〇人の男女の人達が坐っていて、男の人達は弓と矢と槍と幅広の剣で武装していた。夫である人の側には、極端に斜視の目をしているやや年老いた女の人が坐っていた。私達は自分達の武器を約三五メートル離れたところにおいた。私はいつもするように手をたたいて挨拶した。夫である人は、自分よりも先に妻である女酋長に挨拶するようにといわんばかりに妻の方を指した。私は同じように手をたたいて女酋長に挨拶した。敷物をもってきたので、私は二人の前に坐った。

そこで、女酋長の奏上係が呼ばれ、私の代弁者は誰であるかと聞かれた。この地方の土人達の言葉を一番よく知っているコリンボタを指すと、型のように長談義がはじめられた。私は旅行の目的を説明した。コリンボタは私が話したことを奏上係へ、奏上係はヌヤモアナの夫にそのことを伝えた。夫は妻である女酋長に伝えた。私のいった事柄が、その場に居合わした誰にも聞こえるような大きな声で四度くりかえされたのである。返事の言葉も、まず女酋長からその夫へ伝えられ、前と同じようにまわりくどい経路を経て私に伝えられたのである。

私はこの人達の信用を得るよすがとして、自分の髪の毛を示して見せた。私の髪の毛はこの地方で珍しいものの一つになっていた。土人達はいった。「それは髪の毛でしょうか。それはライオンのたてがみなのです。ちっとも髪の毛のようではありません」私は、この人達のも髪の毛ではなく、羊の毛なのであるといってやりたかったが、この国には一匹も羊がいないので、そういってもその意味がわかりそうもなかった。そこで私は、自分のが本当にもともとからのものであって、この人達のも太陽の熱でやきちぢれさせられなかったら自分のと同じようなものだったろうと説明した。太陽の熱の力がどんなに力強いものであるかを示している証拠として、自分の赤銅色をしている顔や手と白い胸をくらべて見せた。自分達は思いきり太陽にてらされているのだからというので、結局皆が同じ先祖から出ているかもしれないと、容易に信ずるようになった。

バロンダ人は本当の黒人《ニグロ》なのであって、ベチュアナ諸種族やカフィール諸種族のいずれよりも一層多く縮毛を頭や体に生やしている。一般に、まことに黒い肌色をしている。多少上方と後方につき出ている頭や、厚い唇やひらたい鼻など、彼らは典型的な黒人の一般的な特徴をよく備えている。中には、容貌がよく、頭の形や体つきのよいものも多くいる。男の人達の衣類は、ジャッカルや山猫などの小動物の皮をやわらかにしたものを、帯につるして体の前後にさげるだけである。女の人達の衣類は、なんともいいようのないものである。

これらの人達は、私達が出会ったいずれの人達よりも迷信深かった。まだ村ができ上らないのに、彼らはまず二つの小屋を建て、その中に護符を納めてある壺をおく。何の薬かと聞いたら、「霊魂《バリモ》の薬なのです」とのことだった。私が壺の中をのぞくと、狩猟の薬であるという。私達は、荒れはてた村で、古びた偶像の残骸によって、偶像崇拝が行なわれている証拠をはじめて確かめることができた。それは、木片を刻んでつくった人間の頭にすぎなかった。まだ使用されている偶像には、赤土と白い煙管用の粘土をまぜたある種の護符薬が体全体に点々とぬられている。彫刻を専門にしている者がいない場合は、曲った棒が偶像の代りに用いられる。

路辺の木々には、すべて彫刻がほどこされていて、マニオクの根を小さく刻んだものか、とうもろこしの穂が枝の上におかれている。三、四キロ行く毎に、棒切れが積み上げられている。通りすぎる人達が、つぎつぎとその上に小さな枝を積み加えるので、石塚のごとく高くなっている。あるいは、二、三本の棒切れが道におかれているが、このような地点にくると、どの通行人も急に道の一方の側の方へよって行く。土人達は、森の奥の暗いところを行くのは、何かありはしまいかとこわいのらしく、お供物をして、目に見えない何か恐ろしいもののご機嫌をとろうとするのらしい。

レーバ河は、私達が行こうとしている方向から流れてくるらしく思われたので、私はさらに河をさかのぼって行きたかったが、ヌヤモアナはいろいろと反対をとなえ、マネンコが到着すると、行ってはならないことにきめてしまった。この女酋長は、二〇歳ぐらいの、背の高い大柄の女だった。装身具と薬をたくさんもっていることで有名だった。薬は呪《まじない》の役を果たすものと考えられていた。暑さ寒さを防ぐために、体全体に脂と赤土をまぜたものをぬっていた。このことは、必要な心づかいだった。バロンダ人の大部分の女の人達のように、この女酋長も、着物がないからというよりは、むしろ優美な身装ということについての特有な考え方から、驚くほど体を裸《はだか》にしているからである。

女酋長の夫であるサンバンザは、挨拶の言葉を述べながら、二、三秒ごとに少しずつ灰をつまみとって腕と胸の上部にこすりつけた。これはロンダで普通行なわれている挨拶の形式なので、特別丁寧に挨拶をする時は、たくさんの灰か煙管にする粘土を皮切れに入れてもってきて、それを胸と両方の腕の上部の前面にこすりつける。他の者達は、肘《ひじ》で肋骨を太鼓のようにうった。また、他の者達は両頬を交互に地面につけて、手をたたいた。サンバンザは、挨拶の言葉を述べ終えると、立ち上って銅の輪の束で飾ってある足首を見せた。酋長のある者は、あまり多く輪をつけていて、歩く時じゃまになるのでいつも両足をひらいていねばならぬ。なんでも自分より上の人達のすることを真似たがる。サンバンザのような紳士達は、上の人達の歩き方をまねて、わずか二、三オンスの輪を足首につけていても、それよりも二倍も重い輪をつけているかのように重い足取りで気どって歩く。私がサンバンザの歩き方を笑うと、人々はいった。「これはこのあたりの人達が、立派な家柄の出であることを示して見せる方法なのです」

このあたりには、縞馬、水牛、かもしかの類などの猟獣がいたが、まことに臆病で、幾キロもあとを追って行かねば、見ることができなかった。鉄砲によってなやまされる地方にすんでいる猟獣は、見晴らしのきく場所を選んですんでいるが、このあたりの猟獣はバロンダ人の矢でばかり殺されるので、矢を射るに不便な木のこんでいる森の中にばかりいる。もっとも、そのように森の中にばかりいるのは、半ば日光が暑く照りつけるためなのかもしれない。この地方では、とくに日光が暑く照りつけて、何ともいたしがたいからである。だが、この地方の野獣は、日が照っていない時でも、たしかに日中は多く森の中にばかりいるが、これより南の方にいる野獣は、一般にそのようにおおいかくすもののあるところを避けるのはどうしたわけであろうか。

シンテの町へ　シンテ酋長への引見式

一八五四年一月一一日——朝出発しようとしていると、サモアナが（この地方では女の人達が酋長になっているのでむしろヌヤモアナが）、前にマネンコが私を困らせるのに手伝ったつぐないとして一つなぎの珠数玉と高価な貝殻を私にもってきた。私は決して一晩中おこっているようなことをしないというのを聞いて彼らはたいへん喜んだ。私達はヌヤモアナの村の側を流れている小川を横切らねばならなかった。マネンコの医者は彼女の頭の上にある護符をふった。女酋長は、カヌーにのる前に、護符のいくつかを手にもち、また自分の体にもつけた。私のお供の者達の一人が、薬の入っている籠の側で少しく声高にしゃべると、医者はその者を叱った。医者自身はその中にいる何かに聞かれるのを恐れているかのように、いつも後をふりかえり見ながら小声でものをいった。南部ではこのような迷信は、全く行なわれていない。

マネンコ女酋長は夫と鼓手を連れていた。鼓手は濃い霧が下りて太鼓を打てなくなるまで、まことに根気よく太鼓を打ちつづけた。夫は雨をはれさせようと、いろいろの呪文《じゅもん》をとなえたが、雨は絶え間なく降りつづけていた。あっぱれわれらが女丈夫である女酋長は、この上なく身軽なよそおいをして、あとにつづく男の人達の少数の者達が相競うことができるような速さで、雨の中を先頭に立って歩いて行った。私は牛に乗っていたので、いつも先頭の近くにいることができた。どうして雨が降っている間中裸でいるのかときいたら、酋長は女々しく見せてはならないのであって、いつも頑丈な若者のような態度であらねばならなく、ひるむことなく雨風をたえしのばねばならないのだという。とある小川のほとりで、その夜の宿所をもうけるために歩みをとめることを女酋長が申し出た時、一行はほっとさせられた。

私達が通りすぎて行った地方は、森林とひろびろとした空地の連続だった。空地にはよく草が茂っていた。村の近くに行くと小屋があって、その中にロンダでは一般に見うけられる一つの醜い偶像が立っていた。それは、草をまるめたものに軟い粘土をぬり、子安貝の殻をはめて眼の代りにし、首のあたりには象の尾からとった剛毛《こわげ》がたくさんさしてある動物の像だった。ライオンと呼ばれているが、鰐に似ていた。バロンダ人達は、病気の時その前で一晩中太鼓をたたいてお祈りをする。

マネンコの家来達のある者は、長さ一・五メートル、幅一メートルばかりの芦でつくった長方形の盾をもっていた。これらの盾をもち、さらに短い幅広の剣と鉄の鏃《やじり》のついている矢束をもっているこの者達は、どっちかといえばこわそうに見えるが、このようにいつも武器をもっているのは、勇気がないからであろう。私達は村に入って行く時、いつも武器を村の外において行ったが、バロンダ人達は、私達のキャンプをたずねてくる時、いつも武装をととのえてきた。私達は武器を下におくようにと命じた。翌日私達は、斧なしでは通りすぎることができないほどよく木の茂っている小さな森にさしかかった。森は毎日の大雨で水浸しになっていた。

一一日と一二日は、小止みなく降る大雨のために同じところにいねばならなかった。食料に不足し、たいへんひもじい思いをせねばならなかった。畑にはとうもろこしが熟しているのに、村の人達は不親切で何も与えようとしなかった。これらの村々では、どの家もその周囲に太い杭で柵をめぐらしている。家の者が中へ入って行く時、杭を一、二本ぬいて、せまいところを無理に入って行き、入り終えると杭をまた刺しておく。それゆえ、夜敵がおそってきても容易に入口を見出すことができない。このように住居に柵をめぐらしているのは、自分達の仲間についても安心していられないことを示しているように思われる。このあたりでは、野獣におどろかされることがないからである。

この地とサモアナの村との間の土地には、ケープ植民地の銀木（Leucodendron argenteum）の一種がたくさん生えていた。北に行くにつれて木立が次第に密になり、私達は多く暗い森の中を行かねばならなかった。斧でようやく通って行く道を切りひらかねばならなかった。大きな攀縁植物がうわばみのように巨木にからみついていた。時おり、自分がささえられている木の成長をさし止めて、自分だけ高く伸びていた。銀木のほかに名もしらぬ木が幾種類もあって、それらの多くが、一つ一つの繁みとなって一五メートルも高く真直ぐそびえている。

この森林の中で、私達はアンゴラとこの地の間によくある人工による蜜蜂の巣を初めて見た。それらの巣は、周囲約一・二メートルある木の皮を二つにはぎとったものを、再びつなぎ合わせて円筒形のものとし、上と底は草の縄を渦巻きにしたものでふさいだものなのである。森林のところどころの高い木の上に置かれている。ベングェラとロアンダから輸出される蜜蠟は、すべてこのようにして集められる。「少しばかりの薬」が、巣の置かれている木の幹にゆわえつけられている。泥棒除《よけ》にするのである。それらについて知っているのはごく少数の者達だけとされているが、ある種の薬は人を病気にかからせて死なせることができると、人々は信じているからである。

雨季になっていたので、きのこがたくさん生えていた。お供の者達はさかんにきのこをとって食べた。食べることができるきのこは、きまって蟻塚の上に生え、直径が一五センチから二〇センチぐらいもあった。毒きのこは、華美な赤色か、薄青い色をしていた。

谷があれば、たいていその中に小さな村があった。私達はいくつかの村で休んだが、次第に村の人達は親切にしてくれた。お偉い人達が近づいてきたことを知らせるために、マネンコの太鼓は絶え間なく打ちつづけられたが、村人達はあわてて逃げ去った。一人も人がいない村もいくつかあった。いずれの村でも、私達がその村に宿泊することにきめると、村人達は自由に壁から離しとることのできる自分達の小屋の屋根を私達に貸してくれた。私達がその夜の宿泊所として選んだ場所に、村人達が屋根を運んでくると、お供の者達がそれらの屋根を棒で支えあげれば、私達は安全にその夜をすごすことができた。マネンコか私達かに挨拶にくる人達は、どの者も、胸と腕の上部に灰をこすりつけた。一層丁寧に挨拶しようとする者達は、顔にもいくらかこすりつけた。

どの村もその近くに偶像をもっているので、森の中に偶像があれば、一キロ半以内の地に人里のあることがわかった。私達は二本の柱に支えられている横梁の上に置かれた、まことに醜い顔をしている偶像の側を通りすぎた。偶像は耳をもっていても聞くことができないことや、その他のことについて話すと、木そのものは聞くことができないが、偶像の持主達は、偶像が聞くこともできれば、また答えることもできるようにすることができる薬をもっているので、どんな敵が近づいて来ても、その情報を前もって得ることができるとお供の者達はいう。

私達はいよいよシンテの町の近くにくると、シンテからの使者がくるのを待った。その日は不思議によく晴れた日だった。日は照りかがやいて、私達は着物やその他のものを乾すことができた。着物やその他のものの多くは、小止みなく降る雨でかびついていた。使者は日曜日の午後に到着した。シンテは私達がもくろんでいることを許し、白人が自分をたずねてくる道がひらけることを嬉しく思っていると使者はつたえた。

シンテの町は、一時に三人の白人から訪ねてもらう光栄に浴するであろうと人々はいう。もう二人の白人は西の方からこの町に近づきつつあることを知らしているのだった。かかる辺土においてヨーロッパ人に会うことを思うと、私は嬉しくてならなかった。一時にいろいろのことが思いうかべられて、熱病のことも忘れていた。私はたずねてみた。「その人達は、私と同じ肌色をしているのかね」——「はい、そうです。まさしく同じ肌色をしているのです」——「それから、同じような髪の毛をしているのかね」——「それは、髪の毛なんですか。かつらだと思っていました。私達はそのような髪の毛をこれまで一度も見たことがありません。この白人の方は、海に住んでいる人種なのにちがいありません」この後、お供の者達は、私を海に住んでいる白人種の本当の標本としてほめていった。「とにかく、あの方の髪の毛を御覧なさい。海水で真直ぐにされたのです」海からきたというのは、海水の下からきた意味ではないことを、私は繰り返し説明せねばならなかった。しかし本当の白人は海の中に住んでいるという作り話が、マンバリ人達によってアフリカの内陸の方にひろめられていた。お供の者達は本当の人魚につれられていると、土人達に説明しているのらしかった。その未知の人達は、縮毛《ちぢれげ》をしているので、奴隷や象牙や蜜蠟の取引に従事している二人の混血児のポルトガル人に会うだけで、ヨーロッパ人に会うことは思いあきらめねばならなかった。

一六日――少しばかり歩いて行くと、東の方モナカズの裾野がひくく伸びているところまでひろがっているまことに美しい谷にさしかかった。小さな流れが気持のよい谷の中央をうねうねと流れていた。シンテの町（南緯一二度三七分三五秒、東経二二度四七分）は、西側から流れてくる小川のほとりにあった。町はバナナやその他の熱帯植物でおおわれていた。街路は真直ぐで、まことに屈曲の多いベチュアナ人の町の街路と対照的だった。土人の小屋は、壁は四角で、屋根はまるかった。真直ぐな棒を五、六センチずつ間隔をおいて立て並べ、棒と棒との間には丈夫な草か、葉の多い灌木を織りなすように綺麗に植えている垣根で囲まれていた。中庭には、煙草、甘蔗、バナナなどの小さな植込みがあった。垣根の棒はたいてい根づいていた。迷信的に有難いものとされているバンヤン樹の類に属する木が、木蔭をつくらせるために植えられていた。私達が姿をあらわすと、黒人の群が私達の中をあらしまわろうとするかのように、勢よく走りよってきた。すべての者達が武装していて、ある者は鉄砲をもっていたが、その持ち方から判断すると、鉄砲よりも弓矢をもつことになれているらしかった。一時間ばかり私達を見つめていたが、やがて去って行った。

一七日――一一時ごろ、私達のためにすばらしい引見式が行なわれた。マネンコは少し体具合が悪かったので、サンバンザが私達を紹介する光栄に浴したいという。サンバンザははなやかに着飾っていた。たくさんの珠数玉で身を飾り、さらに、たいへん長い着物を着ているので、一人の少年が後からその裾をもって歩かねばならなかった。コトラあるいは引見所は、約一〇〇メートル四方あって、中にバンヤン樹の類に属するまことに形のよい木が二本植えられていた。シンテはそれらの木の一本の下にひょうの皮を敷いて、玉座といったところに坐っていた。市松模様のジャケツを着て、粗ラシャの短袴をはいていた。首には大きな珠数玉を糸でつないだものをつるし、手と腕は鉄と銅の腕甲と籠手《こて》でおおうていた。頭には珠数玉をきれいにつなぎ合わせてつくった、そして鷲鳥の羽の大きな束が飾毛としてその頂についている兜《かぶと》をかぶっていた。シンテの側には、大きな矢束を背負っている三人の若者が坐っていた。前には、風変りな赤い帽子をかぶっている第一夫人がいて、背後には赤の粗ラシャを豊富にまとっている約一〇〇人の女達が坐っていた。

コトラの中に入ったマネンコの家来達は、手をたたいてシンテに挨拶した。すると、サンバンザは、胸と手に灰をこすりつけて、シンテに敬意を表わした。もう一本の木の下には誰もいなかったので、私とお供の者達はその下に暑さをさけていた。そこから式の様子をすべて見ることができた。やがて、隙間なく武装をととのえ、剣を抜き払い、できるだけ猛悪そうに見えさせようとゆがめた顔をしている兵士達が、私達の方へ走ってきてさけんだ。次に兵士達は、シンテの方へ向きなおり、一礼して去っていった。一同が席につくと、通例国民議会でなされるように、奇妙な恰好をして跳びまわることが始められた。一人の男が急に立ち上り、実戦における観察によってもっともよいとされているいろいろの身構え——投槍を投げること、その投槍を盾でうけとめること、側の方へとび去って投槍をさけること、その他前後に走ったり、とんだりする——を演じた。次に、サンバンザとヌヤモアナの代弁者が、シンテの前を気どった足どりで行ったり来たりしながら、私の経歴とマコロロ人との関係について、知っているだけくわしく、わめきどなっているような大きな声で奏上した。私の伝道の目的を説明し、最後にこの白人をよくもてなして出発させた方がよいのであると申しのべて奏上は終わった。

奏上の合間合間に女の人達は哀調をおびた小唄のようなものを唄った。その小唄は奏上者をほめたたえて唄ったものか、それとも自分達をほめたたえて唄ったものか、あるいはシンテをほめたたえて唄ったものか、私達はわからなかった。私は女の人達のいる公けの場所に、はじめてつらなったのである。南部では、女の人達がコトラの中に入ることをゆるされていない。礼拝に加わるようにさそわれても酋長が入るようにといわなければ入ってこない。ところで、この地方では女の人達もコトラの中で手をたたいてほめたたえたり、笑ったりした。シンテも、時おりあとをふりかえって、女達に話しかけた。

三人の太鼓をたたく者と四人のピアノを弾く者からなる一団の楽師達が、数回コトラの中をめぐり歩いて、自分達の音楽を私達に聞かせた。太鼓は木の幹を綺麗に彫ってつくったもので、胴には小さな孔があって、蜘蛛の巣がはってある。両面にかもしかの皮が張ってあって、皮にはりをもたせようとする時には火にかざす。手で打つのである。

「マリンバ」と呼ばれているピアノは、真直ぐなのか、でなかったら半円を描いて曲っている二本の棒を平行にならべ、その二本の棒の上に、幅五、六センチ、長さ三五センチか四五センチあって、必要な音に応じた厚みのある木の鍵《けん》を一五横においたものなのである。また、おのおのの鍵は、その大きさに応じたひょうたんをその下にもっていて、それらのひょうたんは平行してならんでいる棒にゆわえつけられている。共鳴盤の役をするのである。楽師達は鍵を小さな太鼓のばちで打つ。

この人達の間にあっては、演奏ぶりのはやいのがほめられるらしい。この音楽は気持よくきくことができる。アンゴラにいるポルトガル人達は、踊る時この楽器を用いる。

九つの口上が述べられると、シンテと一座の者達が立ち上った。シンテは最後まで真のアフリカ風の威厳をたもっていたが、ほとんどちょっとの間も私から目を離さなかった。私が概算したところによると、約三〇〇人の兵士達のほかに、約一〇〇〇人の人達がそこに列席していた。

アフリカの土人達は、皆そうであるが、シンテもしきりに幻燈を見たがったので、私は幻燈を持ってシンテの住居に出かけて行って見ると、引見の時と同じように、シンテは、主なる家来達と大勢の女の人達を従えて坐っていた。最初に見せた絵は、アブラハムが息子のイサクを殺そうとして、小刀をふりあげているところのものだった。嵌枠《はめわく》を動かすと、ふりあげていた小刀が女の人達の方へ動いていったので、イサクの体にではなく自分達の体に突き刺されるものと思ったのである。女の人達は一斉にさけんだ。「お母さん！　お母さん！」女の人達は、大混乱を演じながら、お互いをふみ越えて去っていった。しかしシンテは、勇敢に最後までその場にいて、あとで機械を珍しがってしらべていた。

酋長達は、自分達の村に他所《よそ》からの人々が滞在していることを誇りに思うので、私達はなかなか出発させてもらうことができなかった。そのうえ頻繁に雨が降ったために、なおさら出発することができなかった。二四日に発つつもりだったのが、一日中雨が降っていたので、シンテのすすめに従って出発を延ばすことにした。シンテは私達に対する親切な心持を最後に示して見せようと、私のテントの中へ入ってきた。水銀、鏡、本、髪ブラシ、櫛、懐中時計などをたいへん珍しげにていねいに見ていた。並はずれた特別なことをするのを家来達から見られないようにテントの入口をしめてから、懐から珠数玉のつないだものを一つなぎと一つの円錐形の貝殻の端をとり出した。この貝殻は、ロンドンで市長の徽章《きしょう》が重んじられているように、海から遠く離れたこの地方でははなはだ価値のあるものとされている。シンテは、私の首にそれをつるし下げていった。「さあ、あなたに私の友情のしるしをさしあげます」お供の者達のいうところによれば、これらの貝殻は高貴な人であることを示すものとしてはなはだ重んじられているので、この貝殻の二個で奴隷を一人買うことができ、五個は一〇ポンドの価のある象牙を買うことができるとのことだった。最後の会見で、シンテは年齢四〇歳ばかりの案内人頭を指し、私達が海に到着するまでいっしょにいるようにとこの者に命じたという。彼は私達に多くの食物を与え、私達は数日彼のもとにいたのだから、私達は彼の町から追い出されたのだとは何人もいい得ないから私達は出発させることにしたのであるといって、心からの別れの言葉を述べた。私達は神が彼に祝福を与えるようにと希いながら出発した。

カサイ河　チボク族の襲撃

二月二四日——平原のむこうにある水につかっていないところへくると、カテンデという名前の酋長の勢力下にある村々があった。平原は南北にある河々の分水嶺になっていることがわかった。土地の人達から道をきいて北北西の方へ歩みをすすめると、深い谷の底へ下りて行った。谷の底には上の方の平原から流れてくる小川が流れていた。今は雨で股のあたりまで水につかっている丸木橋を渡って、その小川を横切らねばならなかった。両岸には高い木が茂り、その多くは二三、四メートルも高く真直ぐに伸びていた。地面は美しい花々でおおわれていた。対岸をのぼって行って二時間ばかりすぎると、また小川のある美しい谷へ出た。これらの谷々は、カサイ河あるいはロケ河の流域になっている。

夕暮れ私達は、カビンジェの村に到着した。カビンジェは、一行に煙草、ムクトアネあるいはインド大麻（Cannabis sativa）、とうもろこしなどをおくり、海岸地方と取引できるようになると聞いてたいへん嬉しいという。今や私達は、マンバリ人達が奴隷商人としてしばしばおとずれている地方へ入ろうとしていた。この奴隷売買は、流血沙汰をともなうものなのである。犠牲になった家の年老いた者達は、魔法によって酋長をなやますものと思われているので、後に残った年寄達をなきものにしてしまうからである。土人達は、善きにつけ、悪しきにつけ、呪《まじない》の力を信じているために、正直にもなれば、他の人達に対してやさしくもする。有力な人達でも、力弱く無力な人達から、薬についての知識によって害を加えられるのを恐れて、あまり乱暴なことをしないようにさしひかえる。土人達は、いろいろのことについて恐れている。ある村で、一人の男が自分の子供の墓を示し、その女の子供は小屋の中で焼き殺されたのだといいたく悲しげにいう。もし誰も見張っていなかったら、女魔法使達が死骸の上に薬を置いて害を加えるだろうというので、墓の周囲に小屋を建て、家中の人達をつれてきて、死んだ子供を泣き悲しんでいるのだという。このあたりの土人達は南の方の土人達と異なり、死んだ人達がなお生きつづけていることをあくまで信じている。バロツェ人でさえそのようなことをつよく信じているのらしい。私達のお供をしていたバロツェ人の一人が、頭痛がするとて、悲しそうな顔をしながら「私が食べる食物を少しも与えようとしないので、父が私を叱っているのです」といったからである。父がどこにいるかとたずねたら、「霊魂《バリモ》達の中にまじって住んでいるのです」という。

二月二七日――私達は、カスエ河、カサイ河、あるいはロケ河の岸に到着した。この河はこのあたりで河幅が約一〇〇メートルあって、北および北東に流れている。両岸の光景はまことに美わしく、私は生まれ故郷のクライド河を多く想い起こさせられた。ある時はよく茂った木立におおわれ、またある時は緑の草原の中に光り輝く水の面を見せながら谷々の中をうねうねと流れている。案内の人達はその水路を指しながら「幾月この河を舟でこいで行っても、あなたはその端を見ないで帰って来るでしょう」という。私達は南緯一一度一五分四七秒の地点で、この河をカヌーで横切った。

今や私達は、食物に不足していた。驚いたことに、村の人達は何もくれようとしないで、碾割やマニオクをたいへん高い代金で売ろうとした。そのうえ、私達は動物食を得られない土地にいることがわかった。案内人の一人が、自分の夕食にする薄青い色をした一匹のもぐらと二匹の二十日鼠を捕えて、それらを丁寧に木の葉に包んで槍につるして帰ってきたくらいだったので、このあたりにはほとんど大きな猟獣を得ることができないことがわかった。私達は、ほかに動物のいる形跡を見出すことができなかったし、さきざきの村々で、男女の子供達がこれらの小動物を掘出しているのをしばしば見た。

二九日に、私達はカテンデ酋長の村の近くにきた。翌日、カテンデ酋長からの使者が私を迎えに来て、雨が降っていたので小屋の中へ入るようにという。酋長からの言葉の授受に長時間かかったのち、酋長は通行税として人間か、象の牙か、珠数玉か、銅の環か、貝殻かのいずれかを求めているのだと告げられた。何か贈物をしないでは、何人もこの酋長の国を通りすぎることができなく、また酋長にお目にかかることもできないと告げられた。私達は辞をひくくして本当に困っていることをいろいろと説明して、「腰をひくくしている牛の角を捕まえること」を、それに似た私達の諺《ことわざ》でいえば「石から血をとること」を期待してはならないと述べると、帰って行くようにという。明日また話そうとのことだった。私はいたし方なく、一番悪いシャツを賄賂《わいろ》としておくることにした。

カテンデ酋長に会わないで歩みをすすめて行った私達は、セングコという小川を横切り、さらに二時間歩むとトテロという前のより少し大きい小川にさしかかった。この小川には橋がかかっていた。橋の向こう側に、一人の黒人が立っていて、この橋は自分のものだからというので、橋銭を要求して、それを払わなかったら私達の通行を妨げるという。私は、こんな土地でも、このように文明国のようなことが行なわれているのに驚いて、しばらくこの大胆な橋銭の取立人を見ながら立っていた。すると、お供の者達の一人が、銅の腕輪を三つばかりとりはずして一行の橋銭として払った。この黒人は、案外人のよい男だった。というのは、早速自分の畑へ行って、幾枚かの煙草の葉を私達への贈物としてもって来たからである。

村々のあるところを離れてしばらく行った時、途中カンジェンケの村でやとってきた案内人達が、これより先に行くと路は三本に分れているが、着物を直ちに自分達にくれなければ、私達を置き去りにするという。私はロアンダのある方向はわかっていたし、ただ途中にある村と村との間の道案内をさせるためにこの人達をやとったわけだったので、案内人なしで歩みを進めることをお供の者達に希望したが、マシャウアナが道に迷いはしまいかと恐れて、自分の着物を与えることを許してもらいたいという。そのことを知った案内人達は、「アヴェリー　アヴェリー」と叫びながらよってきた。

その日の午後、私達は幅が約一キロ半もある谷にさしかかった。谷底は水浸しになっていて、歩いている者は顎まで水につからねばならなかったし、牛に乗っている私達三人も体の半分は水につからねばならなかった。牛は人をのせているために泳げなかったからである。翌日も、幅約八〇〇メートルもあって、水浸しになっている谷を越えて行かねばならなかった。谷の中央を流れている深い小川は、まことに勢よくカサイ河の方へ流れていた。中流はことに流れが速く、私達は牛につかまりながら河を渡ったのである。

その日の午後も、またヌアナ・ロケ（あるいはロケの子供）と呼ばれている川を横切らねばならなかった。その川には橋がかかっていたが、深く水浸しになっていて、橋のところまで泳いで行かねばならなく、橋の上でも胸のところまで水があった。あるものは川を渡り終えるまで牛の尾につかまっていた。私もそうするつもりだったが、私がまだ牛から下りない間に牛は他の牛達といっしょに走り出して、深く水の中に入ってしまったので、私は毛布の紐につかまりそこなって、ただ一人で対岸までもがきながら泳いで行かねばならなかった。私が牛から離れたのを見ると、かわいそうにお供の者達はびっくりさせられた。私を助けようと、二〇人ばかりの者が同時に水の中にとび込んだ。私が対岸へ泳ぎつくなり、一人は私の腕をつかまえ、もう一人は私を抱いた。岸に立って、みなの者達が自分の方を目がけてもがきながら泳いでくるのを見た時、私はまことに有難い心持にさせられた。私も自分達と同じように泳げるのを知った時のお供の者達の喜びは、大へんなものだった。夕暮れ私達はカサビ族の村々のあるところに到着した。村人達がこれからさき何度も深い河を横切らねばならないといって、私達を驚かそうとすると、お供の者達は笑っていった。「私達は皆泳げるんだ、この白人の方だって自分で泳いで河を渡ったんだ」

三月四日——私達はチボク族の住んでいる地域の外郭に到着した。このあたりは土地が肥えていて、作物をつくるにも、また牛を飼うにも、まことに適した土地なのに、土地は荒れるがままにされていて、牛も飼っていなかった。このように立派な土地がありながら牛を飼わないのは、酋長が横暴だからであろうと、最初のほどは思っていたが、あとで考えてみると、このあたりには以前ツェツェ蠅がすんでいたらしかった。自分達が餌食《えじき》にしていた野獣がいなくなるにつれて、ツェツェ蝿もいなくなったらしい。

その日のうちに、チボク族の酋長の一人であるヌジャンビの村に到着したので、翌日は静かに日曜日をすごすことにした。食物がほとんど尽きていたので、牛を一頭殺すように命じた。これまで酋長にはいつもこのような貢物を奉って、高い地位にある人には敬意を表わすのであるといいそえて、背肉と肋肉をヌジャンビ酋長におくった。酋長も、お礼の言葉にそえて食物を一行におくることを約束した。ところで、翌日酋長からの使者がきて、人間か、牛か、鉄砲か、火薬か、切れ地か、あるいは貝殻のいずれかを奉るようにと不躾《ぶしつけ》なことをいう。もしその求めに応じなかったら、この先に進むことを妨げるというのである。たとえ私達がそのようなものをもっているにしても、奴隷商人以外にはそのような貢物を求めてはならないと答える。マンバリ人達に使して行った時には、いつも主人にたくさんの切れ地をもらって帰るので、今度もそれと同じものを、あるいはそれに相当するものを私からもらえるものと期待しているのだと、使者達はいう。

正午頃、ヌジャンビ酋長は家来達を集めて、私達のキャンプを包囲した。明らかに私達の所持品を全部掠奪するつもりだったのである。お供の者達は敵の投槍をうけとめているだけで、自分の方から攻めて行くことはしなかった。チボク族の若者達は猛《たけ》り狂いながら剣をふり、ある者達は鉄砲で私をねらい打とうとした。私は二連銃を膝の上に横たえて、携帯椅子に腰かけていた。酋長にも腰を下ろすようにすすめた。酋長の顧問役の者達が私の前に坐ると、私達がどのような罪を犯したというので、そのように武装をととのえておそってきたのかと、私はたずねた。ピツァネというお供の者の一人が、その朝火にあたっていた時、唾をして彼の家来達の一人の脚に少しばかり唾をかけたという。ピツァネに聞いてみると、それは本当であるが、決してわざと唾をかけたのでなく、その証拠に、自分はすぐ拭いさったのであるという。しかし、こちらの言い分はいっこう聞き入れようとせず、そのつぐないとして、あくまで人間か、牛か、鉄砲を求めた。もちろん私は、そのような無理な求めに応じなかった。かなり長い時間いろいろと話しあった後、最後に私は一枚のシャツを与えた。チボク族の若者達はそれでは満足できず、もっと多く罰金をとらねばならないというので、大きな声をあげたり、剣をふりまわしたりした。ピツァネの願いによって、私はさらに一束の珠数玉をつけ加えたが、顧問役の者達は承諾しようとしないので、さらに一枚のハンカチをつけ加えることにした。しかし、こちらでゆずれば、ゆずるほど無理なことを求め、新しい要求がなされるごとに、若者達は大きな叫び声をあげ、武器をふって一行の周囲に殺到してきた。若者の一人は、背後から私の頭を打つことさえした。しかし、私が素早く銃口を彼の口に向けると退いて行った。私は血を流すことをさけたかったので、お供をしているマコロロ人達はこの二倍の敵を追い払うことができるのを知っていても、極力敵と衝突しないように努めた。お供の者達も、急の出来事だったのだが、感服させられるほど冷静に振舞った。私のすすめに従って、酋長と顧問役の者達が席についたのは、罠におちいったようなものだった。お供の者達は、静かにこの者達をとり巻き、彼らは私のお供の者達の槍を逃れ得ないことを感じさせたからである。そこで、私は、何をやっても満足できないのであってみれば、明らかに彼らは武力にうったえたいのであるし、もしそうだったら彼らの方から挑戦すべきであり、また神の前にその罪をおうべきであると述べた。しばらく、双方とも黙ってにらみ合っていた。それはかえってつらいことだった。チボク人達は真先に白人をおそうことを知っていたからである。だが、私は注意してうろたえた様子を見せないようにした。いざという時の備えに四梃の鉄砲を用意して、まことに殺伐な光景を見わたした。酋長とその顧問役の者達の方が私よりも危険な状態にあることがわかったのであるし、それにお供の者達があまり落ちついているので恐ろしくなったのらしく、先方から次のように話をもちかけてきた。「あなたは全く親しい気持でいると申しますが、何かあなたが食べるものを私達へ与え、あなたからも私達の食べるものをもらっていただかなければ、私達はどうしてそのことを知ることができるでしょう。もしあなたが一頭の牛を下さるならば、私達はあなたのほしい物を何なりとさしあげますし、そこで私達はお友達になることもできるのです」私はお供の者達の願いに応じて、一頭の牛を与えた。夕暮れ返礼に何がほしいかとのことだったので、私達がもっとも欲しいものは食物であるという。ヌジャンビは、碾割をはなはだ小さな籠に一つと、私達がおくった牛の肉を二、三ポンド、返礼としてとどけてよこした。鶏は一羽もいないし、他の食物もいたって少ししかもっていないとのことだった。このように気前のよい人達の冷たさを笑わざるを得なかったが、とにかく血を流さずにすんだのが嬉しかった。

三月六日——ヌジャンビの村を去った私達は北北東の方に向かって歩みをすすめることにした。初めは真北に向かって歩みをすすめた。初めの三キロばかりの間、前の場合のように増水のために河岸が沼地のようになっていて、何度か水の中を歩いて行かねばならなかった。谷間谷間は美しい花々で埋められていた。太陽とともに北に行くにつれて、季節がちがっているのをはっきり知ることができた。クルマンでは夏が終り、リンヤンテでは、それがかなり日がたっていたのが、この地ではその真中にあった。ザンベジ河畔で私達がよく熟しているのを食べた果物が、このあたりではまだ緑のままだった。今や私達は、土人達が二度の雨季と二度の収穫に恵まれている地域に入ろうとしていた。二度の雨季と収穫というのは、太陽が南へ行く時と、北へ帰ってくる時なのである。

ひろびろとした芝生と密林が断続しながらつづいているところを横切って行きながら、木々があたかも本能によってのごとく、異なった環境に適応させているのを見て、私は興味深く感じさせられた。たとえば、ひろびろとした土地では普通広い木影をつくる木なのに、より高い木々におおいかくされてしまう森林では、隣にある木の頂までその枝を這い昇らせるか、でなかったらすっかり攀縁植物になりきって、空気と光の分前を得ている木があったのである。

この地方の森林が他と変っているのは、棘のある植物がないことである。ただ馬銭子《まちん》に類した実を結ぶものと、曲った棘があるばかりでなく、黄色い実が房になってなるさるさに似た灌木の二つは例外である。南の方では、真直ぐなもの、曲っているもの、細くて長いもの、短くて太いもの、ナイフのごとく革さえも断ち切ることができるほど強靭なものと、いろいろの大きさや形の棘を見出すことができる。果物はこれらの棘によって撒布される。たとえば、ある果物は一シリング銀貨のように平たく地面におかれているが、中央に二本の棘があって、その上を踏む獣があると、すぐその足裏について、幾日もそのままでいる。またあるものは、鉤のついている棘でそれに近づいた獣にくっついて、なかなか離れようとしない。これをくわえた牛は痛かったり、どうすることもできなかったりで、咆えてばかりいる。

この頃、私は熱が出て苦しいのを我慢して旅行をつづけていたのだった。一三日には、数キロ歩いて行ったが、はげしい熱がでたために、カサイ河の支流であるロアジマ河の一支流の岸でとうとう歩けなくなった。

バシンジェ地方　ロアンダへ

三月二四日――私達は西微北の方チカパ河に向かって歩みをすすめた。この河はこの地点（南緯一〇度二三分）で河幅が四、五〇メートルある。私達は、一つづきの木の皮の両端を縫い合せて、棒切れを肋材代りにしてつくったカヌーにのってこの河を横切った。チカパという言葉は木の皮あるいは皮膚を意味する。私達はこのようなカヌーが浮べられている河をはじめて見たが、チカパという河の名前は木の皮で造ったカヌーが用いられていることからきているのであろう。私達は自分達の舟のないのがくやしかった。カヌーの持主達は、私達が渡りはじめた時と、半分渡り終えた時と、それから私とお供の者達の頭であるピツァネを除いた他の者達が渡り終えた時と、三度渡銭を要求したからである。ロヤンケは自分の着物をぬいで私達の渡銭を払ってくれた。

翌朝一キロばかり行った時、案内人達は、帰りたいと申し出てきた。報酬を前払いしてあるので、帰ってはならないときびしくいっておいたにもかかわらず、森の中を行くうちにつぎつぎ逃げ失せてしまった。しかしお供の者達が、もう奴隷商人が出入している地方にきていたので、案内人はいらないというのを聞いて私は嬉しかった。このあたりは、これまで歩いてきたところよりも多少起伏が多く、水の綺麗な流れが木のよく茂った深い谷の底を流れているところが数カ所あった。真直ぐな木々は高くそびえ、森の中は暗くて湿気が多く地面はすっかり苔でおおわれ、木々は明るい色をした地衣でおおわれていた。私達は五、六度村を通りすぎたが、ある村の村長は食物を与えるつもりだったのに通りすぎて行ってしまったというので、私達をうんと叱った。奴隷商人が出入している地方では村人達が通りすぎる人達に食物を与えて、三、四倍に相当する返礼を要求する。

一行は日曜日（二六日）を、クイロ川、あるいはクウェーロ川の岸辺ですごした。この川は川幅が約一〇メートルあって、深い谷の底を流れていた。私は熱があってよい眺めも楽しむことができなかった。

このあたりの土人はまことに楽な生活をしている。食物が豊富で、わずかの労力で作物を栽培することができる。土地が肥沃で、肥料もいらない。畑が駄目になると、森林の中へ少しく移動して行って大きな木は焼き枯らし、小さな木は切り倒す。それで、もう種を蒔くばかりになっている立派な畑ができあがる。普通このあたりの畑には、あちこちに皮もない枯木が立っていて、その間にとうもろこしが生えている。しかし、野菜の病気が多いうえ、塩が不足で、動物食もまことに不足なのでロアンダの森林には至る所に鼠を捕える罠を見うける。

村々の様子はかなり相異なっている。ある村は小綺麗さの標本のごとく、ある村は丈高い雑草の中に埋もれていて、牛の背にのって村の中央にいても、小屋の頂が見えるだけである。そのような村に、日中私達が入って行くと、村人達は手にパイプをもってぶらぶらやってきて、夢見ているような呑気な様子をしながらゆっくり煙草を吸っているのだった。いくつかの村々には雑草が一本も生えていないで、小屋の周囲には棉や煙草や薬味用のいろいろの植物が植えられていた。鶏も飼われていた。畑には生長のいろいろの段階にある穀物や豆類が生えていて、見る目も気持よかった。どの村にも子供がうようよしていて、白人が通るのを見にきた。時には変な叫声をあげたり、あるいは道化たことをしながら、幾キロも私達と相並んで走り歩いてきた。私達はいつも小屋の周囲に小さな垣根をつくった。背中に子供を背負って長いパイプを口にくわえている女の人達が群をなして入口にやってきて、何時間も私達を見つめていた。いつも、男の人が、走り去りながら、女の人達に次のようにいうのを聞いた。

「わしのおふくろにも、白人の牛を見に来させよう」

西北西に向かって歩みをすすめて行くと、私達はバシンジェ人の国に入って行った。この人達はバロンダ人やバソンゴ人よりも一層未開な黒人らしい人相をしている。一般に、きたならしい黒々した肌色をしていて、額は低く、鼻はたいらで、唇は厚い。棒か芦の小さな切端をさしはさんで鼻の穴を大きくし、歯をすりとがらせる風習をもっている。彼らは広く土地を耕し、農産物と交換に、バンガラ人から塩や肉や煙草などを得ている。衣類といっても、皮切れを腰紐で体の前後にだらしなくつるし下げるだけである。髪を風変りな形に編む。ある女の人達は帽子の形に髪を編んでいた。しかし、よく見なければ帽子の形に編んでいることがわからなかった。他の者達はいくつかの房にして並べて、おのおのの房の背に三縒《みつより》の紐にしたものをたれ下らしていた。またある者達は、古代エジプト風にならって全体を幾本かの紐に編んで肩の上にたれ下らせていた。このような髪の結い方は、ロアンダの他の地方の人々の容貌が多少エジプト人に似ているということもあって、英国博物館にあるエジプト人の絵を私に強く思い起こさせた。

今や私達は、まちがいなく文明人のいる土地への途上にあったので、威勢よく歩みつづけた。三〇日には、この間中その上を歩みつづけていた高地の端に到着した。下り坂はまことに急で、道を選んで下りて行かねばならなかったし、その選んだ道を行くのさえ、私は体が弱り果てていたので、お供の者達に支えてもらわねばならなかったにもかかわらず、牛から下りて行かねばならなかった。三〇〇メートルから三六〇メートルの底に、クァンゴ河のすばらしい谷が横たわっていた。スコットランドのメアリー女王が、ラングサイドの戦闘を眺めた地点からのクライド河の谷の眺望は、私達の目の前にあったそのすばらしい眺めを小形にしたのと似ている。この谷は幅が約一六〇キロあって、クァンゴ河の河岸をのぞいて、至る所に黒ずんだ色をした森林がある。クァンゴ河は緑の草原の中を北に流れて行きながら、ところどころにその姿をあらわし、太陽の光の中できらきら輝いて見えた。このすばらしい眺望は、ロンダの暗い森林の中から出てきた私達を、眼瞼《まぶた》から重いものをとり除いてもらったような心持にさせた。谷底まで下りて見ると、上から見た時はまったく平らであるように見えた谷底に、多くの深い小川が流れていることがわかった。下から見上げると、谷の斜面は緑の台地に見え、至る所に峡谷があったり、あるいは突鼻が突き出ていたりして、鋸歯状を呈していた。谷の頂も、それから斜面も、一般に木々でおおわれているが、より切っ立っているところにある裸なところには、今や私達が歩いていたところの大部分をおおうているのと同じな赤い土が見えていた。

四月四日――今や私達はクァンゴ河の岸にあった。この河はこのあたりで河幅が一三〇メートルもあって、はなはだ深く、丈の高い草と芦でおおわれたひろびろとした草原の中を流れている。この河の中には、有毒な川蛇が多くすんでいると土人達はいう。村里が河岸から遠く離れたところにあるのはこのためであろう。私達は河の近くに寝ないようにと忠告された。私達は一時も早く西岸に渡りたかったので、バシンジェ人達からカヌーを借りようとすると、カヌーを漕ぐ人達はみんな自分の子供なので、自分の許しがなくては何一つできないと、このあたりに勢力をはっている酋長からいってきた。そして例のごとく人間か、牛か、鉄砲を要求し、もし要求に応じなかったら、もときたところへ帰って行かねばならないという。やがて酋長自身が私達が野営しているところへやってきて彼の要求をくりかえしいう。私のお供の者達は最後に残っている銅の輪をはずして与えたが、彼はあくまで人間を要求した。他の人達もそう思っていたが、彼は私のお供の者達を奴隷だと思っていたのだった。この酋長は若かった。縮毛を後頭部に集めて、底面の直径が約二〇センチある円錐形をつくり、それに赤や黒の糸を念入りに巻いていた。私達は彼にお構いなしに歩きはじめると、私達の後から鉄砲をうちはじめたが、私達は何ら害をうけなかった。渡守との交渉も具合よくすすめられて、私達は難なく対岸に渡ることができた。

　河の西を約五キロばかりの間、高く伸びている草の中を歩いて行くと、私達は小綺麗な顔をした混血児のポルトガル人達が、義勇軍の分遣隊として守備している数軒の清潔な住居のあるところへ着いた。分遣隊の人達は、すべて易々と読書《よみかき》ができた。私達はまことに親切にもてなされた。隊長は私をもてなすために、自分の畑を裸にしてしまったくらいだった。

　対岸の地はまことに肥沃で、いっぱい草が茂っていた。草の茎は鵞鳥の翮くらい太い。いつか、アンボンダ人の掠奪団が、まだ草が乾いている間に襲って来ると、バンガラ人達は火で囲んでみなごろしにしたと、ポルトガル人達は語って聞かせたが、ありそうなことだった。かつて私達も、草が一メートルくらいしか伸びていない谷で、荷車を火で失おうとしたことがあったからである。私達は風上からとどろき聞こえてくる急流の音のような火の音に目をさまさせられた。私はただちに風下の草に火を放ち、ようやく荷車を風上の火の焔が荷車のある場所にとどかないうちに、風下の草のなくなった場所にうつすことができた。

毎日雨が降っていたし、それに私達がいた場所の地理的な位置を確かめたかったので、私達は一〇日の月曜日までこの土地に滞在していた。一〇日には緯度（南緯九度五〇分）をはかるのに成功した。三日の間長い草の中を難儀して歩いた後、私達はカサンジェに到着した。カサンジェは西アフリカにおいてもっとも奥にあるポルトガル人の駐屯地であるが、南緯九度三七分三〇秒、東経一七度四九分の地点にある。隊長は私の旅券をしらべると、鄭重《ていちょう》に夕食に招いてくれた。クァンゴ河を去ってから澱粉のほかは何も食べていなかったので、食卓を囲んでいる他の紳士達に、自分は特別がつがつしているように思われたであろうが、この人達も広く旅をしているので、私の立場をかなり理解してくれたように思われた。全く、もしこの人達が列席していなかったら、自分は夜食べる分としてご馳走のいくらかをポケットの中へ入れたであったろう。熱を病んだ後は食欲がまことに旺盛であり、マニオクはまことにおいしいご馳走の一つであるからである。

カサンジェの村には、編枝と荒打漆喰でできている商人達の家が三、四〇戸あって、それらの家はクァンゴ大谿谷《けいこく》の高く盛り上っている土地の上に不規則にちらばっていた。家々の周囲の畑には、マニオク、とうもろこし、馬鈴薯、豆、玉葱、トマト等が栽培されていた。バナナ、パイナップル、オレンジ、いちじくなども植えられていた。この地には約四〇人のポルトガル商人が住んでいたが、この人達はすべて義勇軍の将校だった。

カサンジェの商人達は私達が出会った最初の白人だったので、セケレトゥから託されてきた象の牙を売った。それらの象の牙は、マコロロ人の国で売る値段と白人の国で売る値段のちがいをしらべるために託されてきたものだった。高い値段で売ることができたので、お供の者達ははなはだ満足だった。自分達の国では、二本の象の牙で一梃の鉄砲を得ることができただけなのに、ここではただ一本の象の牙で、二梃のマスキット小銃と、火薬を小さな弾薬筒で三つと、一行の者達の全体が着るに足るだけのイギリス製のキャラコと粗ラシャを、さらに珠数玉の大きな束のいくつかを得ることができた。私達は海岸までの旅費とするために、もう一本の牙で、この地方で主な通貨になっているキャラコを買った。残りの二本も売って金にした。ロアンダで、セケレトゥの馬を買うためだったのである。

お供の者達は、自分達の国をたずねて来る商人達は自分達をだましていたとののしりはじめた。彼らは時と運搬の価値についての観念をもっていなかった。お供の者達の国まで買いにくる商人達は、多額の旅費をかけて遠い道を難儀してくるのだから安く買わねばならないことを説明するのに、私はかなり苦労しなければならなかった。

隊長はまことに思いやり深く、アンバカまでの私の護衛兵として一人の兵隊をつけてくれた。お供の者達は、この地方から引き返した方がよいと考えていたという。私はお供の者達を海岸まで連れて行って売ろうとしているのであって、自分達は船にのせて肥らせてから食人種である白人から食われるのであると、カサンジェの黒人達から知らされたという。自分の心を疑うなら、お前達は海岸に出ない方がよいのであるが、自分はあくまで海岸まで行くつもりだと告げると、お供の者達もただ自分達に話されたことを知らせるのは正しいことと思っただけで、自分達は私を捨てて去るつもりはなく、どこへなりと私の行くところへついて行くとのことだった。この問題が解決すると、隊長は彼らに一頭の牛を与え、別れる前に私を食事に招いてくれた。カサンジェの商人達は、みんなで村のある台地の外れまで見送ってくれた。私は彼らの私利をはなれた親切を決して忘れまいと思いながら一同と別れた。

私達は、カサンジェから海岸まで、なお五〇〇キロの道を歩いて行かなければならなかった。アンバカ生まれの黒人義勇軍伍長を道案内人として連れていた。この男はこの地方の大部分の人達のように読書《よみかき》ができた。「テポイア」あるいはハンモクを棒につるして自分を乗せて行く三人の奴隷を連れていた。しかし、奴隷はまだ若くて、一時に遠くまで伍長をテポイアに乗せて行けないので、思いやり深い伍長は村の近くに来た時のほかは歩いてばかりいた。村の近くに来ると、テポイアにのって、威儀を正して村に入り、村をたつ時もそうした。二人の奴隷はいつもテポイアをもって歩き、もう一人は伍長が筆談に用いる道具や皿や衣類の入っている長さ約一メートルの箱をもって歩いた。伍長は何事についても綺麗好きで、自分も真黒な顔をしているのに他の者達を「黒人達」といって軽蔑した。村で買物をする時には、いつも坐って、火薬を少しばかり水にまぜてインクをつくり、紙片に綺麗に短文を書いて値段をたずねた。その短文には、いつも「まことに有名なご主人様」と少しもったいぶった宛名が書き添えられていた。このような呼び方はアンゴラを通じてどこでも同じように行なわれているものなのである。回答も同じようになされるが、その回答が心ゆくものであればさらに短文が書かれて、商談は成立する。アンゴラでは、この筆談がまことによく行なわれているので、そのために多量の紙が消費される。私達の道案内人のもう一つの特有なやり方は、私達にとってあまり愉快なものではなかった。食料品の商人達が高く売っても彼は知らぬふりをしているために、私達はしばしばだまされたのであるが、彼は利益の分け前を得ていることがわかった。食料品は安いのに、私達が買う場合は概して高かったので、あとで私達は、食料品の取引をする場所にこの男をよせつけないことにした。

四月三〇日の日曜日を、私達はクイゼ河畔のヌジオですごした。このあたりは眺めが一層広くなり、また木がよく茂っていた。土地が肥沃で、六〇センチメートルか九〇センチメートルある草が茂っていた。海岸と往来する人がたえない。このあたりの人達は荷物をモテテと呼ばれる長さ一メートル半ばかりの二本の棒の端につないだ籠に入れて、頭の上か肩の上にのせて運ぶ。籠を頭の上にのせると二本の棒は水平に前方につき出る。休みたい時には樹木に荷物をささえさせるか、でなかったらただ二本の棒を地面に立てて、休んでいる間荷物を支えさせる。このようにして、休む度に荷物を下ろしたり、持ち上げたりする労を省く。一団の旅人達は駐屯地に到着すると、例の旅人のためにつくってある小屋を早速自分達の宿泊所にする。後れてきた旅人達は、自分達で小屋をつくらねばならない。小屋は長い草でたやすくつくることができる。見知らぬ人達が姿をあらわすやいなや、マニオクの碾割、落花生、やまいも、とうがらし、にんにく等が入っている籠をもった女達が、村々からやってくるのを見るであろう。女達はそれらの品をキャラコと交換するのである。

女達は親切で、よく笑ったり、しゃべったりするところから判断すると、このように商売するのが楽しいらしいのである。

アンバカ地方へ入って行くと、はるか遠くに高い山がそびえているのが見え、割合に短い草が茂り、そのあたり全体が明るく青々としていて、眺望が生気を帯びているのを感じさせられた。ルカラ河の向こうへ三、四キロ行くと、私達は、かつては重要な場所だったのが、今はとるに足らない村になっているアンバカに到着した。この村は高い山々に囲まれた平原の少しく高くなっているところにあって、見たところの眺望がまことに美しかった。私達は隊長からまことに親切に迎えられた。彼は少し英語を話すことができた。私が弱っているというのでぶどう酒を飲ませてくれたが、私はアフリカへ来てはじめてぶどう酒を飲んだのである。私は熱のために極度に体が弱っていて、たとえば月の観測をしようとしても、時間や距離について混乱させられざるを得なかったし、機械をしっかり支えることもできなければ、簡単な計算もできなかった。アンゴラで話されている方言を覚えようとしたが、その努力は無駄だった。週の日やお供の者の名前さえ忘れ、自分の名前を聞かれても、おそらく答え得なかったろう。

私は隊長の家に宿泊していると、南の方ではタンパンと呼ばれているこの地方のたいていの土人の家にすんでいるだにの一種に足をかまれた。針の頭ぐらいなのから豆ぐらいの大きさのまで、いろいろの大きさのがいて、その皮は柔軟性にとみ、まことに丈夫でどんなに指先で押してもやぶることができない。かまれると、痛さとかゆさのまじったうずくような感じを覚えさせられ、そのような痛みが次第に脚をのぼって腹にいたり、たちまち猛烈な嘔吐と下痢を起こさせる。でなかったら、あとで私達がテテで知ったごとく、発熱する。その地にいる物知りのポルトガル人に聞いたのであるが、この熱のために死ぬ人さえあるとのことだった。

一四日の日曜日を、私達はカビンダで過した。カビンダは副隊長の駐屯地の一つで、美しい谷の中にあって、バナナやマニオクの畑で囲まれていた。このあたりは西に行けば行くほど絵のように美しかった。私達がアンバカにくる途中、南の方五、六〇キロのところに見えていたリボロの青い色をした高い山脈は、近くの山々にさえぎられて見えなかったが、カヘンダとキウェの灰色の山脈は、すぐ私達の右手にそびえていた。アンバカの方をふり返って見ると、起伏の多い平原は四方のけわしい山々に囲まれているように見え、私達は西に行くにつれて、ゴルンゴ・アルトと呼ばれている荒涼とした山地に入って行くのだった。

私達はビへへ帰って行く数多くのマンバリ人達に出会った。ある者達は遠くリンヤンテまで行って帰ってきたのだったが、マコロロ人達が象牙をこの人達に託さないので、自分達で海岸地方の市場と取引するようになるだろうと考えて、愚かにもいやな顔をした。白人の仕方だといわれている取引の仕方についてくりかえし話して聞かせた。「夕暮、象牙を海辺においてくるんだよ。翌朝象牙を売る者が海辺に行って見ると、海の中に住んでいる白人達が象牙の代金としておいて行った品物がたくさん置かれてあるんだ」彼らはさらにつけ加えていった。「ところで、マコロロ人であるお前さん達は、どうしてそれらの『人魚』達と取引するんだね。お前さん達は海の中へ入って行って、白人達に海辺へくるように話せるのかえ」お供の者達は、直接自分達でその様子を見たくてならないのだと答えた。彼らは取引のことについて少しわかってきたので、マンバリ人達が海岸の近くでよりもザンベジ河畔で自分達と会うことを喜ぶ理由がわかって、しきりに喜んでいた。

ゴルンゴ・アルトのあたりは、全体がまことに美わしく、土地も類《たぐい》なく肥えている。起伏している丘の上はいろいろの色合の木々で飾られ、それらの木々の上に見事な棕櫚が高くそびえている。いくつかの丘の群は、何もない狭い入江におしやられて突然より合った波のごとく見える。丘の上にはたいてい土人の小屋がたっているが、まことに物語りめいた光景である。

私達は五月二四日にゴルンゴ・アルトを去った。このあたりでは冬の季節だった。毎晩雲が大きな塊となって西の山々の峰の上から下りてきて、やがてそれらの雲は大驟雨となり、夜あるいは早朝には雷が鳴りつづけた。丘の上にかかっていた雲は、朝までにすっかり晴れて、私達はコロベングでは一度も見たことがなかった朝霧を見た。気温は日中二六・七度までのぼり、夜は二四・四度まで下った。巨木の茂っている森林の中を行くと、カンボンドと呼ばれている空地では、大勢の大工達が有名なロビンソン・クルーソーがしたような方法で木を板に挽《ひ》いていた。直径が一メートルもあって、枝下が九メートルか一二メートルもある大木が切り倒されていて、八、九〇センチの長さに切ったのを厚い板にし、さらに斧を根気よくつかって厚さ二・五センチばかりの薄板にしていた。大工達は、カンボンドで売る小箱をつくろうとしていたのである。すべてこの大工達の手でつくった蝶番と錠と鍵をつけて小箱ができ上ると、一個二〇ペンスに売るのだった。お供の者達は、これらの箱をたいへん面白がって、はるばるリンヤンテまで数個ずつ頭の上にのせて行った。

やがて、私達は山地を離れ、よりやせているように思われる土地をすぎて、西海岸の方へ下って行った。私達の右側にはセンザ河（海に近いところではベンゴ河と呼ばれている）が流れていた。河の両岸には、かつて一度も出会ったこともないような物凄い蚊が多くいて、夜はお供の者達が一人も眠ることができなかった。私はポルトガル人の家に泊っていたが、間もなくそこをにげて、煙をあびながら焚火の風下にあたるところに喜んで寝た。宿の主人は私が無趣味なのをいぶかしがったが、私は彼が無感覚なのをいぶかしく思った。というのは、私が驚いたことには彼は靴底の釘の痛みか、歯痛の痛みに等しい痛みにすっかりなれていたからである。

いよいよ海が近づいてくると、お供の者達はますます不安になってきた。その一人は、ロアンダではお互い見失わないようにすることができるだろうかと、私にたずねた。「たとえば、だれかが水を汲みに行った時、他の者達はその者がさらわれたかどうか、確かめることができるでしょうか」私は答えていった。「お前のいうことはよくわかるんだよ、お前は私を信ずることができないというんなら、帰ってもいいんだよ。私はお前と同じようにロアンダについては何も知っていないのだからな、だが、お前達に何か事があるとしたら、私にもそれと同じことが起こるにちがいないんだ。私達はこれまでお互い助け合ってきたんだ。最後までお互い助け合うつもりでいるんだ」ロアンダにつづく平地は、多少高くなっていて、土地は多少やせていた。私達は平地を横切って行って、初めて海を見たのだった。お供の者達は海を見て、恐れあがめたいような心持にさせられたのだった。彼らは常に世界を果てしのない平原であると思っていたのである。あとで海を見た時の心持を説明して次のようにいった。「私達は、世界には果てしがないと昔の人達がいっているのを本当であると信じて、私達が父と仰いでいる方と歩いてきたのでした。すると、突然世界が『私は終った。私はもうこれきりなんだ』と私達にいったのです」

今度彼らは、食料欠乏のために困るようになりはしまいかと多少不安になってきた。意気沮喪した状態にある私は、彼らの不安をとり去ることができなかった。例の熱病は慢性の赤痢のごとくになって、手に負えなくなり、一時に一〇分以上は牛の背にとどまっていることができなくなった。五月三一日に、ロアンダの町の上の斜面を下りて行きながら、一万二〇〇〇の人々がいる中に、純粋のイギリス人である紳士は一人しかいないことを考えて、私は暗い心持にさせられた。この紳士が、私を心から喜び迎えてくれるかいなかを知りたくてならなかった。私の懸念はたちまちとりはらわれてしまった。わが国の奴隷売買防止委員である当の紳士、ガブリエル氏は、まことに親切に私を迎え、私のみじめな状態を見て情愛深くも自分の寝台を私に提供してくれたからである。六カ月の間ほとんど地面にばかり寝ていた私が、再び立派なイギリスの寝台に臥せた時の豊かな喜びは、終生忘れえないであろう。私はたちまち眠りにおちいってしまった。眠りについたほとんど直後に、枕辺をおとずれたガブリエル氏は、私がぐっすり眠っているのを見ていたく喜んだのである。

ロアンダにおけるマコロロ人　土人の糸紡と機織

ガブリエル氏が親切にもてなしてくれたにもかかわらず、私は少しも元気が回復しないで、かつてないほど体が衰弱してしまった。私達がロアンダに到着してから間もなく、イギリス女王陛下の巡洋艦のあるものがこの港に入ってきて、私をセーント・ヘレナ島か、イギリスに連れて行ってくれるという。しかし、途中の難儀やポルトガル人が住んでいる地方の境近くに住む種族の敵意に満ちた態度について知っている私は、マコロロ人だけでかえしてやることはできなかった。大ザンベジ河によるこの地方から東海岸への道をひらくことも試みたかったので、親切な海軍の方達の心ひかれる申し出をことわり、お供の者達を彼らの酋長のもとに送りとどけることに心を決めた。しかし、私は「ポリヒーマス」号の軍医であるコッキン氏の手当と、ガブリエル氏の寝食を忘れての親切な看病によって間もなくもとの体になることができた。六月一四日には、お供の者達をつれて、当時この地方の総督をしていたジョアキム・モレーラ・レース総督をたずねて行くことができるようになった。お供の者達は、ガブリエル氏からおくられた縞木綿の新しい長衣と赤い帽子で身を飾って出かけて行った。総督は、地方政府の長官として、彼の邸宅の堂々たる大広間に私達を迎えてくれた。マコロロ人について多くの立派な質問をした後、いつでもロアンダをたずねることを許してくれた。

どの人も、マコロロ人達がゆゆしい顔付をしているのに目をひかれた。海辺近くの石造りの大きな家々や教会は、まことに不思議なものとして、彼らを恐れ敬う心持にさせた。自分達の小屋はただ一階だけなので、各階を別々の小屋だと考え、どうして一つの小屋の柱をもう一つの小屋の屋根の上にたてることができるのか、あるいはまた、下の方の小屋の屋根が中間にあるのに、どうして人々は上の方の小屋に住むことができるのか、彼らは理解することができなかった。コロベングに建てた私の小さな家をたずねたことのあるマコロロ人達が、リンヤンテで自分の国の人達にそれを説明して「それは小屋ではないのです。中に幾つかの洞窟のある山なのです」といったのである。

ベデングヘルド艦長とスケネ艦長が、自分達の軍艦に、すなわち「ブルト」号と「ヒロメル」号に、たずねてくるようにと彼らを招待した。私は彼らの不安な気持を知っていたので、少しでもだまされはしないかと疑っているものは行かない方がよいといったが、大部分の者達がたずねて行った。甲板に上って行くと、私は水兵達を指していった。「なあ、この人達はみな私の国の人なんだよ。黒人の売買を止めさせるために女王様から遣わされてきたんだ」彼らは答えていった。「本当に、あの人達はそっくりあなたのようなのです」彼らの疑いの心は立ちどころに消えてしまったように思われた。お供の者達は水兵達がいるところへ行き、愉快な水兵達は夕食のパンと牛肉を彼らに分けてやったからである。ベテングヘルド艦長は彼らに大砲をうつことをさせた。大砲の威力についてよく知っているので、私が「あれは兵隊達が奴隷売買を止めさせる道具なんだ」というと、たいへん嬉しい様子だった。二本マストの横帆軍艦がすばらしく大きいのに、彼らはびっくりさせられた。「これは、ちっともカヌーのようなところがないのです。一つの町なのです」と彼らはいう。お供の者達は、水兵達の甲板を「コトラ」と呼んだ。最後に彼らはこの大きな箱船について「あなた達が綱でのぼって行かねばならない町って、どんな町なのでしょうか」とつけ加えていった。

彼らは知らぬ間に自分達でさかんに薪をとって、町の人達に売ることをはじめていた。早朝付近の耕作されていない場所に舟を漕いで行って、一束の薪を集めると、それを町にもってきて売った。町の薪売よりも安く売ったので買い手を見つけるのに困らなかった。イギリスから巡洋艦が使用する石炭を積んだ船がくると、一日六ペンスの賃金で船から石炭を下ろすことにやとわれていた。一カ月以上もこれにやとわれていた。ただ一隻の船が積んでいる莫大な荷物は、何物にもまして彼らを驚かせた。このようにして得た金で、彼らは切れや珠数玉やその他国にもちかえる品々を買った。彼らのいろいろの種類の商品の価値についての考え方が、海岸地方における土人達と本質的に異なっていた。おそらく彼らの間にあってはキャラコが流通の主な媒介物になっていることによるのだろうが、海岸地方の土人だったら色合が華やかで面積さえ広ければもっとも薄い織物を選ぶのである。一方マコロロ人達は、いろいろの織物から好むものを選ばせると、直ちにイギリス製のキャラコや、その他色合はどうでも丈夫なものを選んだ。

セーント・ポール・デ・ロアンダはもとはなはだ重要な都市だったが、今は衰えている。約一万二〇〇〇の市民がいて、その大部分は黒人である。大寺院など昔栄えたいろいろの跡が残っている。三つの砲台もよく修理されて残っている。総督府などの石造りの建物も多くあるが、土地の人達の住居は編枝と荒打漆喰でできている。木蔭をつくらせるために町中に樹木が植えられていて、海から見た時の町の眺めはまことに堂々としている。港は低い砂の島にあって、島には約一三〇〇人の人々が住んでいる。そのうち六〇〇人以上は勤勉な漁師達である。しかし、港は波と雨が島から洗い去る砂で浅くなり、船は以前碇泊した場所から一キロ半も離れた場所に碇泊しなければならぬ。

ロアンダにいるヨーロッパの兵隊達の大部分は罪人なので、ロアンダは流刑地のように思われているが、兵隊達の態度は大体まことに立派である。兵隊達があまりおとなしいので、将校達は不平に思っているぐらいである。この土地の気候が乱暴な気立《きだて》を多少おさえるようになるのであろう。この地では、土人達もおとなしいのであるし、牛でさえも他の土地のよりおとなしいからである。

私がこの国をひらくについて考えている事柄がロアンダの政府と商人の気に入られたので、総督の要求によって土木局はセケレトゥ酋長に陸軍大佐の制服と一頭の馬をおくり、お供の者達には一揃の衣類をおくった。商人達も自分達の商品の代表的に立派な品々と二頭の驢馬をおくった。驢馬はツェツェ蠅に殺されることがないので、セケレトゥの国にもこの運搬用の獣を繁殖させようというのだった。私は大量の木綿と弾薬と珠数玉を買入れて持参することにした。荷物が多くなって、お供の者達は私の荷物どころか自分達の荷物ももって歩けないくらいだったので、総督は二〇人の運搬人を用意してくれた。また、私達が通りすぎる地方に駐屯している隊長には、できるだけ私達に親切にしてあげるようにとの命令を出してくれた。

私達は一八五四年九月二〇日にロアンダを去り、海辺をまわってベンゴ河の河口に出た。この河をのぼって、セーントト・アントニオ修道院の跡が残っている地方をすぎて行った。河水は濁っていて、蚊が多いのだろうが、やがて河を離れて歩いて行ったので、私達はあまり蚊に苦しめられなかった。

九月二八日、カルンルンググウエンボ——まだ私達はもときた道を歩いていた。蚊がいないので、周囲の眺望を楽しむことができた。道の両側はつぎつぎ起伏してつづいている丘で縁どられ、平らな道はボルカマリアと呼ばれている赤い花で飾られていた。市場や宿泊所では、大勢の女の人達から不足なく食物を得ることができた。これらの女の人達はいずれも古代エジプト人が用いたのとそっくり同じような糸捲棒《いとまきぼう》で棉を紡ぎながらやってきた。このあたりの女の人達は、大抵頭の上には壺をのせ、背中には子供を背負い、肩には鍬をかついで、棉を紡ぎながら野良に出て行く。市場や土人の小屋の周囲到るところに、偶然にこぼれ落ちた棉の種子から生えた棉がいっぱい生えていた。私が知る限りでは、アメリカ棉が気候のせいで多年性のものになったのらしかった。土人達が巻糸の束か、いっぱい糸をまいてある糸捲棒を持って通りすぎるのに出会った。この者達は、これらの糸を他の場所にもっていって織物にするのである。女の人達が糸を紡いで、男の人達が織る。一機《ひとはた》の布の長さは約一・五メートルあって、幅は三七あるいは四五センチある。機《はた》の構造はまことに簡単で、ただ二本の横木が並べられているだけである。織られた布は垂直にかかっている。経《たていと》は薄い木片によって間を分けられていて、緯《よこいと》は糸を紡ぐ時に糸を巻いておいた糸捲棒で通す。アンゴラにおいて行なわれている、実に南アフリカの中央部の全体を通じて行なわれている、糸紡と機織の方法は、古代エジプト人が行なっていた方法とまことによく似ているので、サー・ガードナー・ウイルキンスンの興味ある著書の中の木版を紹介することにする（口絵を参照）。下の方の人達は真のアフリカ流の方法で糸を紡いでいるところであり、左のすみの織工はアンゴラ流の仕方で織っている。

私はカゼンゴの隊長にともなわれて、カヌーでルカラ河をマサンガノまで下った。この河は河幅が約七五メートルあって、ルインハ河との合流地点から約一〇キロ河上までカヌーで行くことができる。オレンジ、バナナ、商品になる油のとれる棕櫚（Elaeis guineensis）などの木立に囲まれた人家がところどころに見えて、両岸の眺めは美しい。河水が黒みがかった赤い色をしている沖積土に河床を掘ったために、河岸はけわしい。河沿いの人家の前には、小さな足台がもうけられている。土人達は、鰐からおそわれないように、この足台の上にのって水を汲む。ある者達は河の中に小さな柵をつくって鰐からおそわれるのを防ぐ。またある者達は、長さ三メートルもある棒の先にバオバブ樹の実の殻をつないで、高い岸の上から水を汲む。多くの攀縁植物が高い木にからみついていて、その美しい花々は華美な花綵《はなづな》となって枝々からたれ下っていた。マサンガノの近くは、土地がいたって平らで、大部分の土地が毎年洪水ののち湿地になっている。しかし、土地はまことに肥えている。その証拠に、煙草が二・五メートルも高く伸び、長さ四五センチに幅一五あるいは二〇センチもある葉を三六枚もつけていた。坂道を下って行きながらツェツェ蠅を見た。したがってこの地方の人達は、山羊以外の家畜を飼っていない。

マサンガノには、二つの教会と一つの病院の跡が残っている。町の南側にあって、コアンザ河を見下ろす切っ立った高い岸の上にある。砲台は小さいがよく手入れされている。旧式の大砲が備えつけられている。それらの大砲は旧式のものであるが、砲尾から砲弾をつめるもので、当時にあってはすばらしい武器であったに違いない。砲架は一発弾丸を打っただけで粉々になってしまうほど腐っているのに、土人達はこの大砲を大へんこわがっている。プンゴ・アンドンゴの砲台は、ただ棒を交叉させて、その上に大砲をのせておくだけで安全に保たれている。

マサンガノは、オランダ人が支配していたころは、重要な町だったが、一六四八年にポルトガル人からオランダ人が追い払われてから、すっかり衰えてしまった。まことに火事が多く、私達が四日滞在していた間に五、六度火事があった。草屋根が太陽の熱をうけて火を発するのらしかった。

土人の階級制度　土人の結婚式と葬式／土人の裁判

私がマサンガノに行っている間に、お供の者達の数人が病気になって、彼らの体が回復しなければ出発できなかったので、私はゴルンゴ・アルトの北西四、五キロのところにあるバンゴのセーント・ヒラリオン修道院をたずねて行った。修道院はすばらしい谷間《たにあい》の中にあって、その谷間の中には四〇〇〇戸に達する人家があり、今でもポルトガル人の助けを得てその地位を保っているソヴァあるいはバンゴ酋長が住んでいる。酋長の家来達は、最高は顧問役から下は自由民としては最下級に属する運搬夫にいたるまで、数多くの階級に分れている。ある階級は、料金を支払って酋長から靴をはく特権を得る。またある階級は、兵隊あるいは義勇軍として仕える特権を得て、運搬夫として奉仕する義務を免除される。また彼らは紳士と小紳士に分れていて、自分達も真黒い肌色をしているのに、自分達をば白人達ということで話をし、靴をはくことができない人達を「黒人達」ということで話す。また一種の共済組合があって、老練な猟人であっても、鉄砲の射撃が上手でない限り、その団体に加わることを許されない。団員はエンパカセイロと呼ばれ、水牛の皮のリボンを頭に巻きつけているので、それと知ることができる。この者達はまことに信頼に値する人達なのであり、また活溌でもあるので、いつも急な用のある時の使者となり、戦争の時にはポルトガル政府の土民軍となる。

アンゴラの土人達にとって主な気保養は結婚式と葬式である。近く結婚することになっている若い娘は、幸運と多くの子供に恵まれるように、ただ一人小屋の中におかれて、いろいろの種類の軟かい膏薬をぬられ、いろいろの呪《まじない》をしてもらわねばならない。南の方のほとんどどこでもそうであるが、この地方でも、男の子供を産むことがなによりも幸運なこととされ、女の子供ばかり産む人は、しばしば夫のもとを去って行く。女達の踊りで、ある一人が他の者をあざけりはずかしめようとする時、踊りの唄の文句の中に次のような意味の文句をはさむ。「だれそれには子供がない。決して一人も産みやしまい」このようなことをいわれるのはまことに辛いことで、そのために自殺する人さえある。五、六日の後、その許嫁《いいなずけ》になっている娘は別の小屋に連れて行かれて、身内の者達が貸すことのできる、あるいは借りてくることができる一番立派な衣裳や装身具で身を飾られる。やがて、公けの場所に連れて行かれて、新夫人としての挨拶をうけ、身の周囲《まわり》は知合い達からの贈物で埋められる。このことが終えると、夫の家に連れて行かれる。つづいて、踊ったり、ご馳走を食べたり、酒を飲んだりする行事が五、六日にわたって行なわれる。一夫多妻ということが一般に行なわれていて、妻達はそれぞれ自分の小屋を持っている。一般に、男の人が妻の両親に妻の代金を支払う。混血児の場合、しばしば六〇ポンドも支払うことがある。離婚する場合、妻は父の家に帰り、夫は前に払った代金を返される。

人が死ぬと、その死骸を男女の人達が大勢群り集っているところに数日そのままにしておく。集った人達は、太鼓を打つやら、踊るやら、大騒ぎをして葬式を行なう。アンゴラの多くの黒人達の大きな野心は、自分達の友人をなるべく多くの費用をかけて葬ることなのである。豚を売るようにと乞われると、しばしば、「私の友人のだれかが死んだ時の用意に飼っているのです」という。一般に、豚は葬式の最後の日に食べ、頭を一番近くの流れにすてる。葬式の時には、土人達はさんざんに酔っぱらう。そして、「だって、私のおふくろが死んだのだからね」といって申し訳をする。葬式の費用はまことに多額で、何年もかかって支払う。

この地方の人達は裁判に訴えることがまことに好きだといわれているが、所有地についての争いが絶えたことがない。価二ペンスの棕櫚の持主の事についての争いが、隊長の毎週の裁判にもち出されたことがあった。裁判官は、裁判の費用の方が木の代金よりもはるかに高くなるからというので、この事件をとりさげるようにと、訴え出た男に忠告すると、その男は「そんなことはできません。私は事務の方にさしあげるキャラコとあなたにさしあげるお金を用意してきているんです。それでいいんです。私はとりさげることができません」といった。そのキャラコは、三、四シリングもするものだった。自分の敵としている者について、「私は、あいつを裁判所に連れ出したんだ」といえることは、まさに勝利を得たことなのである。

私達は、セケレトゥにおくられた馬が病気をしたために、出発を多少延ばさねばならなかった。セケレトゥへの馬は炎症のためについに死んだ。食物が変ったことが多少病気の原因になっているのかもしれぬ。この地で研究に従事していたドイツの有名な博物学者ウエルワイチェ博士から、ロアンダで見出される五八種の牧草のうち、この地に生育しているのはわずか三、四種にすぎなく、その三、四種ももっとも小さな種類のものであると、私は知らされたからである。ゴルンゴ・アルトに生育している二四種の牧草は、ほとんど大きなものばかりである。実際大きな草と攀縁植物と灌木と大きな木がこの地方の主な植物なのである。

経度を計るために待っていた日蝕は一一月二〇日の朝にあったが、空が曇っていたために観測することができなかった。雨季にこのような観測をするのは最大の忍耐と不抜の精神が必要である。

私はこの地を去る前に、たまたまいちじく科の木にすむ奇妙な虫を見ることができた。この地にはいちじく科の植物が二〇種以上も生育している。七、八匹のこの虫が比較的小さな枝の一点を中心に群っていて、たえず綺麗な液をしたたらせ、その下の地面に小さな水溜りをこしらえている。これらの虫のいる下に容器をおくならば、ただ一夜のうちに三、四パイントの液がその中に溜まるであろう。その液の一滴が眼の中に落ちても炎症を起こすと、土人達はいう。これらの虫は、木からこの液体を吸いとるといわれている。しかし、木に何ら孔らしいものを見出し得なかったし、また木からそのようにたくさんの液を吸いとることはほとんどありそうもないことである。イギリスで、蛹の時泡を多くふいて自分の体を包んでいるところから、「泡吹虫」と呼ばれている虫もこれに似た力をもっている。体ははるかに小さいが、同じ科の虫なのであろう。私はいろいろ観察した後、いずれもこれらの虫は液体の大部分を空中から得ているものと結論した。一群のこれらの虫が、とうごま（Ricinus Communis）あるいはひまの枝で忙しく例の液体をしたたらせているのを見て、私はその枝の表皮を五〇センチばかりむきとり、さらに真皮もけずりとって、液体ののぼってくる導管をすべて破壊して見た。また、その枝の中に穴をうがって、木髄あるいは内部の導管をとり去って見た。それでも、これらの虫は六―七秒に一滴の割合に、あるいは二四時間に〇・〇六リットルの割合に液をしたたらせつづけていた。翌朝になっても、水の供給を断ったためにしたたり落ちる液の量がへるどころか、五秒に一滴の割合にふえていた。そこで、私はその日のうちに枝が折れてしまうほど深く切って見たが、相変らず五秒に一滴の割合で液体をしたたらせていた。一方、同じ木の傷ついていない別の枝に群っている虫達は、一七秒に一滴の液体をしたたらせるだけだった。最後に、その枝を切りとってしまったが、これでは虫達も我慢しきれなくなったのである。他の虫でも枯れた枝や死んだ動物から去ってしまうように、この虫達も引きあげてしまったのである。空中に湿気が多ければこの虫が液体をしたたらせることが多くなり、もっとも多くしたたらせるのは空気もその他のものも露で濡れている朝なのである。

私もお供の者達も猛烈な発熱で苦しめられていたのがなおったので、一二月一四日に、私達はアンバカに向かって歩みをすすめた。最近の病気で体が弱っていたので、歩みはおそかった。三時間半の後センザ河に流れ注ぐ小川の一つであるカロイ川の岸に到着した。さらにクァンゴ川という小川を横切り、かがやかしい太陽の光に照らされながらアンバカへと歩みをすすめた。周囲全体が、雨の後で生々した緑色をしていて美しかった。

ルカラ河を横切った私達は、南の方に遠まわりして、プンゴ・アンドンゴの有名な岩をたずねて行った。一行がロテテ川とよばれている小川を横切ると、この地方の植物が今まで見てきたのと変っていることがはっきりしていた。木々は、チョベ河の南の方に生えているのと同じで、草は飼料に適していた。二種類の実のなるぶどうもこの地方に広く生えていて、良質の牧草を得られることはこの地方の牛がよく肥っていることで知ることができる。

これまで、私達がアンゴラの農作物について聞くと、いつのプンゴ・アンドンゴのことを知らされた。あなた達は小麦を栽培するかときけば、「はい、プンゴ・アンドンゴで栽培しています」といわれ、ぶどう、いちじく、あるいは桃はといえば「はい、プンゴ・アンドンゴで栽培していまず」といわれた。バターやチーズなどを製造するかときけば、「はい、プンゴ・アンドンゴにはたくさんあります」といわれた。ところで、私達がこの地に到着してみると、これらの産物ができるのは、もと船のボーイとしてこの国にきたのが、長い間根気よく働いてアンゴラにおいてもっとも金持の商人となったコロネル・パイヤーズという人の所有地に限られていることがわかった。

プンゴ・アンドンゴの堡塁（南緯九度四二分一四秒、東経一五度三〇分）は、いずれも一〇〇メートル以上もある円柱状の岩が珍しく群りそびえている真中にある。これらの岩の間をぬって五、六筋の小川が流れている。岩が群立している間にはさまって村があるが、岩に囲まれているのでほとんど村に近づくことができない。ここは、もと長い間この国を領していたジンガ族の城塞のあったところなのである。

これらの岩の一つの上に刻まれている一つの足跡は、一六二一年に、ジンガ族の王である兄の使者として、平和を乞いにこの地からロアンダに出かけて行って、そのよどみのない雄弁によって総督を驚嘆させた有名なドンナ・アンナ・デ・ソウザ女王の足跡だといわれている。総督は平和の条件として、ジンガ族が毎年貢物を奉ることを要求した。ソウザ女王は即座に答えていった。「人々は征服すると、貢物ということを申します。征服しない前には何ともいわないのです。私達は平和について話しあうためにきたので、服従について話しあうためにきたのではありません」彼女は望みを果たして帰ることができた。兄が亡くなると、後をついでこの国の王になった。兄を毒殺したのだといわれている。しかし、一六二七年に、ポルトガル人達との大戦闘で家来達の大部分を失った。再び、長い間すてていた信仰生活に入り、高齢で亡くなった。ジンガ族は、今でも自分達の昔の国の北部に独立している種族として住んでいる。

私はコロネル・パイヤーズのもとに、約二週間滞在していた。その間私は再び日記を書いていた。この日記はまことに貴重なものだったが、不幸にも郵便船の中で私の手紙や地図といっしょに失われてしまったのである。

この付近には、ジンガ族の人達の昔の墓がたくさんあった。墓は直径二、三メートルぐらいの円の上に石を積み重ねた乾草堆のような形をしている石塚であって、その上に粗末な瀬戸物の水徳利や食器がおかれている。一般に、アンゴラの土人達は、死んだ人をもっとも往来の多い路傍か十字路にほうむりたがる奇妙な好みをもっている。墓の側近くや周囲には、いろいろの種類の大戟科《たいげきか》の植物を植え、墓の上には水徳利やこわれたパイプやその他の食器が、時には小さな弓と矢がおかれている。ポルトガル政府はこのような慣習をなくしようとして、路傍に死人を葬る人を罰し、共同墓地を定めた。けれども、土人達は、どのように厳重に取り締っても、昔ながらの慣習をやめようとしない。

コアンザ河と、プンゴ・アンドンゴとの間の土地は、低い木立や灌木の藪や見事な草原でおおわれている。プンゴ・アンドンゴで、華美な色をしたグラジオラスやアマリリスやヒヤシンス等の球根が、ケープ植民地と同じように咲いているのを見て嬉しい心持にさせられた。

赤蟻　御神託／土人の迷信／土人の髪の結い方

私は、一八五五年一月一日に、プンゴ・アンドンゴを去った。私達は、コアンザ河の右岸に沿うて、牧草のよく茂っている平原をすぎて行った。ロンベ河との合流地点に達すると、私達は河を離れて北東の方に道をとり、ひろびろとした眺めの美しい平原を通って、マランジェの村の方向に歩いて行った。この村で私達はもときた道に再び出た。

マランジェを去った私達は、もときた道を急いで、サンザおよびタラ・ムンゴンゴに到着した。私達は、行く道々一〇〇ポンドもある四角い大きな蜜蠟の塊やたくさんの象の牙を背負っている運搬夫が、長い列をなして行くのに毎日出会った。それらの蜜蠟や象の牙はアンゴラの商人達のものだった。自分達の蜜蠟や象牙やオリーブ油を海岸へ運んで行く土人も多くいた。

タラ・ムンゴンゴに滞在中、私達は一種の珍しい赤蟻を見た。この蟻はこの地方の方々を荒しまわり、動物食を好むことで有名である。この村に駐屯していた隊長が一頭の雌牛を屠殺したので、奴隷達はこの蟻をよせつけないために、一晩中その周囲に藁火《わらび》を焚いていねばならなかった。この蟻は小さな軍隊のように大勢群をなしてこの地方を旅する。少し離れたところから見ると、それらの蟻は路を横切ってのびている幅六、七センチの鳶色がかった赤い色をしている紐のように見える。

すべて一つの方向に向かって一生懸命に歩きつづけている。もしだれかがうっかりそれらの蟻の上を踏むならば、彼らはその人の脚をつたわって勢いよくはい上り、びっくりさせられるほど勢いよくかむ。私はカサンジェの近くで、はじめてこのあなどるべからざる敵におそわれた。うっかりこの蟻の巣を踏んだのである。あッという間に、蟻達が一せいにズボンを這い上って、首や胸に至るまで、体の何もおおうていないところを至る所かんだ。かまれると、火花を身にうけたような痛みを覚えさせられる。のがれる術がないのである。私は一、二秒の間とびまわっていた。必死になって身につけていたものを一切体から取り去って、できるだけ早く一匹ずつつまみとった。幸い誰も側で見ていなかったが、もし誰かが見ていたら、私は気が狂ったと思ったかもしれない。私はテントの中にぐっすり眠っていた時に、この蟻からおそわれたことがある。毛布を火の上にかざして、ようやくそれらの蟻をおい払ったのである。そんな小さな体をしていながら、どうしてそのように多くの毒を貯えているのか、まことに驚嘆させられる。これらの蟻はただ噛んで傷をこしらえるばかりでなく、顎をさし入れた後、体をくねらせ、一層傷口を大きくして痛みを多くする。しばしば牛の背にのっているところを、牛の脚をつたわっておそわれる。乗っている牛が、蟻の群が行進している上を歩いたことが直ちにわかる。蟻はおそれることを知らないので、小さな動物はもちろんのこと、どんな大きな動物でもおそれることなくおそう。ただ一人の人が、列をなして歩いている蟻達を踏んだのであっても、多くの蟻達が一戦争したいのであるかのように列を乱して皆の者におそってくる。しかし、これらの蟻は掃除夫としてまことに有用である。人家をおそう時、家をこわす白蟻やその他の害虫を綺麗に駆除し、一方戸外では鼠、二十日鼠、とかげ等をくい殺し、錦蛇でさえ、腹いっぱい食べたばかりの時には、これらの蟻の猛烈な襲撃の犠牲となる。この蟻は地下わずかばかりのところに巣をつくり、白蟻のごとく地面にはつくらない。掠奪の遠征をつづけている時、しばしば自分達の通路に白蟻の巣に達する歩廊をつくって太陽の暑さをさける。

一八五五年一月一五日に、私達は一時間で、タラ・ムンゴンゴの頂上からカサンジェの谷へ下りて行った。谷間の小川には水がなかったが、ルイ川とルアレ川にはやや黒みがかった水が多くあって、両岸には棕櫚、野生の棗椰子、バンジロウ等の大木がならび生えていて、今や実が熟しつつあった。マンゴに似ているが実を結ばない木が多かった。これらの川には食用にすることができるいがいの一種がすんでいた。おそらく黒みがかった水の中に含まれた成分によって養われているのだろう。この貝の貝殻は、遠くクルマンに至るまで、昔河だった土地の沖積土の中に見出される。いろいろの鳥がすんでいた。この地で私達はレフトゥトゥと呼ばれる鳥（Tragopan leadbeateri）も見た。この鳥は、七面鳥によく似ている大きな鳥で、さわがしい音をたてて鳴くところからこんな名で呼ばれている。とまっている時は、真黒な色をしているが、飛ぶ時に見ると翼の外側の半分は白い。この鳥は、たくみにうしろから蛇の頭をうって殺す。この鳥に似たもう一種類の鳥は、アビシニヤ犀鳥と呼ばれている。

この土地は見たところ健康地のようであるが、熱病が流行して、ことに子供達が命をとられることが多い。私達が西の方へ行っている間に、ネヴィス大尉のかわいい子供が死んでいた。私達が滞在している間に、もう一人の子供も死んだ。子供の病気中、黒人であるその母は、どうしたらよいか確かめたくて占師を迎えにやった。占師は骰子《さいころ》を投げ、入神状態におちいり、諸霊魂と談話をまじえているようなふうをして見せた。やがて、占師は、以前カサンジェに住んでいたポルトガル人の商人の霊魂にその子供は殺されようとしているとの御神託を与えた。それは、次のようなわけなのであった。――そのポルトガル人の商人が亡くなると、ポルトガル人の商人達が残っている商品を買いとってロアンダの債権者達へ支払った。商取引のことについてよく知っていない土人達は、カサンジェの商人達がそれらの商品を盗んだものと思い、亡くなったポルトガル商人の霊魂がそのことに関係したネヴィス大尉の子供を殺そうとしていると思ったのである。

この地方では、御神託を聞くことが一般に行なわれ、そのために多くの人々が悲惨な目にあっている。しばしば、魔法をつかうといって責められる人々は、身の潔白であることを証明するために、はるか遠くからカサンジェの側を流れているデュア河と呼ばれている河まで旅して行って、有毒な木の振出液を飲んで死ぬ。私達がカサンジェに滞在していた時も、義兄から自分が病気になったのはお前のせいだといわれた女の人が、自分の心が潔白であることを証明してもらうために御神託をきこうとして、ネヴィス大尉からとめられた。その後間もなく、私達がクァンゴ河畔に至った時も、ガンドという酋長が魔法をつかうと責められて、御神託をきいて死んだということを、そしてその死骸はクァンゴ河に投げすてられたということを聞かされた。体の丈夫な男の人が毒を吐きかえすと、ますますその罪をとがめられて、また毒をのまされて死ぬ。カサンジェ谷では、毎年何百人という人々がこのようにして死んで行く。

ザンベジ河の北の方の地方の全体にわたって、同じような迷信的な考えが行きわたっているのは、諸種族が同じ人種であることを示しているかのように思われる。すべての人達が、死んだ人達の霊魂はなお生きている人達の中にまじっていて、何かの方法で皆の食べるものをいっしょに食べているものと信じている。病気になった人達は、彼らが思うに、生きている人達を、この世の中から、またこの世のあらゆる楽しみから、連れ去ることを望んでいる霊魂をなだめしずめるために、鶏と山羊の犠牲を捧げる。人々の心臓をとって、それらを諸霊魂に捧げるために、人々を殺す一派の人々があるといわれている。ロアンダの土人さえ、こっそり町から出て行って邪教的な祭式を行ない、自分達をとりまいている禍《わざわい》をさけるために多くの護符を用いる。時おり、たくさんある中には、一つぐらいご利益《りやく》があるのもあるだろうというので、二、三〇もの護符を首のまわりにつるしさげている用心深い臆病者もいる。この心の中の暗さと外界のあかるさとの——霊魂に対する訳のわからない恐怖と、周囲をとりまいている光景にみなぎっている平和と美との——対照はなんといたましいことであろう。私はこの土地を旅しながら、まさしく天使が喜びそうな美しい眺めを見せてくれると、しばしば思わせられたのである。静かな朝、まさに美の精髄のような光景を、また、すべてのものが、やわらかに吹く微風が扇であおぎでもするように気持のよい涼しさをもたらす心地よいあたたかさの中にひたっているのを、幾度眺めたことだったろう。よく草の茂っている緑の草原、草を食べている牛、若草を食べている山羊、とびまわっている小山羊、小さな弓と矢と槍を持っている牧童の群、水瓶《みずがめ》をおつに頭の上にのせて河の方へ歩いて行く女達、よく枝の茂ったバンヤン樹の下で縫物をしている男達、朝の雑談に耳傾けながら手に杖を持って地面に腰を下ろしている白髪の長老達、あるいはまた垣根を修理する枝を運んでいる者など、すべてこれらの光景は、明るいアフリカの太陽の光線をあふるるばかりにあび、また猛烈な日中の暑さがはじまる前の鳥の歌声に賑やかにされ、決して忘れることのできない絵のような光景を見せてくれたのである。

　私達はクァンゴ河の方に向かって歩みをすすめることができるようになるやいなや、その方向に向って歩みを進めたが、土人とポルトガル人の商人達の一行に五、六度出会った。二人のポルトガルの商人は重さ五四キログラムの象の牙をもっていた。あとでその持主のいったところによると、その牙がついていた象は、どっちかといえば小さい方だったが、対になっているもう一本の方は五九キログラムあったという。二本合わせて一一三—一一八キログラムの重さにたえることができるとしたら、その象の首の力がどのようなものであるかについて多少知り得るであろう。カサンジェの東及び北東から産する象牙は、さらに南の方から産するものよりはるかに大きい。五五キログラムというのは決して並はずれのものではなく、時おり七二キロに達するものがある。

　二月二八日に、私達はクァンゴ河の近くにある村に到着した。クァンゴ河を渡ると、渡守達は三〇メートルのキャラコを要求したが、有難いことに六メートルしかうけとらなかった。カヌーがこわれていて、一度に二人だけしか渡れなかったが、お供の者達はよく河の様子を知っているので、約二時間半で皆の者が渡ることができた。お供の者達がまことにたくみに牛や騾馬を渡すのを見て、土地の人達はしきりに感心した。五、六人の者達が一頭の牛か驢馬を捕まえて、無造作に水の中へひき入れ、死なないためにはいやでも泳がねばならないようにした。時には牛といっしょに泳いで行って、牛の頭に水をかけて前へすすませた。土人の商人につかわれている召使達は、牛達が渡ろうとしない方がかえって嬉しいので、これとは全くちがった態度にでるのである。仕方なく牛たちを殺さねばならなくなれば、ご馳走にありつけるからである。

アンゴラの黒人達は、主としてアグアーデンテと呼ばれている下等なブランデーを飲むために、はなはだ堕落させられている。この酒は海外から輸入されるものであるが、まことに有害なものである。私達は、この有害な飲物を彼方の独立している酋長達に運んで行く運搬夫の一行に、何度も出会った。運搬夫達は、麦藁でその飲物をこっそり飲んで、減った分だけ水を加えておくので、いずれの商人もなかなか遠くの地まではもって行けないとのことだった。こっそり飲まれないように、通例栓に南京錠のついている小首の大壜《びん》に入れて運ぶのだが、とかく壜ごとぬすまれる。——それが普通のことなのである。

私達は、カサンジェの谷の東の方の境になっている斜面を上って行った。カサンジェの谷を出はずれると同時に入っていったチボク族の国を間もなく出外れることができると期待しながら、山の頂からその地の中央の方へ下りて行った。ところで、やむなく水浸しになっている平原に寝たのが原因となってリュウマチスがわるくなり、極度に高い熱が出たために、私は四月一九日に起きられなくなった。雨は小やみなく降りつづけていたが、私達は土を積み上げて、田舎の墓地にある墓に多少似ている長方形の土盛りをつくり、その上に草を積み重ねて寝る場所とした。二日間雨のためにはばまれていたが、雨が晴れるやいなや再び歩みをすすめようと試みた。ところで、多量の露による冷たい湿気によって病を重くされた私は、先にすすむことができなく、猛烈な頭痛のために、うめきもだえながら八日間床に臥せていねばならなかった。私達はこの地に二〇日間滞在していた。その上、ここでもチボク族の襲撃にあわねばならなかった。

やがて、私達はクイロ河が流れている地点へ到着した。このあたりは、一般に森林でおおわれていた。私達は毎晩どこかの村に宿泊した。私達の旅程は一日わずかに一〇キロにすぎなかった。月の三分の二は、病気と方々で食料をととのえることのために歩みをとどめていねばならなかった。

ポンベーロあるいは土人の商人達の一人が、器量のよい八人の女奴隷を、鎖でつないでつれていた。マテアンヴォの国に連れていって、象牙と交換に売るためにつれているのだった。たまたま、私が彼女らの近くに行くと、いつもはずかしそうな顔をして、なり下がった身の上をいたくかなしんだ。奴隷という呼名は、ヨーロッパから初めてこの地にきた時には、奴隷をもっている人達にさえ、へんに聞こえたにちがいない。アンゴラでは、普通奴隷を「オ　デアボ」あるいは「ブルートゥ」と呼び、紳士達は大声で「オ　デアボ、火をもってこい」などという。東アフリカでは、反対に「ビチョ」（動物）という言葉が用いられ、「動物を呼んで、あれこれをさせるように」などといわれている。事実、奴隷の所有者は、奴隷を人間の部類に入らないものと見なすようになっているのであり、「犬の類」としてのろうようになるであろう。

私達は四月三〇日に、ロアジマ河の岸に到着した。私達は橋をかけてこの河を渡らねばならなかったが、橋をかけるのは想像されるように困難な仕事ではなかった。たまたま、一本の木が河の一部を横切って生えていて、攀縁植物を縄代りにつかって橋をかけることができたからである。この地方の人々は、これまで出会った人々よりも体が華奢《きやしや》で、肌色は一層薄いオリーブ色をしているように思われた。両肩にたれ下っている縮毛の大きな束の飾り方は、その容貌もそうであるが、私に再び古代エジプト人を思い起こさせた。少数の女の人達は、頭にはめている輪に毛髪を結びつけて、なんだか処女マリヤの頭のまわりの光輪のような恰好に結びあげる奇妙な風習をまもっている。他の女達は、口絵に示すがごとく毛髪を編み、それに珠数玉をちりばめた皮をそえて頭を飾っている。また他の者達は、口絵に示すがごとく、毛髪を皮切の上に二本の水牛の角の形に編むか、あるいは前の方に一本の角の形に編むかする。口絵に示してある型は、決して一般的なものではないが、しばしば見うけられるものである。多くの人達が、何か黒いものを皮膚の下に入れて、星やその他の形のいれずみをする。いれずみをしたところには、長さ一センチ半ばかりの盛り上った傷痕が残っている。

南アフリカの冬　カワワ酋長

私達は安価な市場で食料品を買い入れるために、少しく南の方にまわり道をして歩いて行った。このことは、他の地方のようにしげしげ奴隷商人がたずねてこないので、どっちかといえば内気で丁寧な人達の住んでいるところへ私達を連れて行ってくれた。ここもオリーブ色の肌色をしている人が多く、歯をやすりで尖らせる風習も行なわれていて、笑顔になった時の女の人達の顔は何だか恐ろしいものに見えた。鰐が歯をむき出した時の様子を思い起こさせるのである。この地方を通じて、住民達は文明社会の人達にも劣らずいろいろのことに趣味をこらしている。男の人達の多くはおしゃれで、艶々油を塗った毛髪から両肩に油をしたたらせ、すべて身の周りの物をいろいろの方法で飾っている。ある者達は、日中の時間のすべてを、さらに夜も何時間もの間、何かの楽器を爪《つま》弾《びき》して一人で楽しんでいる。またある者は、外出する時には必ず幾組かの弓と幾本かの矢とを、あるいは自分が射殺したあらゆる獣の細い皮切れを飾っている鉄砲を持参して、自分の勇ましさをみせびらかそうとする。また他の者達は、どこへ行くにも必ずカナリヤを籠に入れて連れて歩く。女の人達が、食用にする小さな狆《ちん》を大切に番しているのを見うける。これらの人達の村は、一般に森林の中にあって、方々に褐色の小屋が不規則に群っているが、周囲にはバナナ、棉、煙草などが植えられている。どの小屋も、マニオクの根と碾割を乾す高い台と鶏を飼う籠を備えている。小屋の藁屋根の上には、鶏に卵を産ませる円い籠がおかれている。見知らぬ人達が村に到着すると、男も女も子供も大さわぎをして物を売りつけようとする。しかし、まことに丁寧で愛想がよい。あまり食べてしまったので、この人達のいるあたりには食用にすることのできる動物はまことに少なく、鳥さえ珍しい。この人達のところではもぐらと二十日鼠が大切な食料品となっていて、何キロもの間、一〇メートルあるいは一五メートルおきに、路傍に罠がしかけられているのを見うける。

私達は、攀縁植物がよく茂っている森の中をすぎて行った。攀縁植物の多くは、斧をつかって払いのけねばならないような丈夫なものだった。運搬夫達は、どんなに強くひっぱっても切れないので、しばしば歯でかみ切らねばならなかった。森林の中の道は、まことに屈曲が多く、五〇キロ歩いても真直ぐな道の半分の距離もすすんでいなかった。それでも、私達は五月七日には、モアンバ河（南緯九度三八分、東経二〇度一三分三四秒）に到着した。この河は幅が三〇メートルあって、クイラ河、ロアンジェ河、チカパ河、ロアジマ河などのごとく鰐と河馬がすんでいた。

私達はチホンボ河の岸にあるカバンゴに出て、カバンゴから前にもたずねたことのある南東カテマに向かって歩みをすすめることにした。この地方のバロンダ人は、海岸地方の住民のいずれよりもはるかに感じのよい顔付をしている。女の人達は、歯を白く生まれつきのままにしているし、鼻に芦を短く切ったのを刺しこんで鼻の孔をひろげる風習をやめたら、美しい人となることができるであろう。女の人達は、いつも機嫌がよく、雑談、葬式、結婚式等でその日その日を過している。このように元気にみちみちていることが、彼らがこのようにほろびない人種であることができる理由の一つとなっているのにちがいない。

二一日にカバンゴを去ったのち、私達は左側を流れてチホンボ河に流れ注いでいる小川を五、六度横切らねばならなかった。奴隷商人が出入している地方を出はずれるやいなや、南バロンダ人のより親切な心に接することができた。だが、私達が通りすぎて行った多くの村々の人達は、常に私達をひきとめようとした。私達に夕食をだして少しもうけたいのだった。時にはビールの入っている大きな壺をもち出して、私達を誘惑しようとした。時おり、村長が木を指して、断乎とその下にとどまるようにと命じた。また時には、若者達が自分から案内人になることを申し出て、通りすぎることができない次の沼地へつれて行った。実際ある村では、少なくも一日滞在していない限り、私達に道を知らせようとしなかった。私達は自分達で歩いて行ったが、通りすぎることができない藪につきあたってしまったので、また村へ引き返さねばならなかった。翌朝になると、彼らは正しい道を知らせてくれた。

二八日に、私達はバンゴ酋長の村（南緯一二度二二分五三秒、東経二〇度五八分）に到着した。酋長は私達に碾割とかもしか一頭分の肉をおくった。立派な贈物だった。私達も最後に残っている牛を屠殺して、脚を一本酋長におくった。しかし、この酋長もそれからその家来達も牛を人間とみなし、牛も人間のように家にすんでいるからというので、一度も牛肉を食べたことがないという。牛は敵をつくって戦争を引き起こすことになるというので、牛を飼わない種族は幾つかあったが、他からおくられた牛の肉まで食べようとしない種族はこれがはじめてだった。

このあたりの小川は、深い谷あいの中を流れているのではなかったし、私達はカバンゴにくるまでの川々の岸で目を悩まされたような巨大な草で苦しめられなかった。私達は再び猟獣の多くすんでいる国に入って行った。多くの酋長達が、バンゴから要求された貢物として、水牛やかもしかの肉を持って遠くから出向いてくるのに出会った。この季節のこのあたりは、すっかり乾ききって、黄色がかった色の草でおおわれていた。灌木や木々のあるものは緑色をしていた。またあるものは、若芽が古い簇葉をおしのけて芽ぶいていて、葉を散らしていた。南では冬の間裸でいる木々も、この地ではちょっとの間葉がなくなるだけである。しかし、時おり南の冷たい風がはるかカバンゴまで吹いてきて、冷たい風にさらされるすべての草木を冬の姿にし、常緑樹の南に面したひよわな若枝をいため、マニオク、南瓜等の繊弱な葉を枯れさせる。南アフリカの内陸では、緯度によってその厳しさに差違があるにしても、どこでもはっきり冬のおとずれてきたことを知ることができる。ケープ植民地の中央部では、しばしば寒さが厳しく、地面が雪でおおわれる。クルマンではめったに雪が降ることがないが、霜はきびしい。はるかチョベ河に至るまで霜がふり、バロツェ谷にだけ冬がおとずれてくる。しかし、オレンジ河の北では、寒さと湿気がいっしょに襲ってくることがなく、事実冬の間めったに雨が降らない。ベチュアナ地方の気候がもっとも健康に適しているのは、このためである。バロツェ谷の北の方の土地で、凍ることがあるかいなかは疑わしいが、南風が吹いている間は、気温が六度まで下り、はなはだ寒いように感じさせられる。

五月三〇日に、私達はバンゴ酋長のもとを去って、公園のように美しい幅四〇〇メートルもある谷を通り、北北東に流れているロエンブウェ河の方向に向かって歩みをすすめた。このあたりの河がすべてそうであるように、この河の両岸には沼地があって、河馬が多くすんでいた。村と村との間は遠く離れていて、道は牛さえ通りすぎるのに難儀なほど丈の高い草でおおわれているので、たずねて行くのに困難である。お供の者達は、草で足をきられて難儀しているのに、子供を連れた女の人と一人の少女が、マニオクの荷を背負って、そんな風もなく家へ帰って行くのに出会った。思いがけなく白人に出会うことは、いつもこの人達の黒い胸をふるわせることなので、そのような場合彼らは、私がかなり遠くまで行きすぎたのを見てほっとさせられるらしかった。白人が通りすぎると、村々では犬達がライオンでも見たかのごとく尾を両脚の間にたれ下がらして走り去り、女の人達は白人が近づいてくるのを塀の背後からうかがっていて、側近くにくると急いで家の中に入ってしまう。子供達は、街路で白人に出会うと、気絶してしまいそうな叫声をあげる。ベチュアナ人達のところにいた時、女の人達が白人の化物を迎えにやって噛ませると子供達にいっているのを聞いて、つい私はそのようなことをいう女達を責めねばならなかった。

ロエンブウェ河を越えると、私達はもっとひろびろとした土地に出た。ところどころに小さな谷があって、谷底の沼地の中央を小川が流れていた。沼地の歩行は困難だったし、しかも頻繁にあるので、いつも体の下半分を濡らしていねばならなかった。道のところどころに、普通食物であるが、霊魂への祈願のお供物をしているのを見た。陰鬱な森とひろびろとした物さびしい単調な眺めは人々の心を暗くするにちがいない。ある村々には、一層偶像が多くあったのから判断するならば、これらの村々の人達は一層迷信ぶかいらしかった。

このあたりを通じて、女の人達はほとんど裸体でいる。ガウンは何も裾飾りのないおそろしく細い小切れなのである。このあたりの女の人達が下等なキャラコを得ようとする心持ほど一生懸命なのはない。一羽の鶏と二〇ポンドを越える一籠の礦割と交換に、約六メートルのキャラコの切れを得てしきりに喜ぶのである。女の人達の多くが、子供かわいさに裸の赤ん坊を抱きあげて、ほんの少しばかりでも赤ん坊に着せるぼろを売ってくれと、私達に懇願した。女達のいうには、夜になればただ火を焚いて暖まるだけで、子供達は両親の側に寝て暖めてもらうのだとのことだった。この地方の女の人達は、赤ん坊を連れて歩くのに、皮や切れを用いないで、木の真皮を編んで幅一五センチばかりの帯をつくり、それを兵隊の帯のようにたれ下らせ、それによって子供を側の方に支え坐らせる。

六月二日の夕刻、私達は、森林の真只中に小屋が四、五〇群がっているカワワの村に到着した。村の人達は前日死んだ人の屍骸の前で太鼓を打ち、幾人かの女達は死んだ人の小屋の戸口の前で声さわがしく嘆き悲しみ、生きている人にものをいうように死人に話しかけていた。朝になると、霊魂の一人に扮装したつもりでたくさんの羽を風変りに飾っている一人の男が、踊っている人々の側を去り、夕暮れの式に再びかえってくるからということで、深い森の中へ入って行った。

朝カワワが私達をたずねてきたので、私達は彼の家来達もまじえてほとんど一日中話し合っていた。私達も返礼にたずねて行くと、カワワは、蜜蜂の巣箱のような形だが、たいへん立派に建てられてある大きな裁判所にいた。私がいろいろ珍しいものを見せると、カワワの方でも、自分がもっているもっとも珍しいものとして、一人の老人がビール缶を手にもっているところを象《かたど》ったイギリス製の水差しをとり出して見せた。夜幻燈を見せると、外の者達はたいへん喜んで見たが、カワワは恐ろしいのらしく、何度も走り去ろうとするように立ち上りかけたが、背後にいる多くの人達から止められてそうすることができなかった。

カワワと私達の間に交わされた鄭重さは、まことに立派なものだったが、彼はチボク族の人達が無理に一頭の牛を通行税として私達に払わせたことを聞き知っていて、自分も同じようにしてもらおうと考えていた。翌朝、私達が出発しようとしていることを知らせてやると、カワワは次のような比喩的なことをいって答えた。「もし牛が自分の行く道に出てくるとしたら、その人はその牛を食うべきではないでしょうか」私はチボク族の人達に一頭の牛を与えたのだった。それで、カワワは同じように一頭の牛を要求し、さらに一梃の鉄砲と火薬と前日見たような黒い長衣を要求した。牛を与えることができないなら、お供の者達の一人と、マテアンヴォの自分に対する心持を知らせ、彼が自分の首を切ろうと心をきめるような場合にはそのことを自分に警告してくれる本を与えねばならないという。やがて、カワワ自身がこの上なくつめたい態度をして私達のところへやってきて、私達のもっているものは一切見ているのだから、自分の要求するものをすべてもらわねばならないのであるし、もしこばむならば、カサイ河を渡らせないという。私は、白人が黒人に貢物を奉ったなどとは決していわせないし、またどのように邪魔されても、カサイ河を横切って見せると答える。カワワは、家来達に武装するようにと命じた。お供の者のある者達は、家来達が武器をとりに行くのを見て、少しくあわてた心持にさせられた。私はお供の者達に歩みはじめるように命じ、一同が自分のあとについてくると期待して先頭に立って歩みをすすめた。しかし、多くの者が後に残っていたので、私は牛からとび下り、拳銃を手にもって引きかえして行った。カワワは自分の家来達のところに逃げ去り、家来達は背中を見せて逃げ去った。私はお供の者達に荷物をもって歩みをすすめるように叫んだ。私達は森の中へ入って行った。カワワの家来達は、約一〇〇メートル離れたところに立って私達を見送っていたが、一発も鉄砲をうつこともしなければ、また一本の矢を放つこともしなかった。ところで、約一五キロ離れたカサイ河の浅瀬に着いて見ると、カワワは四人の家来達をつかわして、一行を渡さないようにと渡守達に命令していた。カヌーは私の目の前から一切とり去られ、たっぷり幅一〇〇メートルある深い河を前にして、私達はカヌーなしではどうすることもできないだろうというのだった。ピツァネは河岸に立って何気ない風をよそおいながら流れの面をみつめていたが、その間にカヌーが芦の中にかくされている場所を確かめておいたのである。暗くなってから、一艘のカヌーがかくしてある場所から静かにひいて来られ、間もなく私達はカサイ河の南岸の露営地に気持よく休むことができた。私達がのったカヌーを北岸につないでおいたので、誰が私達を渡したのか、敵はさぞ不思議に思わせられるだろうと、ピツァネとその仲間の者達は腹をかかえて笑った。翌朝一行が出発しようとしていると、カワワの家来達は、対岸の高処に姿をあらわしたが、私達が南の方に出発しようとしているのを見て、自分達の目を信ずることができなかったのである。最後に家来達の一人が大声で叫んだ。「おお、お前さん達は悪人どもです」ピツァネとその仲間の者達はそれに答えて叫んだ。「おお、お前さん達は善人です。カヌーをかしてくれたことを有難く思っています」

ザンベジ河の定期氾濫　盟約承認式／マンボウェ族の狩猟

カサイ河を去った私達は、前に通りすぎた時は水浸しになっていたひろびろとした平原に入って行った。水は乾ききらないで、凹地にはまだ残っていた。空にははげたかが腐肉を見つけたらしく、ただようように静かにとんでいた。もう冬の季節になっていたが、毛虫がたくさん草の茎にはいのぼり、とんぼや蝶もとんでいた。夜鷹《よたか》、雨燕、その他のいろいろの種類の燕が、群をなしてとんでいる火のように赤い色をしたハチクイといっしょに飛びまわっていることは、この地方では一年中でもっとも寒い季節になっても、これらの鳥が食べる虫が死滅しないことを示していた。時おり野鴨もたくさんいて、ザンベジ河が近づいていることを知らせた。

これらのはてしなくつづいている平原を横切って行きながら、私達は小さな花が美しく地面をうずめているのを見て喜ばされた。行く手をさえぎって、黄色い花が広い布を延べひろげたように咲いていて、この金色の絨緞《じゅうたん》となって地面をおおうている花々をよくしらべてみると、もっとも薄いレモン色からもっとも濃いオレンジ色に至るまで、あらゆる色合の変化を見ることができた。このような花の絨緞の上を一〇〇メートル歩いて行くと、今度は青い色をした同じ花が同じように長くつづいて咲いていて、それも薄い青色から濃い青色に至るまで、さらに紫色さえしているのに至るまで、いろいろと色合に変化を認めることができた。私は前に、これと同じ花がこの地方の別々の土地で異なった色をしているのを見たことはあるが、同じ平原で、黄色いのがあったり、青いのがあったりするように、つぎつぎはっきり異なった色をしているのを見たのは初めてだった。これらの平原で、もう一つの美しい植物が私の注意をひいた。私を大へん喜ばしたことには、それは故国で前から知っていたいしもちそう属の一種だったのである。故国の毛氈苔《もうせんごけ》(Drosera Anglica)によく似ていて、花梗は六、七センチに達し、葉はいずれもその頂に一滴の粘々した雫をもっている赤い毛でおおわれ、全体が小さなダイヤモンドをちりばめたように見える。最初私は、朝の太陽が露にてりつけるためにそのように見えるのだと思ったが、後でしらべて見ると、赤い毛の頂からしみ出たものであって、露のように蒸発することのない嚢《ふくろ》の形をした綺麗な粘液によることがわかった。この粘液は虫をとらえるためのものであって、とらえられた虫の屍骸はその植物の養分となるのであろう。

このひろびろとした平原を歩いて行った第二日目に、地表には水を見出すことができない場所で、私は二七回目の熱に見舞われた。この地方を旅するのに水をもって歩く必要があるなどとはちっとも考えなかったので、私が全く動けなくなると、お供の者達は地面を七、八〇センチ掘って、私の燃えるような渇を間もなくいやしてくれた。私達は翌日再び歩みをすすめ、六月八日にはロテンブワ河を徒渡《かちわた》ってジロロ湖の北西の方角に向かって歩みをすすめ、再び前に歩いた道に出た。私はこの地で、このあたりの水系と地形の真の姿を初めて理解することができた。半ばは自分の観察により、半ばは他の人達から聞くことにより、アフリカのこのあたりの河はすべて同じ高地に源を発し、コンゴ河による北に流れる大放水路とザンベジ河による南に流れる大放水路に流れ注いでいることを知った。今や私は、これら二つの水系の分水嶺となっている中央高地の背の上に立っていたのであるが、それがあまり低いのに驚かされた。私達が期待しそうな雪におおわれた山々ではなく、海抜一、二〇〇メートルを越えない全く平らな平原であり、しかも私達が通りすぎてきた西の高地より三〇〇メートルも低かったのである。もとこのあたりは湖だったのである。

不思議に湿気の多いこの地方の雨季の特質は、ザンベジ河の定期氾濫を多少説明してくれるであろう。雨は太陽についてまわるように思われる。太陽がこの地帯を通って南へ行く一〇月と一一月に雨が多く降るからである。一二月と一月に被害の多い旱魃に見まわれる。太陽が北に帰る二、三、四月にも多量の雨が降る。一〇月、一一月に海綿のように過度に雨水を吸収した平原が、ザンベジ河の岸にあふれる綺麗な水を注ぎ入れるのである。ナイル河の定期氾濫もおそらく多少相似た現象から起こるのであろうが、時期にちがいがあるのは、ナイル河がより北にあるからである。

私達は北ロテンブワ河を横切り、ジロロ湖の方向に向かって歩みをすすめた。熱に苦しめられながらも、生気のない平坦な、そして陰鬱な変化のない森林の中ばかり歩いてきた後、湖の青い水を見、波が岸辺に打ちよせているのを見るのははなはだ心慰められることだった。六月一四日には、カテマの支配下にある村々がだらしなくひろがっているところへきた。私達は知合いの人達に出会って嬉しかった。カテマもたずねてきた。私は三〇シリングもする金糸の飾りのついている粗ラシャの上衣といっしょに、木綿の長衣、大小の珠数玉、鉄のスプーン、火薬の入っている小鍋など、ロアンダへ行く時に約束した品々をカテマにおくった。お客がたずねてきた時自分も白人のように見えるように、私が着ているような着物を自分にもつくってくれないかとカテマはいう。帰る時、彼は自分の代弁者の肩にのった。この人達の間では、これがもっとも威厳のある退出の仕方なのである。代弁者は貧弱な体格の男なのに、酋長は背丈一・八メートルもある大男だったので、もし代弁者がそのことに慣れていないのだったら、たおれてしまったであろう。翌日カテマは、自分がたくさんおくってある碾割といっしょに食べるようにと、一頭の牛を私達におくった。

私達は一九日にカテマの町を去り、東の方へ六キロ歩いて行って、ジロロ湖の南の枝状部を腰まで水につかって徒渡った。さらにレーバ河の北岸にひろがっている広い平原を横切り、前に徒渉したところから約三〇キロ離れた地点でこの河を横切った。今や冬の真中だったので朝の水温は八・三度で気温は一〇度だった。空気中に湿気が多いので、はなはだ冷たく感じさせられた。しかし、日中は太陽の光があつく照りかがやいて、気温が木蔭でも三一度から三二・二度までのぼった。夕暮れは二四・四度から二五・六度の間を上下していた。

途中、数多くのバロバレ人の大きな村々を通って、シンテの町に到着した。シンテの町では、この老人から、一行は心から喜び迎えられた。六月一六日にシンテの町を去った私達はレーバ河を下った。

レーバ河を下って行きながら、私達はたびたび猟獣の群を見た。また、体長約二センチ半の薄緑色をしたひきがえるも見た。このひきがえるはまことに正確に草の葉身にとびのることができる能力を備えていて、たとえ葉が垂直に立っていても、蝿のようにとまっている。それは、バクウェン人の国で私がただ一度だけ見たBrachymerus bifasciatus（Smith）と同じくらい大きかった。この方は朱色の斑点のある真黒な色をしていて、いやらしかった。ザンベジ河とチョベ河に多くすんでいる体の小さい緑色の蛙（Rana fasciata.Boié）もこれほどではないが、同じような能力をもっている。Brachymerus bifasciatus の発見について大博物学者スミス博士は次のように述べている。

「リンポポ河岸の南回帰線近くで、一本の巨大な木が、荷車を修繕するために切り倒されていた。木のほとんど中心に沿うて縦にひいていた樵夫《きこり》がいくらかひいた時に『これは空洞になっている。この木は車の修繕には役立たないだろう』といった。しかし、樵夫《きこり》は我慢してひきつづけていた。最後に、両方共同じくらいの大きさに二つにひき割って見ると、鋸は体長各約二センチ半ある今述べたような蛙が五、六匹入っている大きな空洞を通ったことが分った。外界と空洞との通路をさがしだそうと、いろいろ試みたが無駄だった。空洞のあらゆる部分を細かにしらべ、さらに空洞の半分にかなり長い時間水を入れておいたが、少しも木の中に消え失せなかった。空洞の表面は焼きこがしたように黒くなっていて、空洞の表面に接する部分も一センチ半くらい同様だった。空洞のある部分は、木の直径四八センチあって、木の長さは五メートルあった。見つけたばかりの時の蛙は死んでいるかのようだったが、暖かい太陽に当っている間に、たちまち相当元気を回復した。二、三時間後には、かなり活潑に動くようになり、見たところ何の苦もなくあちこちと歩けるようになった」

私達は知合いであるマネンコに使いをつかわしたので、河から約二五キロあるこの女酋長の村と向かいあっている地点に一日滞在していた。女酋長は、道が遠いのでたずねてこなかったが、直ちに夫がたくさん食物をもってつかわされてきた。翌朝「カセンデ」と呼ばれている「友情」をかためる式が行なわれた。それは次のようにして行なわれる。両方の者達が手を握り合い、手に小さな傷をつけ、鳩尾《みぞおち》、右頰、額にも同様に小さな傷をつける。それらの傷から草の茎で少量の血をとって、めいめいの血を別々のビール壜に入れ、めいめい他の者の血を飲むのである。これでお互い永久の友、あるいは親類ということになる。ビールを飲んでいる間中、式に列なっている者達のある者が短い棒で地面を打ちながら盟約承認の言葉をいう。そこで一同がビールを飲み終える。「カセンデ」の式に列なった人々の中の主だった人々は、以後血縁の人々とみなされ、何か禍が襲ってきそうであると知ったら、お互い知らせ合わねばならぬ。

一度私は、若い女の人から思いがけなく血縁の者にされたことがある。その人は、二の腕の骨の間にできた腫物《はれもの》が次第に大きくなって仕事ができないというので、私にとり去ってもらいたいという。手術をしている間に動脈の一本から血がほとばしり出て、少しばかり私の眼の中に入った。眼から血を拭いとっていると、その女の人は、「これまで、あなたは私のお友達でしたが、今度血縁の人となりました。ここをお通りの節はいつでも、私にお使いをよこして下さい。ご馳走をさしあげたいと思いますから」といった。

レーバ河とザンベジ河との合流地点を少し下ったところで、私達はマシコの支配下にあるマンボウェ族と呼ばれている種族に属する大勢の猟人達に出会った。この猟人達は、水かもしかか鶴の頭の形をした被物《かぶりもの》をかぶって獣にしのびよる。彼らはこのような被物をかぶって草の中を這って行くが、獲物をたしかめようと頭をもたげても気づかれることなしに弓の射程内まで近づいて行ける。このあたりには、不思議なほど、猟獣が多くすんでいた。一度私は水牛におそわれて、危く命を亡くすところだった。

七月二七日に、私達はリボンタの町に到着した。私達を迎えた町の人達の喜びはたいへんなものだった。女の人達は、奇妙な身振りをして声高に歓迎の言葉をいいながら、私達に会いにきた。ある者達は、槍と盾にまねて敷物と棒をもっていた。またある者達は、彼らの友の手と頬に接吻するために、ほこりを立てて勢いよく走ってきた。アフリカ流の礼儀作法によってコトラの中に集まってもらった時は、ほっとさせられたくらいだった。私達は死んだのがよみがえったのだとされているのだった。この町で一番巧みな占師から、私達はずっと前に死んでいると聞かされていたからである。ピツァネは、一時間以上もかかって旅の様子や白人に親切にしてもらったことについて、町の人達に話して聞かせた。翌日は、無事に旅を終えることができたことに対して、神に感謝を捧げる日にした。お供の者達は、自分達がもっている最上の衣裳で身を飾った。白いヨーロッパ風の服を着て赤い帽子をかぶると、なかなか派手だった。歩くにもロアンダで見た兵隊をまね、自分達自らを私の「勇士達」(バトラバニ)と呼んだ。礼拝の式が行なわれている間中、鉄砲を肩にかついで坐っているのを見て、女や子供達はしきりにほめたたえた。人々はたくさんの食物を私達にもってきてくれた。私達は返礼にさしあげるものをもっていないことをいうと、リボンタの人達は「かまわないんです。あなたは私達のために道を切りひらいて下さいました。私達は安心して眠ることができます」と、しとやかにいう。

バロツェ谷を下って行った私達は道々大歓迎をうけ、人々は不思議なほど親切で、どの町も一頭の牛を、時には二頭の牛を私達におくった。私はその返礼に、神の教えについて知らせて、この人達に幸をもたらすことによって報いることにつとめた。お供の者達は直ちに第二回の旅行の用意に、河馬の牙やその他の獣の牙を集めることにとりかかった。

鳥の「収穫」　河馬の襲撃

私達は、七月三一日にリボンタの親切な友達に別れた。チトラネの村で一群のリンコロロ（Anastomus lamalligerus）の雛を捕えた。この鳥は体が黒くて、脚は長く、群居する習性をもっている。鳥より少し大きく、貝（Ampullaria）を餌とし、芦間に卵を産む。この鳥が群がり集まるいくつかの場所は、くる年もくる年も変らないところからよく知られていて、酋長達の所有ということになっている。これらの酋長達は、毎年ある特定の時に、雛鳥の大部分を捕え集める。このようにして雛鳥を捕えることを「収穫」と呼んでいるが、私達がこの収穫によって得た雛鳥をおくられたのを数えて見たら、まだ飛ぶことのできない雛鳥が一七五羽いた。もっとはやく捕えたのだったら、この倍の雛鳥を捕えることができたろう。年老いた鳥はやせて骨張っているが、雛ははなはだ肥っていて、その焼いたものはバロツェ谷の珍味の一つとして珍重されている。このような贈物をもらった時には、その贈物で友人達にご馳走するのが慣習になっている。私達は、そんな時いつもさらに一頭の牛を屠殺してみんなにご馳走した。

チトラネの村は、バロツェ谷の他の村々のごとく洪水の水面より高いところにあったが、昨年はかつてないほど谷全体が水に浸されたのだった。水がひく時にはいつも病気が流行するが、多くの人達が病気になやんでいて、私に薬をもらいにくる人が多かった。この村には、本当の印度バンヤン樹が一本あって、枝から出る気根でかなり遠くまで枝をひろげていた。そんなわけで、この木は「脚のある木」と呼ばれていた。不思議なことに、この科の木は自分達の近くから災を遠ざけてくれるというので、人々からあがめられている。

私達は、八月一三日にナリエリを去った。河を下って行くと、一頭の雌河馬が額でカヌーを打ち、カヌーの半分をすっかり水の上にもちあげてしまった。カヌーはほとんど顚覆《てんぷく》しそうになり、マシャウアナは水の中に投げられてしまった。残りの者達は、わずか一〇メートル離れたところにある河岸に泳いで行った。振り返って見ると、河馬は少し離れたところに顔を出していて、多く損害を与えることができたかいなか確かめようとしているかのごとくカヌーの方を見ていた。よく注意して河岸近くを航行している時には、めったにこのようなことがないので、お供の者達は「この河馬は気狂いなのかしら」といった。ところで、この雌河馬は、前日自分の子河馬が槍で突き殺されたことがわかった。一行八人の者達がのりこんでいたカヌーをそのようにもちあげたことから察して、水の中にいる時のこの河馬の力が莫大なものであることを知ることができる。

八月二二日——季節は、もう冬も終りになっていた。河の両岸に並んでいる木々は、芽吹いていて、花を咲かせはじめていた。古い簇葉はまことに輝やかしいオレンジ色をしていて、私は黄色い花の群に間違えたくらいだった。木々の葉は、黄色、紫色、銅色、赤褐色とあらゆる色合いをしていた。真黒なのさえあった。私達はゴンエからセシェケへ河を下って行ったが、前に通った時と同じように、この河が堂々としているところがあるのに心打たれた。

このあたりには、生物の多いのに驚かされた。水が多くなりはじめると、朱鷺が他の多くの水鳥といっしょに五〇羽くらいの群をなして、幾群も河を下ってくる。いくつかの砂洲は、日中ペリカンの群で真白に見え、また他のいくつかは数多くの鴨（Anas histrionica）の群で褐色に見えた。またところどころ、流れの面はかもめ（Procellaria turtur）の群でおおわれていた。両岸の藪の中に歩いて行くと、私達はイギリスの地蜂の巣のような形をした巣を木の枝につるしさげているすずめばちにしばしばさされた。繁殖期にある時のこの蜂は、まことに兇暴で、その巣の近くを通りすぎる者があると、二、三〇メートルも後をおってくる。この蜂にさされた時の感じは、何よりも強力な電気をかけられた時ににている。ちょっとの間、感覚を失わさせられるが、その次にはげしい痛みがおそってくる。ナメタとセクホシの間には、ツェツェ蠅が多くいて、私達はこの蠅を餌にする虫を見た。この虫は体長約二・五センチ、長い肢をもち、物すごい形をしているが、たいへんな兇暴ぶりでツェツェ蠅やその他の蠅におそいかかり、血を吸ってその屍骸を捨ててしまう。

私達はセシェケに到着するずっと前に、マテベレ人の一行が、モファット氏から私へ送られた荷物の幾包みかを、ヴィクトリヤ瀑布の近くの河の南岸にもってきていることを知らされていた。私に包みを送りとどけるというのは一つのわるだくみなのであって、魔力のある薬を自分達の手にもたせようとしているのだと、マコロロ人達は考えた。それで、南岸のマテベレ人達が、北岸のマコロロ人達に、モファットが「ナケ」に送った荷物をカヌーに乗ってとりにくるようにというと、マコロロ人達は「帰っておくれ。よくわかっているはずなんだ。北の方へ行ってしまったあの方が、モファットに荷物をここへ送るようにいいやるはずがないんだ」と答えていった。マテベレ人達は

「ここへ荷物をおいて行くからな、私達はお前さん達の前に荷物をおいて行くんだよ。なくなっても、罪はお前さん達にあるんだからね」と答えた。マテベレ人達が帰って行くと、マコロロ人達は恐れおののきながら荷物を丁寧に河の中央にある島にはこび、小屋をつくってそれらの荷物に雨風があたらないようにしておいた。私はそれから一年すぎた一八五五年の九月に、それらの荷物が何事もなくおかれているのを見た。それらの荷物にそえてあった手紙によって知った事柄はあまり時がたっていたので、大して心ひかれなかったが、モファット夫人から送られたおいしい食物も入っていた。

セシェケでリンヤンテに残しておいた馬が届けられるまで二、三日待ってから、その町の中へ入ってみると、荷物もその他の品物も、一切私達が一八五三年九月に残して行ったままになっていた。ここでも、私達の報告を聞き、ロアンダの総督や商人達からおくられた品物を分けてもらうために、盛大な会合が催され、すべての人々が集まってきた。そこで、私はお供の者達から自分達が見てきた真相を伝えてもらうことにした。彼らが見てきた事柄について残るくまなく伝えられ、物語が最高潮に達した時彼らがいつもいうことは、自分達は世界のはてまで行ってきたのであって、もう陸地がなくなったところまで行ってきたのであるということだった。すると、一人の口達者な老紳士がたずねていった。――「それじゃマ・ロバート（リヴィングストン夫人）のところへ行ってきたのでしたか」彼女は世界の少し向こうにいるのだと、彼らはいわざるを得なかった。

西の方へ車道をひらくことは不可能であることがわかると、東海岸のどの方向に向かって歩みをすすめたらよいかということが問題となった。いろいろ考えた後、私は、ザンベジ河を下って行くことに、そしてその北岸を行くことにきめた。九月も終りに近かったので、毎日雨に降られるものと思わねばならなかった。雲が集り、風は東から強く吹いていても、暑さははげしかった。マコロ人達は、雨が降って涼しくなるまで待つようにと極力私にすすめた。すぐに出発しようものなら、熱をやんで臥せねばならなくなりそうだったので、私はしばらく待つことにした。第一七緯線と第一八緯線との間の土地は、いわば乾燥地帯と湿地帯の境になっている問題の地帯なのであって、しばしば両方の特色をおびるのである。風のあたらない荷車のかげではかっても、寒暖計は一日中三七・八度を示していた。これによっても、一〇月の暑さはどんなであるか多少わかってもらえるであろう。風のあたるところでは四七・四度にのぼり、日が暮れると三一・七度に下った。午後一〇時には二六・七度に下り、それから日の出まで次第に二一・一度まで下った。この日の出時は二四時間中もっとも涼しい時である。もっとも暑い間、土人達は小屋の中にばかりいる。小屋の中は日中いつも気持よく涼しいが、夜は蒸暑くて息苦しい。余裕《よゆう》のある人達は、ビール、あるいはボヤロアを飲みながら起きていて、さかんに冗談をいったり、からかったり、あるいは口汚くののしったりしている。夕暮れになると、土人達は踊りをはじめ、月光の下で真夜中すぎまで踊りつづけている。女の人達はたえず手をたたき、年寄達は「実に立派である」といってほめる。土人達は群をなして私をたずねてきた。このことは、私にとって神の道をとくのによい機会だった。

一八五五年一〇月二七日――コロベングで同じような場合いつもそうであるように、この季節の最初の連続的な雨が北東からの風をまじえて夜中に降りはじめた。このようにして雨季がはじまったので、私は出発の用意にとりかかった。スケレトゥの母は、旅行中食べるサンドウィッチというわけで、落花生に塩を少し加えたクリームであげたものを一袋用意してくれた。これは酋長が食べるにふさわしいものとされているものだった。他の者達は、私の畑から収穫したとうもろこしをひいて碾割をつくり、セケレトゥは私のお供になる者達の長としてセクウェブとカンヤタを指名した。セクウェブは数度ザンベジ河の両岸を旅したことがあるので、その地方の方言を話すことができた。彼は早速、ツェツェ蠅がすんでいることと、岩が多いことを理由に、またザンベジ河は例の瀑布の向うで北北東に曲っているというので、河に近づかないようにして歩みをすすめることを私達に進言した。

ザンベジ河下り　ヴィクトリヤ瀑布／アフリカの湖

一一月三日に、私達はリンヤンテの友人達に別れをつげ、セケレトゥとすべて彼によって食事を給与されている二〇〇人のお供の者達に伴われて出発した。夜リンヤンテとセシェケの間のツェツェ蠅のすんでいるあたりを歩いている時に、私達は恐ろしい雷雨にあった。一〇時頃には真暗になって、馬も人も全く目が見えなくなった。間もなく、木の枝とそっくりな形をしている八本か一〇本の枝となって空にひろがるまことに鮮明な雷光が、ちょっとの間国中を明るくし、そのために一層暗く感じさせられた。馬は体がふるえて、鼻をならし、あるいは驚いてはねた。雷光がかがやくごとに、私達は別々の方向に進みつつあることがわかり、笑ったり、つまずきあったりした。雷鳴は熱帯特有のすばらしく音高いもので、インドで聞くのよりも音高いように思われた。雷鳴についで降る篠突く雨は、私達をすっかり困惑させてしまった。日中猛烈な暑さに苦しんでいたのが、夜には寒さのために苦しまねばならず、旅行者達が燃しておいた火に寄って行かねばならなかった。この道は首都に往復する人が絶えないのである。私は衣類を前衛隊にもたせてやったので、惨めな夜をすごさねばならぬものと覚悟して地面に横たわったが、セケレトゥは親切にも毛布をかしてくれた。自分は何もかけないで寝ていた。私達は一三日にセシェケを去り、ある者達はチョベ河が流れ注いでいるところまで舟で下り、他の者達は河岸に沿うて牛を追いながら歩みをすすめた。チョベ河が流れ注いでいるところにあるムパリアという島で一夜を明かした。河のこのあたりは、河幅もひろくそして深い。島が二つあって、どの島も、岸から見ると向こう岸につづいているように見える。これらの島にはもとバトカ人が住んでいて、さまよい歩いてくる種族達を誘って餓死させたといい伝えられている。

約一六キロ下って行った私達は、そこからナンペネの島に到着し、翌晩はチョンド島の対岸に寝て、やがてセコテの島に到着した。そこから急流になっていて、私達はカヌーをすてて河岸を歩いて行かねばならなかった。この島はカライ島と呼ばれ、岩石重畳たる岸と深い水に囲まれていて、中にかなり大きな町があるくらい大きい。島の北側にたくさんの人間の髑髏《どくろ》を棒の上にのせて飾ってある長老セコテのコトラがあった。コトラの一方の側には、河馬の頭蓋骨《ずがいこつ》がうず高く積まれていて、その牙は誰も手をふれる者はなく、時がたつにつれて朽つるがままにされていた。側近く五、六本の木が生えている下に、七〇本の大きな象の牙を、その尖っている先を内側に傾けさせて立て並べてつくった、飾りのための垣根に囲まれたセコテの墓がある。さらに、三〇本の牙がセコテの身内の者達の墓の上におかれていた。大部分の牙は風雨にさらされて朽ちかかっていたが、口蔭にある二、三本はかなりよくなっていた。私はこれまでそんな大きな河馬の牙を見たことがなかったので、見本にもち帰りたかったが、お供の者達が、そんなことをするのは聖物を盗むものであるとして、今後何か不都合な出来事が起こる時、そのせいにしまいかと心配だった。セコテはここに薬の入っている壺を埋めていて、それを開くとこの国に流行病がはやるようになるだろうと、バトカ人達は信じている。これらの暴君達は家来達の恐怖心を多く利用して事を行なっていたのである。

私達はこの地点から北東に道を転ずるつもりだったので、私は次の日にザンベジ河の有名な瀑布をたずねることにきめた。私達はこの国にきて以来、この瀑布についてしばしば聞いていた。実際、セビチュアネからたずねられたことの一つは「あなたの国に、音を立てる煙がありますか」ということだった。マコロロ人達は、十分側近くまで行ってこの瀑布をしらべたことがなく、ただ恐れかしこみながら遠くから見ているだけであるが、その水煙と騒音については、「モシ　オア　トゥンヤ」（あすこで煙が音を立てている）といっている。そんなわけで、彼らは、この瀑布にモシオトゥンヤという名前をつけている。前には、ショングウェという名で呼ばれていたのだった。「沸きかえっている大釜」という意味らしかったが、私もはっきりしたことはわからなかった。オスウェル氏と私は、この国の中心のあたりのザンベジ河をたずねたまさに最初のヨーロッパ人だったというので、マコロロ人のごとくに自分勝手に、「ヴィクトリヤ瀑布」という名前をこの瀑布につけることにした。この国のいずこであろうと、私がイギリスの名前をつけたのはただこれだけである。

セケレトゥも私達にお供するつもりだったが、二艘注文したカヌーが一艘しかこなかったので、彼はその一艘のカヌーを私にゆずった。カライから二〇分ばかりカヌーを漕いで行った私達は、八キロか九・五キロ離れたところに、水煙が幾本も柱となって立ちのぼっているのが見えるところへきた。水煙の柱は五本あって、もとの方は薄黒く見える木のよく茂った丘を背景にしてはっきり白く見え、頂は雲と交わり、上に行くにつれて薄黒くなっていて、そっくり煙のように見えた。全体の光景はまことに美わしく、両岸と河のあちこちに浮んでいる島々は、あらゆる色合いと形の木々でおおわれ、私達がおとずれた時には、数本の木に爛漫と花が咲き乱れていた。一本の節くれだったバオバブ樹がそれらの木々の上に高くそびえていて、その巨大な枝々はどれも大きな木の幹位大きかった。このバオバブ樹の側には、やさしい形をした棕櫚が群り生えていて、羽のような葉を空高くそびえさせ、その異国風な眺めは、私に遠く家郷を離れていることを思い起こさせた。瀑布の三方は高さ九〇メートルか一二〇メートルほどの山の嶺に囲まれているが、それらの嶺は木でおおわれ、木の間のところどころに赤い土肌を見せている。

瀑布から約八〇〇メートルほどのところまで行った時、私はこのあたりの急流についてよく知っている土人達が乗りこんでいたもっと軽いカヌーに乗り移った。それらの土人達は、つき出ている岩角によってできる渦巻や水の静かな淵を利用して、河の中流に、そして瀑布の落ち口の縁にある島の上に私を連れて行ってくれた。そこまでカヌーを進めるのは、島の両側を勢よく流れている急流にさらわれてしまうので危険なことだった。この時は河水が少なかったからよかったが、河水の多い時には、そこまで行けなかったろう。瀑布は私達が最初上陸した島の端から数メートルのところにあったが、大量の水はどこへ流れ落ちて行くのか確かめることができなかった。大地の中に消え失せて行くかのように、わずか幅二五メートルの横にのびている裂目の中に消え失せて行った。私はおそるおそる島の端まで這って行って、広いザンベジ河の岸と岸との間にできた一つの大きな裂目をのぞいて見た。そして、幅九〇〇メートルの水流が三〇メートル流れ落ちて、突然幅一三メートルか一八メートルの水流に圧縮されるのを確かめることができた。この瀑布は、一つの硬い玄武岩にザンベジ河の右岸から左岸にできた亀裂《きれつ》のためにできたものにすぎなく、さらにその水流はいくつかの小山の間を通って、左岸から五、六〇キロの遠くまで流れつづけている。丁度それは、ロンドンのあたりを流れている時のテムズ河が、流れと直角に走っている裂目の中に（別の言葉でいえばトンネルの方向に）流れ落ちて、その幅わずか三〇メートルしかない黒玄武岩の峻しい岸の間を泡立ち吠えながら五〇キロも同じ方向へ流れて行くようなものである。島の右側から裂目の中を見下ろす時、白い密雲の外は何も見えなく、私達がこの地をたずねた時には、密雲の上に明るい色をした虹が二つかかっていた。この密雲から、湯気とそっくりな水煙が大きな噴水のように七、八〇メートルも高く立ちのぼっていて、それが凝結して薄黒い煙のようになり、絶え間なく驟雨を降らせ、たちまち私達の肌を濡らした。島の左側で、水煙の柱の一本を立てている一塊の大量の水がなんらさえぎるものもなくおどり落ち、はるか下の滝壺まで羊毛を積み重ねたように一様に真白くつづいているのをよく見ることができた。

三人のバトカ族の酋長達は、この瀑布の近くで、一度は私達が上陸した島の上であるが、三度神々《バリモ》に祈りと犠牲を捧げた。かれらは祈りと犠牲を捧げる場所として、三度とも瀑布のとどろく音が聞こえ、虹の見えるところを選んだ。酋長達はこのような眺めを畏敬の念を以て見たのにちがいなく、もともとこのあたりの人達はこの河全体について神秘的な考え方をしているので、一層そのような心持にさせられたにちがいない。このあたりの人達の船歌の中に、次のような文句がある。

「レーアンブエ河よ、どなたも知らぬ、
どこから流れて、どこへ流れて行くのやら」

よそでは彼らがただ虹として見る飛沫の上にかかっている七つの色も、ここでは神々の住居と思わせたかもしれない。私とゴンエ河の近くまで行ったマコロロ人のある者達は畏敬の念を以て虹を見ていた。空にかかっている時の虹は「モツェ　オア　バリモ」（神々の乳棒）と呼ばれている。ここでは、彼らは神の表象ともいうべき虹に近づくことができ、それがすべての変化するものの上にただ一つ変ることなく、あたかも至高な存在として君臨している神のごとく、とどろく音を下に聞きながらしっかりと立っているのを見ることができた。しかし、彼らは神の真の性格を知っていないので、善美なるものをほめたたえる心を持っていなかった。

長い時間この美しい眺めを楽しんだ後、私はカライにいるお供の者達のところへ帰ったが、翌日セケレトゥとともに再びその島をたずねてこの島の位置を確かめ、西海岸からもってきた桃とあんずとコーヒーの種を蒔いた。種を蒔く場所ができると、一本の木に自分の頭文字と一八五五年という年号を刻んだ。

一一月二〇日――セケレトゥと多人数の家来達の一行は、私をこんなに遠くまで連れてきた上、牙を海岸へ持参する一一四人の人々を用意してくれたので、私達はマコロロ人達に別れを告げ、北の方レコネ河へと歩みをすすめた。この地方一帯は眺めがまことに美わしく、昔はバトカ人達が多く住んでいて、立派な牛を数多くもっていた。彼らはマコロロ人達にとって代られたが、セビチュアネにひきいられてこの地方をおかしたマコロロ人達は、羊や山羊には目をくれようとしないほど多くの牛を得ることができたのである。

私達が歩いている道は、ヴィクトリヤ瀑布の大きな裂目ができる前にザンベジ河が流れていた、大昔の河床の高い岸に沿うて通じているように思われた。今はその河床の中を、レコネ河が屈曲しながら流れているが、本流とは反対にこの国の中央に向かって流れていることから推して、私達が東に行くにつれて土地が高くなっていることが明らかだった。レコネ河の水面の低いところでも、ザンベジ河のヴィクトリヤ瀑布のあるところより約六〇メートル高く、リンヤンテよりもかなり高いように思われた。したがって、ザンベジ河がヴィクトリヤ瀑布の裂目の中でなく、この大昔の河床の中を流れていた時には、この地と西の方リベベの彼方の山脈との間と、南緯一七度と二一度との間の土地は、一つの広大な淡水湖だった。このような湖のあったことを示している証拠は豊富にある。この地域の全体が多少軟かい凝灰岩でおおわれていて、この大昔の湖底に蟻喰が深い穴をつくっているところはどこにでも、今ヌガミ湖とザンベジ河にすんでいるのと同じ種類の淡水産の貝の貝殻を見出すことができる。バロツェ谷も同じような湖だったのであるし、マシコの彼方にも、オレンジ河の近くにも、同じような湖があったのである。これらの湖の水は、土地が隆起したためにそれらの湖の側面にできた裂目から流れ失せたのである。ヴィクトリヤ瀑布のところにできた裂目は、この大きな谷間に溜った水を流れ去らせ、そのもっとも深いところだけがヌガミ湖として今も少し残っている。バロツェ谷の水は、ゴンエの瀑布のところにできた裂目から流れ失せたのであるし、大昔にあったその他の大きな湖の水も、同じように消え失せてしまったのである。西の方では、コンゴ河とオレンジ河が、狭い裂目を通って内陸に溜っている水を海に流れ出させ、一方東の方では、ヴィクトリヤ瀑布のあるところやタンガンエンカ湖の東にできたような裂目が中央部に溜った水を東の海に流れ失せさせたのである。これまで発見されたアフリカの湖がどれも浅いのは、大昔にあったはるかに大きな湖の一部が残っているのにすぎないからである。さらに、河筋そのものが、もとそのあたりは湖であったことを示している。それらの河は、人工で排水した水溜りの泥の中に残る溝にはなはだ似ているからである。

二四日――モヤラの村で、私達はレコネ河が流れている谷を去った。この谷は東の方にのびているのに、私達はもっと北東の方へ歩みをすすめることになっていたからである。このあたりはでこぼこしていて岩が多く、土は赤い色をした砂だったが、野生の果物がいっぱいなっている緑の木々でおおわれていた。モヤラの父は有名な酋長だったが、息子はあれ果てた町に四、五人の妻とわずかの家来達を従えて住んでいた。今は小さな村のようになっている彼の町で、私は杭につるし下げてある五四の髑髏を見た。これらの髑髏は、病と飢えで苦しんでいるところをモヤラの父に征服されたマタベレ人達のものだった。私はそれらの髑髏を見て、それらの多くは子供のものだが、どうして子供を殺したのかとたずねると、「自分達の兇暴振りを示して見せるためなのです」と彼は答えた。私は別のバトカ人から、この地をたずねて無事に帰ってくる人はめったにないのであると知らされた。

私達は、二五日にモヤラのところを去り、翌日はナミランガに到着した。このあたりは、今でこそ物さびしく静かであるが、以前はもっと人間が多く住んでいた。この村の年老いた村長のいうには、自分の父は自分が子供の時白人の商人達が住んでいるバンバラ（きっとズンボにすぐ近いダンバリのことだろうが）に行き、自分が一〇歳ばかりになった時に帰ってきたが、再びその地に行き、息子の歯をたたきへこます年頃になって帰ってきたという。バンバラをたずねる人達は、この土地よりもそちらの方がよくなって、居ついてしまうのであるともいう。

すべてバトカ族の人達は、年頃になると上歯の前歯をたたきへこます昔ながらの風習を守っている。この事は男女とも行なう。こんなことをしても、下唇が不体裁に突き出るだけなのに、若い娘達はいくら上歯をたたきへこましても足りなく、ついに上歯の門歯をなくしてしまう。バトカ人達は、こんなことをするために、へんに年寄りじみた顔の人に見え、笑っても物すごい顔付きになるだけである。バトカ人達は、この風習が大好きで、セビチュアネさえこの風習を止めさせることができなかった。自分の支配下にある子供に、親達からそのようなことをされる者が一人としてあってはならないと命令しても、門歯のない子供達が相変らず道を歩いているのを見、誰一人として子供の門歯をたたき折ったことを白状するものがなかった。そのようなことをするただ一つの理由は、牛のような顔付きになりたく、縞馬のような顔付きにはなりたくないからだとのことだった。これが果たして本当かどうか決定するのはむずかしいことだが、多くの種族にゆきわたっている牛をあがめるという風習が、バクウェン人の間におけるがごとく縞馬を嫌悪する心持と結び合っていることと、また歯をたたきへこますことが、他の種族が割礼を行なうのと同じ年頃に行なわれるということは、注意をひかれる事柄である。この風習はすっかり一般的になっていて、上歯の門歯をもっているものはむしろ醜いとされている。バトカ人は、時おり私の鏡をかりて見る時、上歯の門歯をもっている少年少女を軽蔑して「あの大きな歯をごらんなさい」といった。

ザンベジ河畔のバトカ人達は一般にはなはだ黒い肌色をしているが、高地地方に住んでいる者達はしばしばより薄い肌色をしている。これらの者達はまことに堕落しているように見え、体も心もよりよくなる風もなく、一方ムトクワネ（Cannabis sativa）を煙草のようにして吸うことにふけっている。この有害な雑草は強力な麻酔力をもっていて、狂気にさえさせる。このものは内陸に住むすべての種族によって広く用いられている。彼らは水を一口含んで、それを煙といっしょに吹き出すといったような不快なことをし、次に普通自分をほめたたえるわけのわからないひと続きの文句をいう。これを吸うと、あるものには何もかも望遠鏡をとおして見るように見え、またある者にはすばらしく大きく見え、藁をまたぐにも丸太をまたぐように足を高く上げる。

一一月二六日――ツェツェ蠅が恐ろしくて牛は夜だけしか歩けないので、私は日中歩いて行き、お供の者のある者達が夜あとから牛をひいてきた。私達はもう老人であるマリンバの支配下にある村のあるところまで来て、レコネ河のごとく西に流れて、急流が始まる少し上でザンベジ河に流れ入っているウングェシ川という小川を横切った。このあたりにはかなりよく木が茂っているが、ひろびろとした草原が多く、その草も高所に登って行くにつれて短く、バロツェ谷のからみ合っている牧草とは全く様子が変っていた。

西海岸に下って行った時見たのと同じ木々が生えているのは、注意をひかれることだった。ロアンダによく茂っている梧桐《あおぎり》科の一種が多く、バオバブ樹も茂っていた。タラ・ムンゴンゴの近くで発見したモシュカと呼ばれている木も多かった。これは形が小さな林檎に似ていて、味は梨に似ている実をならせる。道々枝もたわわになっていて、お供の者達は幾日もほとんどこればかり食べていた。この木は五、六メートルも高く伸び、人間の掌ほどもあるかたい光沢のある葉をつける。大きさは胡桃《くるみ》ほどあって角質の果皮が五つにさけているマネコという珍しい木の実を幾籠も得ることができた。これは砂糖のように甘くて粘々している綺麗な果肉を、果皮の中にもっている。モツォウリとマモショも多量に得ることができた。バトカ人達は、四角い大きな莢の中に入っているヌユと呼ばれる豆や、馬銭子《まちん》とモツィンツェラの果肉を食べていた。アカシヤとモパネ（Bauhinia）が、オーストラリヤのユーカリ樹のように葉をたたんで、なるべく葉の表を太陽の光にあてないようにしているのを見た。この近くには棕櫚が多いが、一本も油をとることができるものはなかった。地面には数多くの草花が咲き乱れ、数多くの球根が若芽を出していた。このあたりは乾ききっているはずなのに、多くの木々が緑の若葉をつけているので、そのように見えなかった。中でも、モラは、褐色がかった濃い緑色をした葉をいっぱいつけている枝を、かしわのようにひろげていた。

黒蟻の群　左官虫／白蟻／虫の鳴声／水牛鳥／土人の挨拶

一一月二七日――私達は引きつづきマリンバのところに滞在していた。このあたりは地表に凹凸が多く、幾つかの溝ができていて、はるか彼方には、北のカンジェレや東のカオンカなどのような小山がつづいているのが見えた。森林の方へ歩いて行った私は、遠征から帰ってくる黒い兵隊蟻の大群を幾群も見た。私は、これらの蟻を、この国の別の場所でしばしば見ていたし、コロベングでこれらの蟻の習性を観察する機会を得ているので、これについて少しく説明することにしよう。この蟻は、黒いといっても、少しく灰色がかった色をしていて、体長は約一センチ半ある。三、四匹ずつ並んで歩いている。邪魔をされると、はっきり聞こえるシュシュというような、あるいはチュチュというような音をたてる。何も運ばないで先頭を行く二、三匹の先導者達のあとについて他の蟻達はすすむのであるが、それらの先導者達が道に残して行く芳香に導かれて行くらしい。というのは、いつか何気なく水を少しばかり地面に投げすてたら、そこはちょっと前蟻の群が通りすぎたところだったので、帰ってきた蟻の群は全く道を失い、半時間ばかり道をさがしまわっていたが、その中の一匹が湿っている場所の端を遠くまわって行って、ようやく道を見つけることができたからである。家に帰って行くにも、外へ出て行くにも、これらの蟻が歩いている道に一握りの土をおく時、後方の者達は、おかれた土の厚さが一センチにも達しない場合でも、決してその上を横切って行こうとしない。必ず廻り道をして自分達の仲間が歩いて行った道に出る。彼らの巣へ、あるいは掠奪を行なっていた場所へ、引き返して行くことを決して思いつこうとしない。一五分ばかり混乱状態におちいり、シュシュと音をたてているが、最後に一匹が廻り道をして行くと、ほかの者達もそのあとについて行く。この黒蟻達が白蟻の住居に近づくと、白蟻達が大混乱を演じながら歩きまわっているのを見る。先導者となる蟻は他の蟻にくらべて体がはなはだ大きく、とくに針のある部分が大きいが、白蟻に出会うとつぎつぎとらえて針を刺し、殺さないが、無感覚状態におちいらせる。先導者である蟻がそれらの白蟻を側の方に投げ捨てると、あとにつづく蟻達がそれを運んで行く。この黒蟻の住居の入口をしらべて見るならば、黒蟻達が喰い残した白蟻のかたい頭と肢が積まれているのを見出すであろう。白蟻はまことに多産なので、この黒蟻がいなかったらたちまち白蟻がこの国に氾濫してしまうであろう。この種の蟻が刺す時に出す液は、まことにすっぱい味をもっている。

ある種の虫が刺す時、麻酔力をもっている液を出すのを私はしばしば見ている。膜翅類《まくし》の一種である「左官虫」(Pelopæus eckloni) の場合とくにいちじるしい、この虫の習性は石工蜂の習性に多少似ている。体長は約三センチぐらいあって、真黒な色をしている。豆粒大の軟かい塗土を前肢でもって、家の中に入ってくるのを見るであろう。適当な場所を選ぶと、自分の体長と同じくらいの大きさの部屋をつくり、その内部に全く薄い壁をなめらかにぬる。壁をぬり終えると、この虫が針を刺した時注入した毒液で感覚を失わさせられている七、八匹の芋虫あるいは蜘蛛をもってきて、自分が産んだ幼虫の一匹といっしょにこの部屋の中に入れておく。幼虫は成長した時、自分のために新鮮な食物が用意されているのを見出すのである。それらの虫は昏睡状態にあるだけでまだ死んではいないので、腐敗したり乾からびたりすることがない。幼虫が一人前になり、翅が完全に発達する頃には、食物は尽き果ててしまうが、部屋の壁の親虫が最後にふさいだところを破って、自分で生活しはじめる。この左官虫はまことに有用な虫である。芋虫や蜘蛛があまりに増えるのを防いでくれるからである。私が思うに、これらの虫の出す毒液は、どの場合も麻酔薬の働きをするばかりでなく、防腐剤の役目を果たすためのものであって、この虫に刺された虫は何ら苦しむことなく死んでゆく。

猛悪な赤蟻が動物の屍骸を地下に埋めるように、白蟻は腐れかかった植物をすみやかに地下に埋めて、自然界の配剤において重要な役割を演じている。一般に、白蟻は他から見られることを避け、夜のうちにつくった歩廊の下で働いていて、鳥に見つけられぬようにする。私はどんなことをするのか確かめることができなかったが、何か合図があると白蟻達は幾百匹も群をなして外に出てくる。大顎で草を短く嚙み切る音は、そよ風が木々の葉の間を吹いている時のささやくような音に似ている。蟻達は嚙み切った草切れを住居の戸口のところに運んで行く。そのような作業を何時間もつづけていた後、やがて作業を中止するが、多くの草切れを住居の入口のところに集めたままにしておく。おそらくその後一カ月ぐらいの間姿を見せないであろうが、蟻達は決して怠けているのではない。いつか私は、全く平らなそして何一つ植物の生えていないところに、大きな草束で寝床をつくったことがあった。すると蟻達は、結構な草があるといって早速布告《ふれ》をまわした。私は、蟻達が一晩中休む暇もなく、草をかみ切って運んでいる音をきいた。彼らは翌日も夜昼疲れることなくそれをつづけていた。三六時間つづけても少しも疲れた様子がなかった。

場合によっては、一日いただけで蒲団の下の草を食い尽くされ、さらに草を加えなかったら、蒲団まで食われてしまうであろう。幾百匹もの白蟻達が大きな地下道をつくる作業をしていると、何か合図があって、皆いっしょに三、四回塗土を力強くうって塗土を平らにする。すると、藪をゆすぶった時にぱらぱら落ちる雨のような音がする。肥沃な土地をつくってくれるのは主としてこれらの蟻なのであり、これらの蟻の骨折りがなかったら、倒木が多くて今でも行けない熱帯の森林が何千倍も行けなくなるであろう。地表に枯れた草木がうず高く積っていて、今のように地下に埋もれないで残っている比較的わずかな部分が発散させているよりも、一層多く悪い臭いを放つようになり、それらの森林の中を通ることができなくなるであろう。万有を通じて行なわれている驚嘆すべき適応と、そのような智慧《ちえ》と巧妙さを以て行なわれている多種多様な営みを見る時、被造物主の考えていることがまことに不器用なものに思われるのである。

一一月二八日――私達はカオンカの村をたずね、さらにゆるやかに起伏している眺めの美しい土地へ入って行った。このあたりには人間が少ないので、猟獣はまことに多かった。私達はかもしか、大かもしか、牛かもしか、象などが遠くにいるのを見た。何もさわがすものがないので、すべておとなしかった。他の大きな猟獣のすんでいるところにはいつもすんでいるライオンもいて、月光を浴びながら私達の近くで咆えていた。その一匹は、まだ明るいうちから私に咆えはじめた。

気持のよい驟雨の降った後に聞く耳をつんざくような蟬《せみ》の鳴声は、一切他の物音を聞こえなくさせる。鳶色のこおろぎも、自分の上をおおっている地面をふるわせているかと思われるような、そしてスコットランドの風笛の音のように抑揚のない鋭い鳴声で、蟬といっしょに鳴く。蟬、こおろぎ、蛙がいっしょになって鳴く時には、四〇〇メートル離れたところからでもその鳴声を聞くことができるであろう。

三〇日に、私達はカロモ河を横切った。私達はカロモ河畔で牙のない象に出会った。セイロン島で牙のある象を見るのが珍しいように、アフリカでは牙のない象を見るのは珍しい。このあたりには水牛が多く、日中いたるところで大群をなして草を食べているのを見た。あまり騒がれると、森の多く木の茂っているところに退き、夜だけ草を食べに出てくる。私達は水牛が群をなしているところに近づいて行って、一頭の体の大きい見事な雄牛を得ることができた。鉄砲を放つと、その雄牛は倒れたが、残りの牛達は自分達の敵の方を見ないで、どこに危険がひそんでいるのだろうといぶかりながら周囲を見廻していた。大概の野獣は、傷ついた友をむさぼり食って、自分達の群からほうむりさってしまう。縞馬でさえ、死んだ友を嚙んだり、けったりする。このような本能は、完全で健康なものでなければ種の繁殖に参加してはならないということを意味している。今度の場合も、残りの水牛達は傷ついた友をいつものようにむさぼり食うところだったが、丁度その時私達が姿をあらわしたので逃げて行った。お供の者達は、水牛が傷ついた友をむさぼり食うのは、兄弟のような愛情から屍骸を片づけるのであると思わせられていた。水牛の群は私達の野営地の方へ走って行き、やがてひきかえしてきて、私達の側をとぶように走って行った。私達は大きな蟻塚の上に彼らをさけた。私は彼らが全速力で走りすぎた時、先頭を行く一頭の年老いた雌牛が、その首のあたりに約二〇羽の水牛鳥（Textor erythrorhynchus Smith）をとまらせているのを見た。この奇妙な鳥は、水牛にとって守護神の役を果たしてくれる。水牛が静かに草を食べている時、この鳥は食物をついばみながら地面をはね歩いているのを、あるいはまた水牛の背中で水牛の皮膚にたかっている虫を追い払っているのを見るであろう。危険が近づくと、この鳥は水牛より眼がはやいので、いちはやくそれに気付いて飛びたってしまう。すると、水牛は直ちに頭をもたげて、自分の守護神が飛びたった原因を発見する。時には、自分の翼で飛んで水牛について行く時もあるが、さもない時は、前にも述べたように水牛にとまってついて行く。博物学者は Buphaga Africana と呼んでいるが、ベチュアナ人達は「カラ」と呼んでいる鳥も同じような目的で犀について歩く。犀のかたくて毛のない皮膚は、少数の斑点のあるだにのほかはあらゆる虫を防ぐことができるので、この鳥が犀についてまわるのは、犀にたかる虫を追い払うためばかりとはいえないであろう。多少番犬のような役を果たすためについて歩くのらしい。水牛は自分の番人が突然飛びたつので危険を知るが、犀は耳がはやいのでこの鳥の叫声で危険を知る。犀は夜物を食べに行くので、その番兵の役を果たしてくれるこの鳥が、朝巨大な体をしているその相棒を求めて、誰もよく知っている声で鳴いているのをしばしば聞くであろう。この種の鳥の一種は、肌から虫をはなしとることに使用させようとするかのように鉗子状《かんしじょう》の特有の嘴をもち、また針のごとく鋭い鉤爪《かぎづめ》をもっていて、獣の耳の中で有用な奉仕をしている間中、動物の耳につりさがっていることができる。しかし、今述べた鳥は両者とも、彼らがついてまわる獣にたかっている虫を食べるのではない。というのは、兇暴な獣も、またおとなしい獣もすんでいないところに生えている芦に、これらの鳥が群をなしてとまっているのを、私達は見たからである。

「先導者となっている獣」は、通例一群の獣の中でもっとも用心深い。野獣達は、自分達の群に属するものであろうと、あるいは他のいかなる獣であろうと、逃げて行く獣があるのを見ると、きまって自分達も逃げる。したがってもっとも臆病な獣が、他の獣達を導いて逃げるようになる。ことに出産期にある雌は、とくに用心深く、この期に獣群の先頭者となっているのはすべて雌である。

一八五五年一二月二日――私達はマウンドと呼ばれている小さな丘の近くにとどまっていたが、報蜜鳥がしばしば私達のいるところへ飛んできた。この鳥は嘘つきで、時おり野獣のところへ連れて行くと土地の人達がいうので、私はお供の者達に聞いてみたら、一一四人の中ただ一人の者が蜂の巣へでなく象のところへ連れて行かれたことがあったとのことだった。

三日に私達は、モズマ河、あるいはジラの河を横切り、牧場のごとくゆるやかに起伏しているところをすぎて行った。約五〇キロもつづいているひろびろとした眺めは、森林の中ばかり歩いていた私達の気分を特別さわやかにしてくれた。モズマ河は、私達が東海岸に傾斜している斜面の上にいることを示してくれた最初の水流だった。今や私達は、マコロロ人達が反逆者と見なしている人達の近くにあったので、どんなにして迎えられるのかと多少不安だった。四日にはこれらの人達の最初の村にきた。私達は四〇〇メートル手前に足をとどめて、二人のお供の者達をつかわし、私達は何者であるかを知らせ、私達の旅をしている目的はおだやかなものであることを説明した。村長がたずねてきて、鄭重に話された。ところで、夕暮れたずねてきたもう一つの村の者達の態度はすっかり異なっていた。まず、彼らは、水を汲みに行った若者を槍で刺そうとした。やがて、この者達は私達に近づいてきて、その一人は声の限り怒号しながら物すごい態度で前にすすみ出た。両眼はつき出ていて、唇は泡でおおわれ、五体の筋肉はすべてふるえていた。私の側へ寄ってきて、小さな戦斧をふりまわした。お供の者達はびっくりさせられた。しかし、彼らは私の命令にそむいて彼の頭をうとうともしなかった。私も多少驚かされたが、そのような風を見せないで、戦斧をにらみつづけていた。私は自分の勇ましさを十分見せてから、親切な村長に手招きしてこの男を連れ去ってもらうことにした。第二回目にやってきたこの連中は、私達は少人数なのを見て、遠慮もなく悪口をいい、勝ちほこりながらお互いいい合っていた。「こいつらは、全く神の贈物なんだ」「こいつらは、道に迷って、種族達の間をさまよい歩いているんだ」「こいつらは、殺されようとして、さまよってきたんだ。こんな大勢の者達が、盾も持っていないでどうするんだ」その夜私達は前の時と同じ数（五梃）の鉄砲を放ち、再び装塡《そうてん》して敵が襲ってくるのに備えていたが、襲撃されなかった。何事もなくこの地を出発することができた私達は、その夜チザンメナと呼ばれている小山がいくつも低くつづいている下にある小さな村の側に宿泊した。このあたりは、私達がすぎてきた高地より樹木が多かったが、中くらいの大きさのものだけで、たいてい頂の若芽を食べる象に地上四、五〇センチのところから折られていて、それから上の方は刈りとられたように見えた。象はこのように木を折り倒すが、木の数をたいして少なくしない。象は主として球根、塊茎、根、枝等を食べる。決して草を食べないものと内陸の土人達は信じている。このあたりは蟻塚が多く、樹木のないひろびろとした場所では、これらの蟻塚が乾草堆のようにあちこちに散らばっている。一方森の中にあるものは、底面の直径が約一四、五メートルもあり、高さは少なくとも六メートルあった。

マコロロ人の敵であると自ら考えている人達のいる地方の外郭になっている村々をすぎて行くと、バトカ人達、あるいは自分達が呼んでいる名前に従えばバトンガ人達は、私達にまことに親切だった。女の人達はバロンダ人より身装《みなり》がよいが、男の人達は少しも恥じることなく真裸で歩いていた。「無花果《いちじく》の葉でかくす」伝統さえ失っていた。先にすすめばすすむほど人間が多く、数多くの人達が白人という珍しいものを見にきて、とうもろこしとマスカを私達におくった。この人達の挨拶の仕方はまことに奇抜である。地面に仰向けに寝て、体を左右にころがらせ、股をたたき「キナ　ボンバ」という。そんなことをされるのは、私にとってまことに不快だったので、私は「よしなさい。よしなさい。私はそんなことをしてもらいたくないんだ」といった。ところで、この人達は、私が不満に思っているものと考えて、一層体をころがし、一層力を入れて股をたたいた。

私達は一二月一〇日の日曜日を、私達が出会ったすべてのバトカ人の酋長とされているモンゼ酋長の村で送った。彼はキセキセという小山の近くに住んでいた。あまり樹木がなく、一面丈の低い草でおおわれている平原が、少なくもはるか五〇キロの遠くまで起伏しながらつづいているのを、そこから眺めることができた。バトカ人達は、この広い土地の至る所に小さな村をつくって住んでいるが、万一敵に襲われる時、お互い通報しあうことができるように、こうしてちらばって住んでいるのだといわれている。

モンゼ酋長は、日曜日の朝、大きな布に身を包んで私達をたずねてきて、ほこりの中に身をころがし「キナ　ボンバ」と叫んだ。妻の一人もいっしょだったが、白人をはじめて見て、はなはだ興奮していた。小さな戦斧をもっていて、夫をたすけて自分も挨拶の言葉を叫んだ。つぎつぎ村々の村長達が、めいめいとうもろこし、落花生、穀類をもって私達をたずねてきた。モンゼ酋長も、一頭の山羊と一羽の鶏を私達におくった。

バシュクロンポ人風をまねて髪を結っている一行の人達もたずねてきた。直径二〇センチか、あるいはそれ以上もある輪になって頭をおおうている毛髪は、高さ二〇センチから二五センチある円錐形に編まれ、ある者達はそれを少しく前方に曲げているが、ヘルメット帽子のように見えた。ある人達のは、円錐形の底の直径が一一、二センチにすぎなかった。獣の毛を加えて編むのだそうだが、円錐形の表面は籠のようだった。一行の長である者は、円錐形に編んだ髪の先を尖らせないで、棒状に長く伸ばし、頭の頂からたっぷり一メートルも長く伸びていた。

一二月一二日――朝、北の方からの長雨が降りはじめた。私達はこのような雨の地域で、北からの長雨が降りはじめたのをはじめて見た。しかし、正午頃に雨が晴れ上り、モンゼの妹は二、三キロのところまで道を案内してくれた。森林の中を行く時、私はモクワ　レザ、あるいは「神の養子」(Micropogon sulphuratus?) と呼ばれている鳥の鳴声をはじめてきいた。この鳥は「プラ　プラ」(雨、雨) と鳴き、大雨が降ることを予言すると土人達は思っている。この鳥は郭公《かっこう》かもしれない。白い背中をしているセネガル鳥の卵を払いのけて、その代り自分の卵を産むといわれているからである。このことは、雨を呼ぶ鳴声といっしょになって、この鳥は人気を呼ぶ。一方鳥の方は評判が悪く、晴天がつづくと、天の窓を封じているとされている呪《まじない》をとくためにその巣をこわされる。

象狩り　獣の食物

一四日――私達は体の大きな猟獣が多くすんでいるまことに美しい谷の中へ入って行った。私達は途中で一頭の象を射殺した。お供の者達は、しばらくぶりでたくさんの肉を食えるのをしきりに嬉しがった。翌日お供の者達が象を切りさいていると、近くの村々の人達が大勢ご馳走になりにきた。私はあたりの様子をさぐってみようと、みんながわいわいさわいでいるのから離れて、一人で谷間を歩いて行った。三キロばかり離れている谷間のはずれに一頭の象とその子がいるのを見た。子は泥の中にころがっていて、母象は大きな耳で自分をあおぎながら立っていた。望遠鏡を通して見ると、お供の者達は長い列をつくって親子の象をあざむき捕えようとしていた。私はお供の者達の狩りの仕方をはっきり見極めようと、さらに谷の斜面をのぼって行った。かなり大きな体をしている象は、敵が近づいてくるのを少しも知らないで、約二歳ぐらいの子に乳を与えながら立っていた。やがて、親子の象は、泥水の溜っている水溜りの中に入って行って体に泥をぬり、子の方はいかにも象らしい足どりで母象の周囲ではねまわり、母象の方はいかにも気持よさそうに耳を扇のように動かしたり、尾をふったりしていた。お供の者達は笛を吹きならしはじめた。管をふくか、でなかったら両手をしかと合わせて吹くかするのである。お供の者達は、象の注意をうながすために大声で叫んだ。

おお、酋長よ、酋長よ、私達はあなたを殺しにきたのです。

おお、酋長よ、酋長よ、あなたの他にも多くの人が死ぬでしょう。……

神々様が、そういいました。……

親象も子も耳をひろげて聞いていたが、やがて人々が近づいて行くと、水溜りを去って行った。子の方は谷の端の方に走って行ったが、そこに人々がいるのを見て親象のところに帰ってきた。すると、親象は子を自分の蔭にかくし、安全だといってきかせているかのように、何度も子の上で鼻を左右にふっていた。人々はなお叫んだり、歌ったり、笛を吹いたりしながら、親象の背後と側面から約一〇〇メートルのところまでせまって行った。やむなく象は、一本の小川を横切らねばならなくなった。象が川を渡って向う岸に上る間に、人々は川の縁にたどりついて、約二〇メートル離れたところから槍を投げた。最初に放った槍で、象の側腹《わきばら》は血で赤くなり、自分の命だけは助かろうと逃げて行く象は、子のことなど忘れたかのように思われた。子の方は水の中にかくれたがたちまち殺されてしまった。親象の歩みは次第にのろくなり、最後に憤怒の叫び声をあげて引き返してきて、あばれ狂いながら人々をおそった。人々が側の方に退くと、肩に切れをまとっている男のほかには誰にも近づくことをしないで、人々のいるところを真直ぐに突きぬけて行った。三、四回おそって来たが、最初の時のほかは一〇〇メートル以上は走ってこなかった。象は小川を横切ってからも、しばしば立ちどまり、あらたに槍を受けても、なお人々に抵抗しようとした。このように槍を刺されて血を失ったために死んだ。

私はこのように象がたけり狂いながらおそってくるのを見て、かつて何人も経験したことがなかったような危険に出会ってあやうく助かったのであるが、謙遜な人であるために自分のことは何も発表しようとしない人が出会った危険な出来事を思い起こさせられた。一八五〇年に、私達がゾウガ河の岸辺にいたとき、オスウェル氏が一頭の象を河縁の棘の多いよく茂った藪の中へ追って行った。せまい道をたどって行くと、尾だけちらちら見せていた象が、勢よくオスウェル氏の方に向かって走ってきた。もうそこを通りすぎる時間がないので、オスウェル氏は馬から下りようとしたが、顔を象の方へ仰向けて放り落されてしまった。象の大きな一方の前脚《まえあし》が自分の脚をふもうとしているのを見たオスウェル氏は、両脚をひらき、一方今にも胴体をふもうとしている片方の前脚の重さに抵抗しようとするかのように深く息をすった。しかし、オスウェル氏は、その巨大な獣が自身の上を通りすぎて行くのを見、傷つけられずにすんだ。

私達が最初に殺した象は雄で、まだ一人前になっていなかった。背丈は鬐甲のところで二・五メートルあり、前脚のまわりは一・一メートルあった。今度殺した一人前になっている雌のをはかって見たら、背丈が二・六メートルあって前脚の周りは一・二メートルあった。普通、象の背丈は前脚の周りの二倍あるといわれているが、この例によって見ると必ずしもそうでもないようである。しかし、その後何度かしらべて見ると、一人前になっている象の場合は、大体このことがあてはまるようだった。南の方にいるアフリカ象は、インド象より体が大きいので、すぐ区別できるが、このあたりのはほとんど同じくらいの大きさだった。アフリカ象の雌は、大体インド象の普通の大きさの雄ぐらいある。しかし、特徴のあるアフリカ象の耳を見れば、たとい絵にかいたのを見ても、間違える人がないであろう。今度殺した象の耳をはかって見たら、縦一・三メートルに、横一・二メートルあった。土人の一人がその下に這って行くと、すっかりその下にかくれてしまった。インド象の耳はその三分の一を出ることがない。古代の貨幣に描かれている象の絵は、この重要な特徴がはっきり認められていたことを示している。

南の方にくらべると、この地方は食物が豊富なので、このあたりの獣ははるかに体が大きいのにちがいないと人々は思うかもしれないが、見たところもそうでないし、実際はかつて見てもそうではない。南緯二〇度以北にいる獣は、南緯二〇度以南にいる同じ種類の獣より小さいのである。一般に、家畜の場合も、やっぱり同じように体の大きさの違いを見ることができるが、家畜の場合はすむ場所の影響の差がそのようにはっきりしていない。食物がもっとも豊富な土地にすむ獣がかえって体が小さいということは、少しく注意をひかれることである。熱帯地方の気候は、人間や獣が十分に成長するのに適さないように思われる。体の大きな野獣に必要な食物の量のことばかり考えて、野獣の食べる食物の種類ということに十分注意を払われていない。たとえば、象はまことに贅沢な獣で、モホノノ、ミモザ、その他多量の糖分、粘液、樹脂を含んでいるいろいろの種類の甘い味のする木や果物をとくに好んで食べる。この象が、高い棕櫚の木に頭をあてて、それを前後にゆすぶって木の実をふり落とし、落ちた木の実を一つ一つ拾い食べているのを見るであろう。あるいはまた、マスカその他の果樹の側に立って、忍耐づよく一つ一つ甘い実をもぎとっているのを見るであろう。象がこの地方の草木には大して害を与えないのは、このようなものをえらんで食べるからである。象にとっては、量よりも質の方が大切なのである。

象の谷間を去った私達は、眺めはたいへん美しいが、人間がいたってまばらに住んでいる地方をすぎて行く。ロシト川を横切って行くと、一八日には、セマレンブェの村に到着した。この村はカフェ河の岸辺にあった。カフェ河はこのあたりで河幅が約一八〇メートルあって、河馬がいっぱいすんでいた。子河馬が親河馬の首の上にのっているのを見ることができる。今や私達はリンヤンテと同じ高さのところにあった。

セマレンブェは、私達が到着してから間もなくたずねてきて、私達にたくさんの食物をおくった。彼は頭に見事な縮毛を生やしている体格の立派な者達を四〇人連れていた。この人達は、その見事な縮毛を頭の頂に一つにまとめて先の細くなっている大きな束にゆいあげるか、でなかったら一方の側の髪を小さな紐に編み、もう一方の側の髪はそのまま耳の上にたれ下がらせているので、横っちょに帽子をしゃれてかぶっているような恰好に見える。このあたりの人達は手をたたいて挨拶をする。周囲の村々から、女の人達の一行がつぎつぎ白人を見にきたが、はなはだ恐れているような様子をしていて、話しかけるとますます一生懸命に手をたたいた。

セマレンブェの村を去った私達は、再びザンベジ河に出たかったので、いくつかの小山を越えて、ザンベジ河とカフェ河の合流地点をめがけて歩みをすすめた。真直ぐに行けば短い距離なのだが、途中断崖のように切り立っているいくつかの小山を越えて行かねばならないので、私達はそこを行くのに三日間かかった。それらの小山の外郭になっている山脈の頂に出た時、私達はすばらしい眺めを見た。すぐ下に、カフェ河が木立でおおわれた平原を通って、ザンベジ河との合流地点までうねうねと屈曲しながら流れ、一方背後《うしろ》の方には、ザンベジ河の向こう岸に黒ずんだ色をした小山がいくつもつづいていて、それらの山々の麓のところで、羊毛のような雲が長くつづいて河の上にかかっていた。私達の下、カフェ河の左岸にひろがっている平原には、私がアフリカにきて以来一度も見たことがなかったほど大きな野獣が多くすんでいた。幾百頭もの水牛と縞馬がひろびろとした空地で草を食べ、木々の下では、威風のある象が堂々たる様子をして物を食べていた。野獣の数の多いのには全く驚嘆させられるくらいで、私は太古の大森林の中で大懶獣《だいらいじゅう》が何者にもさわがせられないで物を食べていた光景を思い浮かべることができるような心持がした。この珍しい光景を、そして鉄砲の数が多くなるにつれて消え失せてゆく運命にあるこの光景を、写真におさめておきたかった。このあたりの土人は鉄砲をもっていないので、これらの野獣は鉄砲でいじめられないために、いたっておとなしい。象は私達が二、三メートルのところまで近づいて行っても、私達を見つけないのであるかのように、大きな耳で自分をあおぎながら立っていた。たくさんの赤い毛色をした豚(Potamochœrus) は不思議そうな顔をして一行を見上げていた。

ザンベジ河に近づくにつれて、あたりは葉の広い灌木がかなり密生していて、五、六度ほど象を大声で追い払ってすすまねばならなかった。広場へ出ると一群の水牛が、私達の連れている牛を見に走りよってきて、私は水牛の一頭を射殺して、それらの水牛の群をようやく追い払うことができた。私達があぶない目にあったのは、ただ三頭の子象を連れている雌象におそわれた時だけだった。水禽《みずとり》が多くいることは、ザンベジ河の近くにきたことを知らせた。私達はカフェ河との合流地点から約一三キロ離れたところでザンベジ河に出た。

ザンベジ河のこのあたりの両岸には、小山が起伏してつづいている。山脈がお互い約二七キロ離れたところを河と並行して走っていて、北岸の山々がもっとも岸辺近くまで迫っている。北岸にはバトンガ族が住み、南岸にはバンヤイ族が住んでいる。それらの山々には水牛と象が多くすんでいて、土人は次のような方法で多くの象を殺す。土人は高い木に象が通りすぎるのを見下ろすことができるあたりに足場をつくり、通りすぎる象に、長さが一四、五メートルもあって、人間の手首くらいもある柄のついている、そして、穂先は長さが少なくも五〇センチあって幅は五センチもある大きな槍を突き刺す。象があばれ歩いている間に、槍の柄が木々にぶっつかって前後に動き、次第に内部に傷を大きくして、象を死なせる。また土人は、綱を木の上に懸け、その一方の端を象の通る道に固定してある索輪に結び、もう一方の端には槍をはめこんである横木をつるし下げて象を殺す。象の足が索輪をふむと、横木は落ちて象に槍が刺さり、槍には毒がついているので二、三時間で象は死ぬ。

私達は、毎日雨に降られて、五、六日同じところに滞在していねばならなかった。雨まであたたかく感じさせられるのに驚かされた。ここでは、日の出でも気温が二七・三度から三〇度まで昇り日中は涼しいところで三五・六度から三六・八度まで昇った。日没時でも三〇度を下らなかった。このことは私達が内陸で経験したのとは全く異なっている。内陸では、雨が降る時はいつも気温が二二・二度に下り、二〇度まで下ることさえあったからである。かなり曇っていたが、太陽は時おり焼きつけるような暑さで照りつけた。みなの者が「ああ、お日様ったら、雨と同じようにいけないや」といって愚痴をいった。お供の者達は、高地にある間は一度もこのようなことをいわなかったのである。

私達は、歩きはじめることができるようになるやいなや、河に沿うて再び歩みをすすめた。河岸には植物がよく茂っていて、野獣の足跡を拾って行かねばならなかった。このあたりの土人はカヌーで河を道路代りに往来しているからである。

一八五六年一月六日――私達が通りすぎて行ったどの村でも、藪でおおわれていないところを通って、次の村まで私達を連れて行ってくれる案内人を二人ずつ得ることができた。村々の近くで、男女の人達や子供達が畑の除草をしているのを見た。このあたりの人達の肌色は、ロアンダで見た人達のと同じように、真黒いのから、薄いオリーブ色のにいたるまでいろいろである。いずれも唇は厚く、鼻はひらたいが、ただ一層退化した人達だけが黒人らしいみにくい容貌をしている。このあたりの人達は、鼻の頂から額の髪の生え際まで、小さな膨れ上っている傷痕で線を描いている。女の人達は上唇に孔をあけ、その孔を次第に大きくして、その中に貝殻をはめこむ。すると、上唇は鼻よりも前に突き出て、女の人達の顔がまことにみにくくなる。この風習はマラヴィ族の国でも行なわれている。これを見る者は、誰も、これまでどのような流行も、女達にこれ以上気狂いじみた奇怪なことをさせなかったと告白せざるを得ないであろう。

水牛の襲撃　土人の狩猟規則

一四日――私達は、ロアングワ河とザンベジ河との合流地点に到着した。神の恵みによってこんなに遠くまでくることができたことを、まことに感謝にたえなく思わせられた。ムブルマの家来達の態度はまことにあやしく、ロアングワ河を横切っている時、いつ襲われないとも限らなかった。

一五日の朝、私達は武装した大勢の土人達が群り集っている前で、ロアングワ河を渡った。

ロアングワ河を去った時、私達はもう小山に出会うことがないものと思ったのに、河からは八、九キロ離れていたが、マザンズウェの背後になおいくつかの山が起伏していた。ツェツェ蠅に刺されたり、いくつかの小山を越えて行くのに難儀したりして、乗用にしていた二頭の牛が死んだ。私が乗っていた小さな牛がまいってしまうと、私は歩いて行かねばならなかった。高い藪が深く茂っていたので、木立の中を歩いて行くと、突然三頭の水牛が、私達が長い列をなして歩いている間を通って勢よく走って行った。私が連れていた牛もかけ出しはじめた。後ふりかえって見ると、お供の者の一人が、側腹に血を流しながら狂い走っている水牛に、約一メートル半も高く空中に突き上げられていた。その可哀そうな男の側にひきかえして見ると、打伏せに落ちていて、最後に突き上げられるまで二〇メートルばかり水牛の角の上にのせられて運ばれたのだったが、皮膚に傷つけられもしなければ、骨も折られていなかった。それらの水牛が姿をあらわすと、その男は、荷物を投げ捨てて、一頭の水牛の側腹を刺したのだった。水牛は突然その男に襲いかかり、木の蔭にかくれるいとまもなく、その男を運び去ってしまったのである。よく体を揉んでやると、彼は一週間で再び狩りすることができるようになった。

ズンボのあたりにくると、ザンベジ河の河幅がはなはだ広く、人の住んでいる島が幾つかある。一六日に、私達はシバンガと呼ばれている島の対岸に宿泊した。ありがたいことに、一七日の朝、真黒な肌色をしているが、ジャケツを着て帽子をかぶっている男がシバンガ島からやってきたのに出会った。この男はテテにあるポルトガル人の居留地からきたのだったが、テテの町はザンベジ河の別の方の岸にあって、ポルトガル人達はここ二年間土人達と戦っているのだという。また、ムペンデ酋長はこの河の私達がいるのと同じ岸に住んでいるからというので、はやく向こう岸に渡ってしまうようにと私達に忠告した。この男の忠告に従って、私達は河を渡ってしまおうと、この男のカヌーを貸してくれと依頼した。しかし、この男はこの河の神々の怒りにふれるのを恐れて貸そうとしなかったので、私達はやむなく敵のいる岸にいねばならなかった。

ムペンデ酋長から、どのようにして迎えられるやら不安だったが、私は行く道々の美しい眺めを賞めないではいられなかった。この谷間は土地がはなはだ肥えているのに、ほんのわずかしか耕されていなかった。つい私は、コロベングにいた時のことを思い出させられてならなかった。私達は、コロベングで幾月も雨を待っていたが、ただ一度雷雨にあうことができただけだった。乾き切った暑い東風を、私は決して忘れないであろう。黄色がかった色をしている熱気をふくむ雲一つない空、旱魃《ひでり》のためにしなびている草木、やせた牛、元気のない人々、希望をはばまれて悩ましい思いでいた自分達の心持など、私は決して忘れることがないであろう。コロベングでは、真夜中に、雨乞師の降ろうともしない雨を呼ぶ甲高い口笛の音を、私達はしばしばきいたが、ここでは、夜は雷鳴の鳴りひびくのに耳を傾け、昼はいくつかの谷間が次第に水にひたされて、豊かな水で飾られているのを見た。毎日のように雨が降り、何もかも生々した緑色をしていた。私は長い航海の後、上陸した時に感じさせられるのに多少似た心持――目の前の眺めをできるだけ美しいものとして眺めようとする心持――にさせられた。小さな山々は森でおおわれていて、時おり羊毛のような雲の長くつづいているのが、山々の中腹のあたりまでただようていた。私達は、河を横切るのを心よく助けてくれる人を見出しかねたので、ムペンデ酋長の村の方へ歩みをすすめた。ムペンデ酋長の村にくると、酋長は直ちに人をつかわして、私達が何者であるかをたずね、私達には何の挨拶もなく、私達を最後の村から案内してきた者達に、自分達の主人のところへ帰って行くようにと命じた。

二三日――日の出に、ムペンデの家来達が、私達が野営している近くにきて、変な叫び声をあげ、何か赤い色をしている光る物を振った。それから、その中に入っている護符で火をとぼし、前と同じようにいやな叫び声をあげながら走って行った。私達を無力にしてやろうというつもりだったのだし、おそらく驚かしてやろうというつもりでもあったろう。東の空が白みはじめると、武装している者達が四方八方からつぎつぎ集まってくるのが見え、まだ暗いうちから多数の者達が私達のいるところをすぎて行った。彼らは私達を襲うつもりらしかった。ムペンデの家来達は、約八〇〇メートル離れたところに集まった。そのあたりは木立でおおわれているので、その者達の姿を見ることはできなかったが、時おり、二、三の者がスパイとして私達の側によってきた。スパイにきた二人に頼んで、牛の脚を一本ムペンデにもたせてやると、やがてムペンデは二人の老人をつかわして、私達が何者であるかをたずねてよこした。「私はレコア（イギリス人）なんだ」と答えると、「私達はそのような種族を知っていないんだ。お前は私達が戦いをしていたモズンガ族の者だろう」と彼らは答えた。私はモズンガという言葉がポルトガル人という意味に用いられていることを知らず、おそらく混血児の意味だろうと考えたので、毛髪と胸の肌を見せてモズンガ人達はこのような毛髪を生やし、またこのような肌色をしているかとたずねた。ポルトガル人達は、毛髪を短く切り、私より黒い肌色をしているので、使いの者達は「いや私達はそのように白い肌を見たことがないんだ」といって、さらに「ああ、お前は黒人をかわいがってくれる種族の者に違いないんだな」とつけ加えていった。もちろん私は喜んで相槌を打ったのである。二人の老人達は村へ帰って行った。私達は後で聞いたのであるが、ムペンデと彼の顧問役の人達の間に、長い間論議が重ねられ、顧問役の者の一人が私達のために弁護してムペンデに私達を通りすぎさせるように説いたとのことだった。

二四日――ムペンデは、下の方にある大きな島の人達に、私達を渡してやるようにと命令するために、彼の主だった家来達の二人をつかわしてくれた。

二九日――私はザンベジ河の南岸にたどり着くことができて心から有難い心持にさせられた。ほかになにももっていなかったので、二本もっているスプーンの一本と一枚のシャツをムペンデへのお礼におくった。河縁の村々の村長は一人が通過するのを拒めば、皆それにならって、「だれそれが、自分のカヌーを貸そうとしなかったのは、立派な理由があってしたことにちがいないんだ」という。ある島ではテントがぼろぼろになるくらい何日も同じところに止っていねばならなかった。途中、テテをたずねたことのある人達に出会ったが、そこからテテまで一〇日かかるとのことだった。

このあたりの女の人達は、上唇に小さな孔をあけて、その中に小さな錫《すず》のボタンをはめている。ひとところ切れている輪を唇に取りつけ、両端が合わさるように次第にしめつけて徐々に孔をあける。子供達は上唇に輪をとりつけて、まだ唇に孔があいていないのを見るであろう。錫はポルトガル人から買うのである。この地方には以前銀が発見されたが、だれも錫と区別することができなかった。しかし金については知られていて、私は「ダラマ」(金)という土語をはじめて耳にした。

私達がモスサという村長の村の対岸にいると、二頭の雄の象とまだ一人前になっていない象が河の中の島へやってきた。私は、わりあい若い象が雄の象達といるのを、この時はじめて見た。通例若い象は、母親ぐらい大きくなるまでは、雌の獣群といるからである。島の人達は、畑を荒されるというので、仕とめてもらいたいという。お供の者達は仕とめるために出かけて行ったが、象達は島の反対側に走り去り、鼻を水の上に出して対岸へ泳いで行ってしまった。私はこれらの象を殺すことをあまり好まなかった。ムペンデのところを通りすぎた時、私は狩猟法が厳重に行なわれている国にきたことがわかったからである。おのおのの酋長の所有地は、通例小川によってはっきり区画されていて、ある者の土地で傷つけられた象が、他の者の土地で死ぬ場合、その屍骸の下の方の半分はその土地の所有者の物となる。この規則は、まことに厳格に行なわれていて、猟人は土地の所有者にそのことを知らせ、その者がつかわした代理の者からまちがいのない分け方をしたことを見届けてもらうまで、自分が殺した象を切ることをしてはならない。水牛を殺した場合は、その後脚を、その水牛が草を食べていた土地の持主に分けねばならない。このあたりでも、またこの国のどこでも、まさに王侯の食物とされている大かもしかの場合は、さらに多くの分け前を分けてやらねばならぬ。内陸の方では、ただ一つの狩猟法が行なわれているだけである。たとえかすり傷であっても、最初に傷を負わせたものがその獣を殺した人と見なされ、第二番目に傷を負わせた者は尻の方を、第三番目に傷を負わせた者は前脚の一本を得る資格があり、酋長は狩猟許可料として、胸のある部分や肋骨のあるあたりの他の部分やもう一本の前脚などを、もらいうけることになっているので、傷ついている獣に、最初に近づいて行った者も、分け前をもらう資格があることを知っているので、猟に参加する者達は、誰でも傷ついている獣に近づいて行って仕とめることに一生懸命になる。

モスサの村のあたりの土人達は、乾いている砂から少しばかり塩をとるので、付近の土人達は皆塩を買いにくる。私達は、アンゴラを去ってから、はじめて塩を見た。バロンダ人、あるいはバロツェ人の国々では、少しも塩を見出すことができないからである。私達は、ナリエルの町で、西の方へ約一四日ばかり歩いて行ったところに塩湖があることをきき、この町で塩を少しばかり手に入れたが、その塩はずっと前になくなり、今や二カ月の間、私は肉を食べる時か牛乳を飲む時に時おり欲しいと思うだけで、塩が無いために何ら不自由を感じないで生活していた。

次第に歩みをすすめて行くと、土地がはなはだ肥えていて、穀類、とうもろこし、もろこし、落花生、南瓜、胡瓜などを驚くほど多量に産出する。このあたりの土人は、斑点のある鬣狗《ハイエナ》を、またライオンや象から防ぎまもるために、高い台場の上に小屋を建てている。鬣狗はたいへん臆病な獣であるが、しばしば眠っている人に近づいてきて、顔に醜い深傷をつける。上唇をかみとられた人もいた。時には人間が殺される時もあるし、子供がさらわれる時もある。この獣は人間の声をきくとこわがって逃げるが、いったん肉に噛みつくとあくまで離さない。驚くほど顎力がつよく、牛の脚の骨さえかみ砕く。土人は、鬣狗がかみ砕いた骨から、食うことのできるものは何でも選び分けて食べる。

一三日――私は最後に残っている切れをこの地方の酋長であるヌヤンプンゴにおくって、次の酋長のところまで案内してくれるようにと頼んだ。長いことかかって顧問役の者と相談してから案内してあげると約束してくれたが、切れはいらないからといってかえし、ただ少しばかりの珠数玉をもらいたいという。この酋長は雨を降らせることができる護符をもっているというので、近所の諸種族はそれをもらいにくるが、この地方はロアンダより雨の降ることが少ないらしい。ヌヤンプンゴの態度はまことに紳士的で、私に若干の米をおくり、お供の者達は村々へ行って自分達で食物を得るようにという。この酋長はいかなる家畜ももっていなかった。どうしてこのように有用な獣を飼おうとしないのかとたずねると、ヌヤンプンゴ酋長は答えていった。「私達に家畜を飼うことができるようにさせてくれる薬を、どなたが下さるんです」あとで調べてみると、このあたりの者達が家畜を飼うことができないのは、ツェツェ蠅がいるためであることがわかった。ヌヤンプンゴは護符がないからだとばかり思っていて、ツェツェ蠅のことは気づいていなかった。

鳥の鳴声　犀鳥／バンヤイ族の政府／神明裁判

一四日――この朝、私達はヌヤンプンゴのところを去り、小川に沿うて、屈曲の多い道を歩いて行った。二、三時間歩いて行った時、お供の者達は一頭の象を見つけた。彼らはここ五、六日穀類ばかり食べていて、肉に不足していたので、直ちにその象を殺した。ヌヤンプンゴの家来達は、そのような命知らずな猛者を見たことがなかった。お供の者達の一人は、その象にとびかかり、まだ立っている象の腿肉を斧で切った。お供の者達が象とたたかっていたところに、たまたまバンヤイ人の象を狩る人達も居合わせていて、その一人はかぎ煙草入《たばこいれ》を取り出し、象を首尾よく仕とめることができるように神々への供物とするために、その中味を全部一本の木の根元にあけた。象が倒れるやいなや、お供の者達は皆して象の屍骸の周囲を熱狂しながら踊りまわった。このことは、バンヤイ人達を全くびっくりさせた。供物を捧げた男は、私にいう。「ねえ、あなたは、祈ることを知らない人達と旅しておられるんです。それで、私はこの人達の代りに、私のもっているなけなしの物を捧げました。そしたら、象はたちまち倒れたのです」また別の男は、木々の間からお供の者達が象と格闘しているのが見えてくると、少し前の方へ走って行って、象に勝つことができるようにと大きな声で祈りを捧げた。私は、このあたりの土人が、目に見えないものを信じようとする信仰深い心をもっているのをほめたたえたかった。どちらかといえば、堕落している人達であるお供の者達は、私が側へ寄って行くと次のようにいう。「神様が私達に下さったのです。神様は、この年老いた獣にいったのです。『さあ、あすこに行きな。お前を殺して食べる者達が来ているから』と」驚くほど数多くの鬣狗が私達の周囲に集まって来て、まる二晩大きな声で笑ってばかりいた。なにが面白くて笑っているのかとお供の者達に聞いたら、私達は肉をみな食べることができないので、自分達もうんと肉を食べることができるのを喜んでいるのだとのことだった。

象を殺したあたりへくると、草がはなはだ長く伸びていて、私はカサンジェの谷を思い起こさせられた。雨が降りはじめてから、虫が多く出てきた。砂粒のごとくこまかい虫が数多く私の箱の上を這っていた。虫眼鏡でよく調べて見ると、緑と金の斑点のあるもの、水晶のように透明なもの、朱色のもの、真黒なものといろいろ種類があることがわかった。これらの虫は、そのあたりに生えている植物の種子を食べているらしかった。おのおのの植物は、それぞれ特別の虫をもっていた。たかとうだいのように猛毒をもっている植物をも、たちまち食い尽してしまう虫もいた。体は薄赤く、肢《あし》は青い百足《むかで》もたくさんいた。森の静かな場所では、嬉しがって飛びまわっている虫のかすかではあるが、はっきりした唸り声をきくことができた。数多くの虫が、明るい太陽の光を浴びながらきらめきゆれている緑葉の間をすばやく飛びまわっているのを見るであろう。

熱帯地方にすんでいる鳥は、一般に鳴く能力に欠けているといわれているが、確かにロアンダにおける多くの地方についてはこのことを適用できなかった。もっとも、そのあたりには鳥がいたって少ないのであるが、このあたりの鳥の合唱、あるいは一団となって鳴く場合の鳴声は、そんなに調子のよいものでないにしても、声量の点では、イギリスの鳥よりそんなに劣っていない。鳴声のあるものは雲雀の鳴声に似ている。事実、このあたりには、この科の鳥が数種類すんでいる。他のもう二種類の鳥の鳴声はつぐみの鳴声に似ているところがある。その一つはひわを思い起こさせ、もう一つの方は駒鳥を思い起こさせる。しかしそれらの鳥の鳴声には、イギリスの鳥のいずれの鳴声にも似ていない唐突で、つづきの悪い、珍妙な調べがまじる。一方の方は、ゆっくり「ピークパク　ポク」と鳴き、もう一方の方の鳴声にはヴァイオリンの絃を打つような音がただ一つまじる。モクワ・レザは、邪魔された時のイギリスの黒鳥のごとく一気に金切声をあげて鳴き、最後に、土人のいうところによれば「プラ　プラ」（雨、雨）と鳴くのであるが、むしろ、「ウィープ　ウィープ　ウィープ」（泣け、泣け、泣け）というのに似ている。フランコリン（しゃこの一種）は大きな叫び声をあげ、斑鳩は「パンプル　パンプル」と鳴き、報蜜鳥は、「チキン　チク　チャー　チャー」と鳴く。私達は時おり、村の近くで、鶏の鳴声をまねて鳴く一種の物真似鳥の鳴くのもきいた。これらアフリカの小鳥は、暑い乾いた天候の日や、大陽が猛烈な暑さで照りつけている真昼時には、皆静かにしているが、嬉しい驟雨が降りはじめると、皆いっしょに楽しい歌を歌いはじめる。愛情こめて相手を呼ぶことをはじめ、早朝と涼しい夕暮れが、鳥達が歌うのによい時なのである。採集家達は、羽色の美しい鳥ばかり集めるので、熱帯地方の鳥は大部分美しい羽色をしていると思われがちであるが、熱帯地方の鳥の多くは、地味な羽色をしている。このあたりには、それらにさわると、毛が毛孔の中に入っていって、刺すような痛みを覚えさせるやまあらしを小さくしたのに似た毛虫や、いらくさに刺された時と相似たことになる毛虫などもいるが、皆地味な色をしている。

次第に歩みをすすめて行った私達は、北東に流れているいくつかの砂川と、南に流れているそれらとの分水嶺になっているヴゥングェあるいはムヴゥングヴゥェと呼ばれている小山を越えた。私達は、多くの象が、モコロンガと呼ばれる紫色の汁があっておいしい味のする黒い色をしたすもものような果物を食べているのを見た。この地方を通じて、この果物はまことにたくさんなっているので、土人も一生懸命に食べる。大きさは、桜桃ぐらいしかない。ザンベジ河から北の方にはいたって少ない黒犀（Rhinoceros bicornis, Linn）とその子の足跡も見た。白犀（Rhinoceros simum of Burchell）あるいはベチュアナ人のいうモホフは、この地方に全くいなくなったが、南の地方にもやがて知っている人がいなくなるであろう。この白犀はほとんど草ばかり食べ、いたって臆病で、疑うことを知らないから、火器がこの国に入ってくると、たちまちその餌食となってしまう。黒犀の方は、もっと猛しく、そして用心深くもあるので、白犀よりもこの地においてよくその生命を保っていることができる。

私達は、モパネ樹の生えているひろびろとした土地をすぎて行った、お供の者達は、コルウェ（Tockus erythrortynchus）と呼ばれている鳥が、モパネ樹の穴の中の巣の中にいるのをたくさん捕えた。一九日に、私達は雌鳥が入るばかりになっているコルウェの巣の側を通りすぎたが、入口の両側は漆喰でぬられていて、ちょうど鳥の大きさだけの隙間が残されていた。木の中の穴は、いずれも入口から少し上の方にひろがっていて、コルウェは、捕えようとすると、いつもそこへ逃げていった。私は、この鳥をコロベングではじめて見た。私が木の側に立っていると、一人の土人が叫んでいう。「あすこにコルウェの巣がある」私は、ただ木の少しくぼんでいるところに、幅約一・五センチ、長さ一〇センチほどの細長い孔を見ただけだった。私はコルウェというのは何か小さな獣だろうと思って、巣の中からどんな獣がひっぱり出されるだろうと、興味をもって見つめていた。すると、その土人は、細長い孔の周囲にぬられている漆喰をくずして、穴の中に腕をさし入れ、一羽のTockus、あるいは赤い嘴をした鳥をとり出して殺した。雄鳥が巣の中に入ると、雄鳥は入口に漆喰をぬり、ただ嘴の形にそっくりあうような細長い孔を残しておいて、穴の中にいる雌鳥を養うのであると、その土人は教えた。雌鳥の方は、自分の羽で巣をつくって卵を産み、卵を孵化させ、雛鳥が十分に育つまでいっしょにいる。二、三カ月間だといわれているが、そのあいだ雄鳥は、巣の中にいる雌鳥と雛鳥に食物をつづける。囚人のように穴の中に閉じこもっている雌鳥は、一般によく肥っているが、夫という可哀そうな奴隷の方はやせて、ちょっとでも気温が急に下るようなことがあると、体がかじかんで、転り落ちて死ぬ。この時は、雌鳥が巣の中にこもる時だったが、穀物が熟する四月の終り頃になると外に出てくる。雌鳥が雛鳥をつれて外に出てくるのは、収穫をはじめてもよいことを知らせる合図の一つなのである。時おり雌鳥は、時をおいて卵を孵化させることがあるといわれている。第二回目に孵化された雛鳥は、第一回目に孵化された雛鳥達がまさに巣を去ろうとしている時に生まれる。この場合、雌鳥は第一回目に孵化した雛鳥といっしょに外に出て、入口に再び漆喰をぬり、雄鳥と力を合わせて穴の中に残っている雛鳥を養う。

報蜜鳥がまことに勤勉に親切な役目を果たしてくれたので、お供の者達は多量の蜜を得ることができた。しかし、このあたりには、蜜蜂が多くいるにもかかわらず、蜜蠟は、ロアンダでのごとく、商品として売りさばかれていない。今や私達は、ポルトガル人の居住地に近づきつつあったが、そのあたりにはなお大きな猟獣が多くすんでいた。ライオンと鬣狗が多く、ライオンは決して殺されることがない。酋長の霊魂はライオンの中に入って行くことができるものと、また酋長は自分をライオンに変えて誰でも意のままに殺すことができ、やがて再び人間にかえることができるものと、このあたりの土人達は信じているからである。それで、このあたりの土人達は、ライオンを見ると、いつも例のごとく手をたたいて挨拶をする。このあたりにこれらの獣が多くすんでいることは、土地の人達のある者が野原に行きくれて宿った小屋が、木立の中に残っていることによって知り得るであろう。お供の者達は、コルウェを捕えるために、あるいは報蜜鳥のあとを追うために、しばしば列から離れて、そんなことをすると、ライオンから襲われるからといって、絶えず警告している案内の者達をはらはらさせた。そんなわけで、私はしばしば、他の者達よりかなり先になって歩いて行った。

私達は、今は水が流れていたが、いつもは乾いているカポポ川とウェ川の二つの小川を横切った。このあたりには野生のぶどうがいっぱい生えていたが、ザンベジ河の河岸には、全く至る所に生えている。美味しい味のする実をならせるものもあったし、渋い不快な味のする実をならせるものもあった。このあたりにさしかかると、ぶどうの蔓が道の至る所に横たわっていて、つまずかないようにするために、いつも見張っていねばならなかった。二〇日には、モニナの村に到着した。ここの人は鷹揚なので、諸種族の間に人気があった。このあたりの地方地方の酋長達は、ヌヤテウェと呼ばれる最高主権者のもとに、私達がロアンダや、その他の土地で見たのに似た連邦を組織している。このヌヤテウェは、土地についての争いを捌く役をするものなのである。バンヤイ族の政府は、封建主義的共和政府とでもいうのに当っている。酋長は世襲ではなく、選挙できめられる。人々は、前酋長の子供でなく、甥を選ぶ。時には、遠い種族の者を選ぶことがある。その選ばれた者が酋長になることを承諾するやいなや、前酋長の何人かいる妻や所持品や子供達は、全部この者のものとなる。彼はそれらの者達を隷属的な立場におくようにつとめる。このようにして新酋長に仕えるのにあきて、自分の村をつくるものがある場合、しばしば新酋長は家来の若者達を大勢つかわし、そのような脱走者が、それらの者達を、普通行なわれるように一生懸命に手をたたいてへりくだった態度で迎えなかったら、彼らはこの脱走者の村を直ちに焼き払ってしまう。酋長の子供達は、普通の自由民達より特権をもつことが少ない。酋長の子供達は、売られることはないであろうが、酋長のごく遠縁の者達よりも酋長になる資格をもつことが少ないからである。自由民達は、決して売られることのない特殊な階級をつくっていて、その下に、地位もそうであるが、見たところもまことに下賤な奴隷階級がある。自由民の子供達は、年頃になると両親のもとを去り、二、三年間モニナのような人達といっしょにいて教育を施してもらう。その間厳格な規律の下に生活させられる。たとえば、この者達は、長上の者達に丁寧に挨拶せねばならないし、何か料理した食物をもってこられても皿の側へ寄って行ってはならず、長上の者達から自分の分け前を分けてもらわねばならない。彼らに代って同じ教育を受ける者達ができるまで、彼らは結婚しないでいる。親達は息子といっしょに召使いの者をつかわして、息子の畑を耕作させ、象の牙をモニナにおくって、息子の衣類を買い求めてもらう。若者達は、村に帰ってくると、裁判され、うまく申し開きできると、両親達はいたく満足させられる。

私達は鍬のほかに何も贈るものをもっていないことを告げると、モニナはそのようなものは入用でなく、これよりさきの地方の人達はなんでも自分のいいなりになるので、思うがままに私達が先にすすむのをさまたげることができるという。モニナ自身は、私達のいうことを信じていたようだったが、あきらかに顧問役の者達は、私達が身の周りのどこかに所持品をかくしもっていると考えていて、この人達のすすめによって、夕暮れ私達の野営しているところから約一〇〇メートル離れたところで、私達をおどして贈物をせしめようとするかのように、出陣の舞がはじめられた。モニナの若い家来達の何人かは、鉄砲をもっていたが、多くの者達は、大きな弓と矢と、それから槍をもっていた。さかんに太鼓をうちならし、時おり鉄砲を放った。このようにして舞を舞うのは、いつも攻撃の前ぶれとして行なわれるので、お供の者達は静かに温情をこめて敵を迎える心構えをしていた。しかし、日が暮れて一、二時間すぎると舞はやみ、敵が一人も近づいてこなかったので、私達は床についた。夜、モナヒンというお供の者達の主立った者の一人が、病気のために急に気が変になったのだろうが、突然見えなくなった。翌朝になっても行方がわからなかった。ライオンに食われてしまったらしかった。朝そのことをモニナに知らせた。モニナは、直ちに家来達に命じて畑を探させて、モナヒンがさまよっていたら連れてくるようにと命じた。あきらかに彼は、悲しんでいる私達に同情しているのであって、彼の種族の慣習として決して人さらいなどはしないのだという。私は彼のいうことを信じているのだというと、彼はそのうえ私達を困らせることをしないで、先にすすむのを許してくれた。

私達がモニナの村を去ろうとしていると、酋長の妻達に「ムアヴィ」あるいは神明裁判を行なってもらうために迎えにやられた妖法師が到着した。神明裁判は、次のようにして行なわれる。妻達は皆野原に出て行って、妖法師が「ゴホ」と呼ばれている植物の振出液をつくるまで何も食べずにいる。皆の者が振出液を飲むと、めいめい自分の潔白であることを示して見せようと、天に向かって手をあげる。嘔吐をもよおす者は潔白であるとされ、一方下痢をもよおす者は有罪ということにされて、焼き殺される。潔白であることを証明してもらった者は、自分の家に帰って行って、自分の護神へ感謝の供物として捧げる雄鶏を殺す。この簡略な判決方法は、私をびっくりさせた。私は土人とつきあって知ったことから判断して、女の人達はたいへん大切にされているので、そのような目にあわされないものと思っていたからである。ところで、女の人達自身が、一寸でも妖術を用いたといって非難されると、この神明裁判で証明《あかし》をしてもらうことを望み、自分が潔白であることを自覚し、一方この神明裁判をあくまで信じているので、喜んでその振出液を飲むのであり、自ら望んでさえ飲むのであると聞かされた。

モニナの村を去った私達は、低い木立でおおわれていて、遠くに高い丘のある平坦な土地をすぎ、タングウェ河と呼ばれている河幅約四〇〇メートルの砂河の河床の中を歩いて行った。このあたりには、ライオンが多くすんでいて、人々は決して一人で森の中に歩いて行くことをしない。私達は、多くの黒犀、水牛、縞馬などの足跡を見た。二、三時間の後、ヌヤコバの村に到着した。ヌヤコバが私達の案内人として指名した男は自己紹介して、報酬として鍬を一梃ほしいという、私はこの申し出に対して何ら異論がないので、それを与えると、その男はたいへん喜んで、それを妻に見せに行った。彼は間もなく帰ってきて、自分は喜んで行きたいが、妻が許さないという。私はいった。

「それじゃ、あの鍬をもっておいで」だが彼は「あの鍬はほしいんです」と答えていう。「それじゃ、私達といっしょに行くんだ。そしたらあげよう」「ところが家内が行かせないんです」私はお供の者達にいった。「お前達は、このような馬鹿なことをいうのを聞いたことがあるかね」彼らは「ああ、それはこの地方の習慣なんです。妻が主人なんです」と答えていう。

今や私達は、テテに近づきつつあったので、今度の旅行に成功し得たことを喜んでいると、一行の者達から追いかけられていて、許可なくしてこの国を通りすぎていることを、このあたりの酋長であるカトロサに知らせるといっておどされた。私達はやむなく二本の象の牙を彼らに与えた。もし彼らが、私達のことをカトロサに知らせるならば、おそらくもっている象の牙を全部失ってしまうのだったからである。三月一日の夕暮れに、私はテテから一三キロの地点に歩みをとどめた。もう歩みつづけることができないほど疲れていた。アンゴラで総督やその他の人達からもらってきた紹介状を指揮官に送った。三日の朝二時頃、私達は二人の将校と一行の兵隊達によび起こされた。この人達は、文明国の朝飯をととのえるのに必要な材料と、私をテテに連れて行く「マシェーラ」をもってつかわされてきたのだった。お供の者達は、びっくりして私を呼んだ彼らは武装している人達から捕えられたものと、勘違いしたのである。この人達がつかわされたわけを知り、おいしい朝食を食べると、直ぐ前まで疲れて眠れないほどだったのに、私はたちどころに元気になることができた。これまで、私はこんな元気にしてくれた朝食を食べたことがなかった。道はまことに凹凸が多く、将校の一人が、「人間の命を奪うに十分だ」といったくらいだったが、私は最後の一三キロもの道を、少しも疲れた思いにさせられることなしに歩みつづけることができた。

テテとその付近　キリマネを経て故国へ

私はまことに親切に隊長から迎えられた。隊長は、私の衰弱している体を回復させるためにでき得る限りをつくし、翌月まで自分のところに止まっているようにとすすめた。この三月は、キリマネでは、健康に悪い時期だったからである。隊長は、お供の者達にも、惜しみなく多量のもろこしを与え、自分達の小屋ができるまで自分のもっている家に泊らせてくれたので、彼らは、扁蝨《たんぱん》、あるいはこの地での呼び名に従えばカラパトスにかまれることなしにすんだ。この虫はとくにはじめての人に危険で、この虫にかまれたために死ぬ人さえあるとのことだった。テテの村は、河岸までひろがっている広い斜面の上にあって、岸辺には堡塁がある。屋根を芦やその他の草でふいた石造りのヨーロッパ人の家屋が約三〇戸ある。土人の小屋は、編枝と荒打漆喰でできている。村は高さ約三メートルの塀で囲まれているが、大部分の土人が塀の外に住んでいる。皆で約一二〇〇戸の土人の小屋がある。それにヨーロッパ人の家を加えると、約四五〇〇人が住んでいることになるであろう。しかし大部分の者達が付近の土地で耕作に従事しているので、概して二〇〇〇人より多くの人は住んでいない。八〇人の兵隊のほかに、二〇人足らずのポルトガル人が住んでいる。

テテの付近は、石炭も出れば金も出るし、質のよい鉄も出る。土人も金が高価なものであることをよく知っていて鵞ペンに入れて売りにくる。一本のペンにつき、二四ヤードのキャラコと交換するのである。マニカ地方やその他の金精洗所のある地方の河々が氾濫して河岸が泥でおおわれると、一番早く乾くところをよく見ていて、そこを掘りはじめる。下に金があるものと信じているのである。しかし、土が崩れて自分が埋められるのを恐れて、顎より深くは掘らないといわれている。金の小さな塊か薄片を見出すと、それを再び埋めておく。種子だからというわけなのである。

テテをめぐる地方は、起伏が多くて、木がよく茂り、眺めが絵のごとくに美しい。谷々は、土地が肥えていて、よく耕されている。野生の藍とセンナが生えるがままにされている。耕作は、一切土地風に鍬でなされるが、箒もろこし、とうもろこし、ロツァ、もろこし、米、小麦などがかなり多く産出され、そのほか数種類の豆や胡瓜や南瓜やメロンなども栽培されている。小麦は、毎年ザンベジ河が氾濫する低地に栽培される。水がひくと、女の人達は鍬で穴を掘って、二、三粒の種子をまき、足で掘った土をもとにかえす。成熟するまで、ただ一度除草を行なえばよい。この簡単な手入れをするだけで、下層土を掘りかえすことも、石灰を撒くことも、肥料を施すことも、また馬鍬《ぐわ》《ま》でならすこともいらない。四カ月後には見事に熟した麦が刈りとるばかりになり、種子の百倍もの収穫を得られるからである。灌漑することもいらない。「小麦雨」と呼ばれているほとんど霧のようなおだやかな雨が冬に降るからである。棉も少し栽培されていた。テテにいる商人の一人が、まことにお粗末な造作の粉末機をもっていて、驢馬をつかって落花生をすりつぶしていた。これは私がお供の者達に見せることができたただ一つの機械だった。

私はこの地において、コンジェとブアゼという植物をはじめて見た。これらの植物の繊維は亜麻の代りとなり得るであろう。前者はろかいの類であり、後者はポルトガル人のいうところによれば、ザンベジ河の北にあるマラヴィ地方に多く生えているとのことであるが、栽培されているのではなく、ただ土人達が珠数玉をつなぐ糸をつくるのに用いているだけである。固くなったものを握ると、腸線を握ったような感じにさせられ、ひっぱって切ろうとすると、この糸が切れる前に手が切れてしまう。

私は新月が出るのを待って、河を下って行く途中観測したいと思わなかったら、キリマネで健康に適した季節がはじまるまで一カ月待った後、四月のはじめに出発するつもりだった。ところで、新月が姿をあらわすと同時に、四月に突然気温が下り、家中の者達といっしょに、隊長と私も猛烈な熱のために床についてしまった。私はいつも用いている薬を飲んでまもなく回復したが、シカード少佐と彼の小さな男の子は、はるか長く床についていた。隊長はつぎつぎ一層親切にしてくれたことに対する感謝の念の十分の一も示し得なかったにしても、病み臥しているそれらの人々を看病するのは、私にとって嬉しいことだった。私がもっていたキニーネやその他の薬品はほとんどなくなっていたが、ここでは新たに手に入れることができなかった。けれども、ポルトガル人達は、この国にキナ皮を得られることを知らせてくれた。少量ながらテテでも得られるし、センナの林やキリマネの三角洲の近くでも得られるとのことだった。熱病の治療薬が、それをもっとも必要とする土地にこの上もなく多量に産出されるとは、全く天の配剤のごとく思われる。その木の葉を見ると、商品になっているキニーネをとる Cinchona longifolia ではなく、セネガンビアの Malouetia Heudlotii とはなはだ似ていて、強烈な解熱剤を含んでいる夾竹桃《きょうちくとう》科の植物であることがわかった。土人の言葉でクンバンゾと呼ばれているこの植物は白い花を咲かせる。実の入っている莢は対になってついているが、長さが三〇センチから三七センチある。内側に一つの溝がある。土人は厚くて軟かい根の皮を用いるが、ポルトガル人は木そのものの皮を用いる。私は早速根の皮を煎じて用いたが、お供の者達は、はなはだ効き目があるのを知って、自分達で少し集め、いざという時の用意に小さな袋に貯えた。

親切な隊長がかなり快くなり、私自身もすっかり回復すると、私はザンベジ河を下る用意にとりかかった。大部分のお供の者達を後において行かねばならなかったので、彼はその者達に自分の食物を栽培する土地を分ち与え、当分の用に供する穀類を多量に与えた。私は、カヌーで河を下って私を連れて行く人達を一六人選抜した。もっと大勢行きたがったが、キリマネではちょうどよい時に雨が降らなかったために、作が悪く、幾千もの人々が餓死したと聞いていたのである。

シカード少佐は、ザンベジ河で建造された小舟を私に貸し、河岸まで案内させるために、ミランダ中尉をつかわしてくれた。最近センナから荷物を積んできた三艘の大きなカヌーも貸してもらうことができた。これらのカヌーは、まことに頑丈にできていて、勢よく岩につきあたっても壊れないものだった。カヌーを漕ぐ時、人々は船尾の方に坐っているが、普通カヌーには、その一部をおおいかくす小さな小屋掛が設備されていて、乗っている者達が太陽の暑さをさけることができる。

私達は、二二日の正午にテテを去り、二四日には、ルパタの峡谷の西の入口にあたる小さな島に到着した。この峡谷を二時間で通過したが、どっちかといえば屈曲が多く、河幅は二、三〇〇メートルあって、水ははなはだ深かった。きっと、汽船でも全速力で通過することができそうだった。

私達は流れとともに舟足はやく下って行ったが、峡谷を出はずれると、河幅が、三・三キロ以上もあって、島がいっぱいあったが、島々との間は帆船が方向を転じたり帆をあやつったりするのに十分だった。ポルトガル人達は、一年のうち五カ月の間は水嵩が多く、水嵩が少なくなるとその中により深い水路ができるが、その水路は屈曲が多く、まことに流れがはやいのだという。翌日ポルトガルのさる旅団長が多額の金をかけて立派な住居と庭園を構えていたことがあるというシランバに上陸した。ポルトガル人に叛いた混血児の息子が壊してしまったというので、今は住居も庭園も荒れ果てていた。私達が朝飯を食べていると、シランバの村人達が陣太鼓をならしはじめたので、ミランダ中尉は、一行の者達の兵隊達に武装させ、なぜ陣太鼓を打つのかとたずねた。返事はまことにあいまいだった。このあたりの土人は、カヌーを盗もうとする時、このように陣太鼓をならして近所の人達を集めるのである。私達が見張りさえしていれば、そのうえどうすることもできなかったであろう。

私達は二六日の夜を、珍しく鞍の形をしている山の対岸にあって、ちょうど南緯一七度の線の上にあるヌクエシと呼ばれている島の上ですごした。河を舟で下るのは涼しくてまことに楽しかったが、河岸は平坦で、しかも遠くにある眺めはつまらなかった。二七日の午後には、センナに到着した。流れの具合さえよければ、テテからここまで二三時間半ぐらいで到着することができる。途中私達は、カヌーを一生懸命にひっぱって河を上って行く人達に何度も出会った。私達は四日ぐらいで下ることができるところを、彼らは二〇日間もかかってのぼるのである。したがって舟人達に払う賃金ははなはだ高いものとされ、お供の者達のある者達は、ミランダ中尉の荷物をセンナからテテまでカヌーで運んで行くのを喜んでひき受けた。

テテの村も荒れ果てていると思わせられたが、センナはさらにそれの一〇倍もいけないように思わせられた。村はザンベジ河の右岸にあって、前には芦の多くの生えている島がいくつかあり、付近には藪が多い。毎年ランデーン人達がやってきて、住民達から冥加金《みょうがきん》をとりたてるのである。しかし、センナの近くには、円錐形の山がいくつかあって、それらの山々のあるものの上から見た眺めはまことに美しい。

私達は五月一一日に、センナの村を去ったが、村中の者達が隊長と舟まで見送りにきた。センナから約五〇キロ下ったところで、右手から注ぎ入っているザングウェ河の河口を通りすぎ、さらに約八キロ下ったところで左手から注ぎ入っているシーレ河の河口を通りすぎた。この河は、河幅が二〇〇メートルぐらいあるかに思われた。私達はこのあたりで、おそらくPistia stratiotes（ボタンウキクサ）であろうが、巨大な「青浮草」であるアルファシンヤがたくさんザンベジ河に流れ入っているのを見た。おそらくひしの類であろうが、バロツェ人が「ヌジェフ」と呼んでいるもう一つの水草もその中にたくさんまじっていた。この水草は、その葉柄においしい味のする堅果をならせる。セビチュアネはこの水草をたいへん珍重して、自分の支配下にある種族達に貢物の一つとして納めさせていた。このような水草がたくさん漂い流れていることは、シーレ河は大量の水が静かに溜っているところから流れてくることを示している。私達は、はるか北の地で、レーアンブエ河の水の静かな支流や潟湖《せきこ》のいずれにも、これらの水草が生えているのを見たからである。私は、テテに滞在していた時、シーレ河はヌヤンジャ湖の南の端に源を発していて、勇敢な人達が数多く住んでいる、土地が低くて平坦な沼沢地を通って流れてくることを知らされた。ヌヤンジャ湖は、テテから北西の方へ四、五日ばかり歩いて行ったところにあって、草でおおわれた平原で囲まれ、一番狭いところで約一二五キロあるといわれていた。

シーレ河から四—五キロ下って行くと、私達は小山のある土地を全く出外れて、木立でおおわれた広い平地の間を下って行った。マザロがあるあたりのザンベジ河は、河幅が約九〇〇メートル以上もあって、島は一つもなく、まことにひろびろとしている。対岸は見事な木が生えている森林でおおわれているが、このあたりからはじまる三角洲は、丈高く伸びた丈夫な草や芦でおおわれ、二、三本のマンゴー樹と椰子の生えているひろびろとした平地なのである。私は、さらにザンベジ河を下って行って、その大量の水が海に注ぎ入るところを確かめたかったが、パーカー大尉がこの地までこの河をさかのぼってきていると聞いたので、同じ土地を行くのは無駄なことと考えて、ムトゥ河を下ってキリマネの方向に行きつづけることにした。ザンベジ河から分かれるあたりのムトゥ河は、河幅がわずかに一〇メートルか一二メートルにすぎなく、水草がいっぱい生い茂り、岸には木や芦がおおいかぶさっていて、私達はマザロでカヌーを捨てて、陸を歩いて行かねばならなかった。ムトゥ河のこのあたりは、一年の大部分乾いていて、その河床は水嵩が少ない時のザンベジ河の水面より五メートル高く、この時でさえ、荷物のすべてを約二五キロの間、陸の上を運んで行かねばならなかった。ポルトガルのすべての文書においてキリマネはセンナの河川地方の首府とされているのに、その名前をとっている河へ直接つながっていないのを、異様に思わせられたが、昔はムトゥ河の全体が大きな河だったので、キリマネから一年中大きなランチが自由にさかのぼってきていたことを知らされた。

ムトゥ河の右岸に沿うて北北東及び東の方へ約二五キロすすんで行くと、北からパンカジ河とよばれる河をうけ入れて、舟を浮かべることができるほど水嵩が多くなっていた。さらに同じ方向から、ルアレ河とリクアレ河をうけ入れてますます大きくなると、最後に潮河となるのであるが、それから先はキリマネ河として知られている。マザロのあたりのムトゥ河は、キリマネ河とザンベジ河をつないでいるのにすぎなく、この河に水が流れていようが、それとも流れていまいが、キリマネ河にはなんら影響するところがない。インテラで、私達は、アセヴェド氏に出会ったが、この人は、私が発熱のために苦しめられているのを知って、船尾に屋舎のついている自分の大きなランチを貸してくれた。このことは、私にとってまことに好都合なことだった。中流に錨を下ろしていれば、多少蚊をさけて休息することができたからである。三角洲のどこでも、この蚊は多少恐ろしいものなのである。この設備のよいランチにのってキリマネ河を下って行った私達は、一八五六年五月二〇日に、キリマネの村に到着した。私がケープ・タウンを出発してからとうに四年の月日がたっていた。私は、この地の立派な人達の一人であるヌネス大佐の家に迎えられた。私は、三年間家族の者達からその後の消息を聞かないでいた。家族の者達が私へ送った手紙は、ただ一通をのぞいて、皆私に届かないでしまったからである。しかし、家族の者達の様子を知らせてよこしたトロッター提督からの手紙と、新聞をこの地で受け取った。このことは、私にとって、何よりの饗応《もてなし》であった。女王陛下の二本檣帆船軍艦「フロリク号」は、去る一一月に、私の安否を確かめるために、この地をおとずれ、まことに親切にも、ノロス艦長は一箱のぶどう酒を、彼の医者であるジェムズ・ウォルシュ博士は一オンスのキニーネを、この地に残しておいてくれた。どの品も、私にとって、まことに有難いものだった。しかし、私の東海岸に到着した喜びは、女王陛下の二本檣帆船軍艦「タート号」のマクルン艦長が、私をその軍艦にのせて帰るつもりでキリマネにくる途中、河口の砂洲の上で、ウッドラフ少佐及び五人の人々とともに命を失ったことを知らされて、悲しいものにされた。これまで私は、この時ほど悲しい思いにさせられたことがなかった。彼ら一同が、親切にも私のために尽そうとして、人生の喜びから離し去られるよりは私が彼らのために死ぬ方が容易であるかのごとく思われた。

キリマネの村は、ぬかるみの河岸の上にあって、ひろびろとした湿地と田で囲まれている。河の両岸には、マングロヴが茂っていて、その根と、それらの木が生えている河岸は、潮流と太陽に交互にさらされている。家屋は、煉瓦とモザンビクからもって来る石灰で立派に建てられているが、至る所に深さ一メートルもある水溜りがあって、そのために家々の壁が次第に落ち込んでゆく。時おり戸の下の方が少し切りとられている。戸がついている壁が地面に落ちこんで、床が戸口の底の部分より高くなってしまったからである。キリマネは、まことに健康に適さない土地であることは、ほとんどいう必要がない。多血質の人は、きっと熱を病むのであるし、丈夫な人でも、きっと間もなく体が衰えてしまうものとされている。私達がこの地にくるちょっと前河口の砂洲で船を失ったドイツの船員達が、熱病におかされた時の様子を、私はたまたま観察することができた。はじめは「気持が悪くなる」だけであるが、次第に青ざめて血の気がなくなり、体はやせてしだいに力がなくなる。最後にツェツェ蠅にかまれた牛のように、弱り果ててしまう。私がこの不健康地へきてから約六週間すぎて、熱病も半ば癒えた頃、女王陛下の二本檣帆船軍艦「フロリク号」がキリマネの沖に到着した。キリマネの村は、河口の砂洲から約二〇キロのところにあって、天気が荒れていたので、その軍艦が港への入口から約一三キロ離れたところに碇泊していたのを、私達は一〇日間も知らないでいた。喜望峰にいるトロッター提督は、親切にも私をモーリシャス島に連れて行くことを申し送ってきた。私はその申し出を有難く受け入れた。今や、私にお供しているのはセクウェブと、もう一人のお供の者だけだった。もう一人の方のお供の者は、いっしょに船に乗せてくれるようにとしきりに願ったが、私は、その者をイギリスに連れて行くことができないので、気の毒でならなかった。私はいった。「私の国のように寒い国に行こうものなら、お前は死んでしまうのだ」彼は答えていった。「そんなことはなんでもありません。あなたのもとで、私を死なして下さい」

私達がキリマネで親しくなった人達と別れを告げた日は、河口の砂洲の近くの海が荒れていて水兵達でさえびっくりしたくらいだった。波はまことに高く、一つの波の谷に小型端艇があって、もう一つの波の谷に中型端艇がある場合（というのは、ペートン艦長は万一の場合に備えて二艘の端艇をつかわしてくれたのだったが）一方の端艇からもう一方の端艇の檣すらも見ることができなかった。三つの激浪が私達の上をすぎ、乗っている端艇は沈むかと思われた。かわいそうに一度も海を見たことのないセクウェブは、このような大浪が自分達の頭上で砕け散ると、私の方を見ていった。「あなたはこんなところを行くんですか。こんなところを行くんですか」私は微笑しながら、「そうなんだ。まだわからないのかね」といって元気づけた。彼はカヌーについてはよく知っているが、このような光景は一度も見たことがなかった。私達が、軍艦——一六門の大砲を備え、一三〇人の人々が乗り込んでいる立派な二本檣帆船軍艦――の側へ行って見ると、軍艦はひっくりかえるかと思われるほどゆれていて、艦底の一部が見えるくらいだった。陸の人達は綱をつかんでのぼって行けないので、椅子が下ろされ、私達は普通女の人達がしてもらうようにして上げてもらった。甲板に上るやいなや、私はペートン艦長とすべての乗組員達から心からのイギリス流の歓迎を受け、直ちにくつろいだ心持にさせられた。

私達は七月一二日にキリマネを去り、一八五六年八月一二日に、モーリシャス島に到着した。セクウェブは、ぼつぼつ英語を話せるようになり、水兵達や将校達の人気者となった。軍艦の中にあるものは何もかも珍奇なものばかりなので、セクウェブは少しく戸惑いさせられたように思われた。彼は何度か私にいった。「これは、なんと風変りな国でしょう。すべての水がいっしょなのです」私達がモーリシャス島に到着すると、一艘の汽船が迎えにきた。教育のないセクウェブは、たえず気を張っていねばならなかったが、今やそのように緊張している心持が最高潮に達したのらしかった。彼はその夜気が狂ったからである。はじめ私は船に酔ったのだと思っていた。セクウェブは、端艇の中へ下りて行った。私も下りて行って、連れもどそうとすると、船尾の方へ走って行った。「いけないです。いけないです。私一人死ぬだけでたくさんです。あなたは死んではならないです。側によってこられるなら、私は水の中に身を投げてしまうです」彼は気が狂っていることがわかったので、私はいった。「なあ、セクウェブ、私達はマ・ロバートのところへ行こうとしているんだよ」この言葉は、彼の心の糸を動かした。彼はいった。「おお、そうだったっけ。して、その方は、どこにいるんですか。ロバートさんは、どこにいるんですか」彼は一層落ち着いたが、夕暮れ再び発作を起こしたのだった。乗組員の一人を槍で刺そうとしたかと思うと、船をとび下りて、よく泳ぐことができたのに、錨鎖をたぐって水の中へくぐって行った。かわいそうにセクウェブの屍骸はどうしても見出すことができなかった。

モーリシャス島で、私は、C・M・ヘイ少将から、まことに親切に迎えられた。ヘイ少将は、黄熱病で肥大した脾臓が、よい気候と、静かなイギリス風の慰安によってなおるまで、自分のところに滞在しているようにと私にすすめた。私は、一一月には紅海にさしかかった。ピニンシュラー・アンド・オリエンタル汽船会社の持船である「カンデア丸」のポウェル船長の見事な運転ぶりによって、難船に会うこともなく、一二月一二日には再び懐かしいイギリスの土地を踏むことができた。一六年ぶりで故国に帰ったのである。この汽船会社はまことに親切にも、船費を私に払いもどしてよこした。故国に帰ってきた私は、自分に施された恩恵について半分も述べていないのであるが、自分の同胞に対して、また自分の造主である神に対して、自分ほど感謝しなければならぬ理由をもっている人はいないのであることを、言い添えてよいであろう。また、私はそのようなことに心動かされて、私達へ与えられるすべてのめぐみの造主である神の経営のために、一層へりくだった心で専念できるようにと神に祈りたいのである。

解　説

菅原清治

すでに紀元前三〇〇〇年の昔に、世界最古の文明を誇るエジプトがあり、紀元前約八〇〇年にはカルタゴが起こってたちまち地中海沿岸を征服し、やがてローマがそれに代って地中海を支配していたので、アフリカの地中海に接した地方は、いわゆる地中海文明時代からヨーロッパの人々に知られていたが、サハラ砂漠以南の土地は、人類の棲息すべからざる土地として、長くヨーロッパの人々の省るところとならなかった。一五世紀以来新航路の発見によって、アフリカの東西両海岸の土地も、ようやくヨーロッパ人の注意をひくにいたったが、この場合も、象牙や砂金の供給地として、あるいは奴隷の供給地として、あるいはまた東洋への航路の寄港地として、海岸に接している土地がところどころ利用されただけで、内陸についてはほとんど知るところがなかった。紀元二世紀において、プトレミーはナイル河の水源地は広大な湖なのであろうと述べているが、それは想像にすぎなく、大英百科事典《エンサイクロペデア・ブリタニカ》の第三版（一七九七年発行）に、ガンビア河とセネガル河はニジェール河の支流にすぎないと記載されていることによっても知り得るがごとく、アフリカの内陸についてはまことに不正確な知識を得ているにすぎなかった。気候悪く、悪疫がはびこり、猛獣毒蛇が横行している暗黒地帯として長い間放棄されていたからなのである。しかるに一九世紀に至って、ヨーロッパ各国が、世界政策をかかげて新領土の獲得に狂奔するようになると、俄然この大陸がヨーロッパの人々の注意をひくようになったのである。しかして、ヨーロッパ諸国のアフリカ大陸への進出は、まず探検事業から始められたのである。

すでに一七七〇年から七二年にかけて、ジェムズ・ブルースは、アビシニヤとセンナルを探検し、青ナイル河に到達したが、一七八八年には、アフリカ大陸探検の目的のために、ロンドンにアフリカ協会（一八三一年王立地理学会に併合された）が設立され、とくにイギリス人の活躍がめざましかった。すでにマンゴ・パークは、一七九五年にガンビアを経てニジェール河に到達した（本シリーズ第五巻参照）。パークは第二回目の旅において、一八〇五年にトンブクツをすぎて、ニジェール河を下り、ブーサに到着したが、土人に殺害されることとなった。彼はニジェール河が大西洋に流れそそぐところを確かめ得なかったが、このことは一八三〇年にランダー兄弟によって達成されたのである。南東アフリカの探検を最初に科学的に行なったのは、ポルトガル人であるフランシスコ・デ・ラセルダであった。彼はザンベジ河をさかのぼってテテに至り、ムウェル湖の方向に歩みをすすめたのであるが、一七八九年にムウェル湖の近くで亡くなったのである。最初にアフリカを横断したのは、P・バプテスタ、A・ジョセなる二人の混血児のポルトガル商人であった。二人は、一八〇二年から一一年にかけて、アンゴラからザンベジ河に到着したのである。

ナポレオン戦争によって、ヨーロッパ諸国のアフリカ大陸に対する関心は一時弱められたが、ウォータールーの戦闘後再び活潑となり、爾来イギリス、ドイツ、フランス、ポルトガル、オーストリア、スイス等の国々の、まさに枚挙に暇《いとま》ないほどの数多くの人々によってアフリカ大陸の探検が試みられたのである。しかも東西南北の各方面にわたって試みられたのである。かくして、一九世紀の終りには、イギリスの青年E・S・グロガンは、ケープ・タウンを出発して地中海に到達することに成功し、初めてアフリカ大陸を縦断し得たのである。しかしながらアフリカ探検家としてもっとも有名なのは、リヴィングストンであり、彼の崇高な人格にうたれてその志をついだスタンリーであろう。

リヴィングストンは、すでに述べたごとく、宣教師としてアフリカに赴いたのであった。もちろん彼は宣教師としての務めを怠ったのではなかった。それどころか、キリスト教をひろめ、人道を説くことを日夜怠らなかったのである。しかし彼は、今日宣教師としてよりも、探検家としてより有名になっている。一八五六年一二月に、彼が第一回のアフリカの旅を終えて、一六年ぶりにイギリスに帰ってくると、朝野の名士挙《こぞ》って彼を歓び迎え、王立地理学会は金賞牌を彼に贈ったのである。旅行家、地理学者、動植物学者、天文学者、宣教師、医師、商業の先駆者——そして人道の戦士として、彼は人々の賞讃と尊敬を集めることとなったのである。人々にすすめられるままに旅行記を綴って翌年に発表したが、本書はこの旅行記（*Missionary Travels and Researches in South Africa*）を翻訳したものである。

リヴィングストンは、一八五八年三月に第二回のアフリカへの旅に妻子を連れて出発した。ポルトガル領東アフリカ領事というのが彼の今度の肩書だったのである。彼はキリスト教をひろめながら奥地へと歩みをすすめたのであるが、ザンベジ河やシーレ河の流域をさぐり、ニアサ湖を発見したのである。さらに大きな仕事は奴隷売買の風習を敵として戦うことだったのである。しかし彼はこの度の旅行において、一つの悲しい出来事を経験せねばならなかった。それは一八六二年四月に最愛の妻を失ったことである。彼から妻の死が近づいていることを知らされて、彼のもとに赴いて行った友人は、彼の妻が亡くなった時のことを次のごとく述べている。

「リヴィングストンは、箱をならべてつくった粗末なベッドの側に坐っていた。寝台の上にはやわらかな蒲団がしかれていて、蒲団の上には死の近づいている妻が横たわっていた。昏睡状態におちいっているので、ちっとも意識がなかった。どんなに目ざめさせようとしても無駄だった。……幾度か死に直面し、また幾度か危険をものともせずに征服することができた人も、今やすっかり打ちのめされて、子供のごとく泣いていた」

彼は「自分は結婚した時から妻を愛していたが、いっしょに暮らせば暮らすほど一層妻を愛するようになった」といって亡き妻をなつかしみ、「生まれて初めて死にたい心持にさせられた」といって妻の死を悲しんでいる。彼はシュパングで、木周《きまわり》一八メートルもあるバオバブ樹の下に、妻のなきがらを葬ったのである。

彼は、六年の後、一八六四年七月にイギリスへ帰ってきた。

暗黒の世界に文明の光を、そして人道と幸福をもたらそうとする、リヴィングストンの燃ゆるがごとき聖なる志は、どのような苦難に出会っても、またどのように資金の不足になやまされても、少しもゆらぐところがなかった。彼は三度アフリカの地を踏むために、一八六五年の夏に故国を去って行った。一八六六年一月二八日に、ザンジバル港に到着した。今度の旅行の目的は、キリスト教をひろめることのほかに、アフリカの中央部の東寄りの地帯を南北に走っている大山脈の地形をきわめ、ナイル河などの源になっている分水嶺を明らかにするにあった。奥地へ奥地へと歩みをすすめた彼は、一八六七年四月に、タンガニーカ湖の南岸に到着し、ついでムウェル湖とバングウェウル湖を発見したのである。

この間の苦難は、まさに筆紙につくし難いものがあった。一八七一年七月には、とうとう病が重くなって根拠地のウジジに帰ってきたが、一〇月末ウジジにたどりついた時の彼は、骨と皮ばかりにやせ衰えていた。しかしながら、この時、何年か本国への消息がとだえていた彼の生死を確かめるために遣わされたニューヨーク・ヘラルド紙の特派員であるスタンリーが、次第にウジジに近づきつつあったのである。

スタンリーは、彼の計算では一八七一年一一月一〇日に（リヴィングストンの計算では、それよりも早く）ウジジの近くに到着した。スタンリーは、リヴィングストンに出会った時のことを次のごとくのべている。

「私はゆっくり博士の方へ近づいて行くと、博士は青白い疲れた顔をしていて、ひげは白く、色あせた金色のバンドを巻いた青色がかった帽子をかぶり、袖の赤い胴着を身につけ、灰色をしているスコッチ織のズボンをはいていることがわかった。他にも大勢の者達がいなかったら、私は博士の側へ走り寄って行ったことであろう。博士はイギリス人なので、自分は果たして快く迎えられるだろうかと不安でなかったら、私は博士をしっかり抱きしめたことであったろう。私は静かに博士の方へ歩いて行った。私は帽子をとっていった。

『リヴィングストン博士ではございませんでしょうか』

『そうです』博士はやさしくほほえみながらいった。そして、帽子を少し持ちあげた。

私達は二人とも帽子をかぶって、握手した。

『先生、私はあなたにお目にかからせてもらったことを、神様にお礼申しあげねばなりません』

『私もあなたをここでお迎えできたことを有難く思います』」

二人は翌年の三月までタンガニーカ湖のあたりを探検した。スタンリーはリヴィングストンを連れて帰りたかったのであるが、彼は最初の計画を果たさない限り、あくまで帰ろうとしなかったので、スタンリーはやむなく一人で帰らねばならなかった。彼はその時のことを「三月一四日——私達は悲しい朝食をいっしょにとった。私は胸がいっぱいになって食べることができなかった。……私達は何か用を見つけて、いっしょにいる時間を長くした。私は八時になっても去らなかった。五時に発つつもりだったのである。……」といっている。

後に残ったリヴィングストンは、ザンジバルからきた五七人のお供の者達が到着すると、一八七二年八月に、再び探検の旅に出た。一〇月八日にはタンガニーカ湖に到着し、翌年の一月中旬には、バングウェウル湖に到着した。今度の旅も苦難の連続であった。一方彼の体は極度に衰弱して、四月二一日には、牛に乗る気力さえなくなり、担架にかつがれて旅をつづけねばならなかった。四月二九日は、リヴィングストンが旅をつづけた最後の日だった。この日は担架のあるところまで歩いて行く気力さえなくなった。担架を小屋の中へ入れてのせてもらおうとしたが、入口がせまくて中に入れることができないので、お供の者達にいいつけて、小屋の囲《かこい》をとり払わせた。ようやくチタンボの村までたどり着くことができた。翌日は何事もなく床についていたが、翌々日の朝お供の者達が目をさまして見ると、床の上にいないで、床の側にひざまずき、頭を枕の上にのせて、両手でかかえていた。彼は祈りながら息絶えていたのである。成人してからの生涯のほとんどすべてをアフリカにおいて過し、前後約三〇年間にわたって、道程にして約四万八〇〇〇キロ、面積にして約二五〇万平方キロに及ぶ広大な地域を探検している彼は、探検史上各般にわたって大きな功績を残していることはもちろんであるが、さらに人道の戦士として、また後進を刺激して探検事業を促進した点において不滅の足跡を残している。

スタンリーは、リヴィングストンの崇高な人格に打たれて「彼は天使であるとはいわないが、生ける人間としてはもっとも天使に近い人である」といっているが、彼がリヴィングストンの志をついでアフリカの探検に従うために、二度目にアフリカに赴いたのは、一八七四年のことであった。その後、一八九七年まで幾度かアフリカに赴き、地理的発見に関しては最大の功績を残している。ことに一八七五年から一八七六年の間になされたコンゴ河流域の探検は、アフリカの探検に新しい時代をもたらしたのであり、一八七五年以来アフリカの地図は次第に権威のあるものとなったのである。

一九世紀の終りには、アフリカの地図が一変したものとなった。探検は第二義的なものとなり、アフリカはむしろヨーロッパ諸国の領土拡張のための抗争の舞台となった。しかしながら、今世紀（二〇世紀）になっても、サハラ砂漠、リビヤ砂漠、ナイル河上流等において探検がつづけられているのであり、ことに東アフリカや中央アフリカにおいては大規模の探検がなされている。

この翻訳はすでに述べたごとく、リヴィングストンのアフリカにおける第一回目の伝道と探検の旅行記である *Missionary Travels and Researches in South Africa* を訳したものであるが、約一二〇〇枚あった原稿を、出版社の都合によって約五〇〇枚に書き改めたものであることを、訳者はおことわりせねばならない。なるべく抄訳の形式をとりたかったのであるが、枚数連絡等の都合のため、時には不本意ながら多少原文を離れて、書き改めたり書き縮めたりせねばならなかったのである。

訳者がこの本を初めて読んだ時の印象は「面白くて為になる本」ということであった。たとえ内容の大半を割愛せねばならなかったにしても、この本の特質を失わないために極力注意を払ったつもりであるが、多少なりと訳者の意図が達し得たとするならば、訳者のまことに幸いとするところである。

参考文献

著書

Missionary Travels and Researches in South Africa (1857)

Narrative of Expedition to the Zambesi and its Tributaries (1865)

The Last Journals of David Livingstone in Central Africa (2 vols., 1874)

Livingstone's Travels, ed. J. I. Macnair, with *geographical sections by* R. *Miller* (1954)　この本は前記リヴィングストンの旅行記から抜粋した選集。

書簡集

リヴィングストンが書き残している手紙が数百通保存されているが、まだ集大成された書簡集は出版されていない。部分的な書簡集は二、三冊出版されている。

Some Letters from Livingstone, ed, D. Chamberlin (1940)　この書簡集には初期の手紙が集められている。

Livingstone's Family Letters, 1841–56, ed. I. Shapera (2 vols., 1959)　この書簡集にも初期の手紙がとり入れられている。

The Matable Mission, ed. J. P. R. Wallis (1945)　この書簡集にとり入れられている二一通の手

紙は、一八五八年から一八六四年までのもので、すべて義兄弟であるJohn Smith Moffatにあてて書いたものである。

まだ公刊されていないものに、大英博物館に保管されている、一八五四年から一八五五年までの間に当時ロアンダの領事だったEdmund Gabrielに宛てて書いたものや、ザンベジ河探検に際してリヴィングストンと行を共にしたイギリスの植物学者であり、医者であったジョン・カークに宛てて書いたオクスフォードのローズ記念図書館に保管されているもの、一八六二年から一八七二年までの間に、友人のホレース・ウォラーに宛てて書いたこれもオクスフォードのローズ記念図書館に保管されているものなどがある。何れもリヴィングストンを知る上において重要な文献であるが、ウォラー宛の八五通は殊に重要なものとされている。

公文書的な手紙や報告書は、英国議会記録や王立地理学会報の中に印刷されている。それらの手紙や報告書の原本の多くは、ロンドンの公記録保管所に保管されている。

リヴィングストンの研究者にとって逸することのできない資料は、ブランタイヤーにあるスコットランド国立ディヴィド・リヴィングストン記念館に保管されている厖大な資料である。この資料の中にはリヴィングストン関係のあらゆる種類の遺品、数多くの手紙、幾冊かのノートブック、研究論文などが網羅されている。それらの資料は、近代地理学の立場からのあらたなる研究によって従来の定説を批判しようとする人々にとって重要な資料となりうるものである。この記念館について知るにはJ. I. Macnair, *The Story of the Scotish*

National Memorial to David Livingstone が便利である。資料関係について知るには、J. I. Macnair, *"Some Recovered Relics of David Livingstone"*, Geographical Journal, cxviii (1952); F. Debenham, *"New Light on Livingstone's Last Journey"*, ibid., cxx (1954); I. Schapera: Livingstone's Private Journals, 1851–53 (1960) 等が参考となる。

伝記

W. G. Blaikie, *The Life of David Livingstone* (1880) この伝記は著者がリヴィングストン家の求めに応じて執筆した言わば公式の伝記であり、リヴィングストン家から多くの資料の提供を得て書いている点で他の伝記の追随をゆるさないものがある。この後多くの伝記が公にされているが、次にかかげるものはすぐれたものとされている。

T. Hughes, *David Livingstone* (1889)

H. H. Johnston, *Livingstone and the Exploration of Central Africa* (1891)

A. Z. Fraser, *Livingstone and Newstead* (1913)

R. J. Campbell, *Livingstone* (1929)

J. I. Macnair, *Livingstone the Liberator* (1940)

Sir R. Coupland, *Livingstone's Last Journey* (1945)

F. Debenham, *The Way to Ilala* (1955)

J. Simmons, *Livingstone and Africa* (1955)

G. Seaver, *David Livingstone: His Life and Letters* (1957)

M. Gelfand, *Livingstone the Doctor* (1957)

T. Jeal, *Livingstone* (1973)

最後のものは、数年前アメリカにおいて出版されたものであるが、従来の伝記作者達がともすると感傷的となり、事実を誇張したり、あるいはゆがめたりしている場合が多いのにかんがみ、あくまで冷静に真実を伝えることに意が払われているものである。時には徹底的に従来の定説をくつがえし、冷酷なまでにリヴィングストンに対する従来の定説的な賛辞を彼から剝奪しようとしている。それにもかかわらず四〇〇ページを越えるこの厖大の伝記を読み終えた時、読者はリヴィングストンの偉大さに心打たれざるを得ない本であると評されている。

その他の参考文献

次にかかげるものは、リヴィングストンと交友関係のある人びとによって、あるいはそれらの人びとに就いて書かれているものであるが、何れも彼に就いて知るためには逸することのできない貴重な文献とされている。

V. L. Cameron, *Across Africa* (2 vols., 1877)

O. Chadwick, *Mackenzie's Grave* (1959)

Sir R. Coupland, *Kirk on the Zambesi* (1928)

W. C. Devereux, *A Cruise in the "Gorgon"* (1869)

J. S. Moffat, *The Lives of Robert and Mary Moffat* (1886)

H. M. Stanley, *How I Found Livingstone* (1872)

The Autobiography of Sir Henry Morton Stanley, G. C. B. (1909)

J. P. R. Wallis, ed., *The Zambesi Journal of James Stewart* (1952)

J. P. R. Wallis, *Thomas Baines of King's Lynn* (1941)

E. D. Young, *The Search after Livingstone* (1868)

一般歴史的な背景関係の文献としては次のごときものがある。

Sir R. Coupland, *The Exploitation of East Africa,* 1856–1890 (1939)

K. S. Latourette, *History of the Expansion of Christianity* (1939–1945), vol. V

R. Oliver, *The Missionary Factor in East Africa* (1952)

R. Lovett, *History of the London Missionary Society* (2 vols., 1899)

A. E. M. Anderson-Morshead, *History of the Universities Mission to Central Africa* (1909)

G. H. Wilson, *History of the Universities Mission to Centoral Africa* (1936)

デイヴィッド・リヴィングストン（1813 – 1873）

イギリスの宣教師、アフリカ探検家。1840年、ロンドン伝道協会の医療伝道師としてアフリカに渡り、カラハリ砂漠・ザンベジ河を経てのアフリカ横断旅行に成功。この快挙に対して、王立地理学会より金賞牌を贈られる。その後、二度にわたりアフリカに赴き、ナイル河水源地等の探検を敢行したが、1873年、赤痢にかかりタンガニーカ湖北の村落で歿した。

菅原清治（1900 – ？）

1900年生まれ。早稲田大学文学部英文科を卒業。海上保安大学校教授、東京農業大学教授を経て東海大学教授。論文に「ウイラ・キャザーの習作時代」「ウイラ・キャザーとネブラスカ」など多数があり、主要訳書に『赤い小馬』（角川文庫）がある。

［監修］ 井上靖・梅棹忠夫・前嶋信次・森本哲郎

［ブックデザイン］ 大倉真一郎
［カバー装画・肖像画・見返しイラスト］ 竹田嘉文
［編集協力］ 清水浩史
［地図（本文・見返し）］ 株式会社 ESSSand（阿部ともみ）

本書は『世界探検全集 08 アフリカ探検記』（1977年、小社刊）にナビゲーションを加え復刊したものです。本書には、今日の人権意識では不適切と思われる表現が使用されています。しかし、差別助長の意図がなく、資料的・歴史的価値が認められること、および著者・訳者が故人であるため表現の変更ができないことを考慮し、発表時のままといたしました。また、地名・人名をはじめとする固有名詞や用語に関しては、当時と現在とでは呼称に一部相違があるものの、前掲の事情を考慮して発表時のままといたしました。菅原清治氏のご連絡先がわかりませんでした。著作権継承者もしくは関係者にお心当たりのある方は、編集部までご一報ください。（編集部）

MISSIONARY TRAVELS AND RESEARCHES IN SOUTH AFRICA
by David Livingstone, 1857

世界探検全集 08

アフリカ探検記

2023年7月20日　初版印刷
2023年7月30日　初版発行

著　者　デイヴィッド・リヴィングストン
訳　者　菅原清治
発行者　小野寺優
発行所　株式会社河出書房新社
〒151-0051
東京都渋谷区千駄ヶ谷2-32-2
電話 03-3404-1201（営業）
03-3404-8611（編集）
https://www.kawade.co.jp/

印　刷　株式会社亨有堂印刷所
製　本　加藤製本株式会社

Printed in Japan
ISBN978-4-309-71188-1

世界探検全集

01 東方見聞録
マルコ・ポーロ　青木富太郎（訳）

02 三大陸周遊記
イブン・バットゥータ　前嶋信次（訳）

03 アジア放浪記
フェルナン・メンデス・ピント　江上波夫（訳）

04 カムチャツカからアメリカへの旅
ゲオルク・ヴィルヘルム・シュテラー　加藤九祚（訳）

05 ニジェール探検行
マンゴ・パーク　森本哲郎・廣瀬裕子（訳）

06 アマゾン探検記
ウィリアム・ルイス・ハーンドン　泉靖一（訳）

07 天山紀行
ピョートル・セミョーノフ＝チャン＝シャンスキイ
樹下節（訳）

08 アフリカ探検記
デイヴィッド・リヴィングストン　菅原清治（訳）

09 黄河源流からロプ湖へ
ニコライ・プルジェワルスキー　加藤九祚（訳）

10 世界最悪の旅
アプスレイ・チェリー＝ガラード　加納一郎（訳）

11 恐竜探検記
ロイ・チャップマン・アンドリュース
斎藤常正（監訳）　加藤順（訳）

12 ゴビ砂漠探検記
スウェン・ヘディン　梅棹忠夫（訳）

13 中央アジア自動車横断
ジョルジュ・ル・フェーヴル　野沢協・宮前勝利（訳）

14 コン・ティキ号探検記
トール・ヘイエルダール　水口志計夫（訳）

15 エベレスト登頂
ジョン・ハント　田辺主計・望月達夫（訳）

16 石器時代への旅
ハインリヒ・ハラー　近藤等・植田重雄（訳）

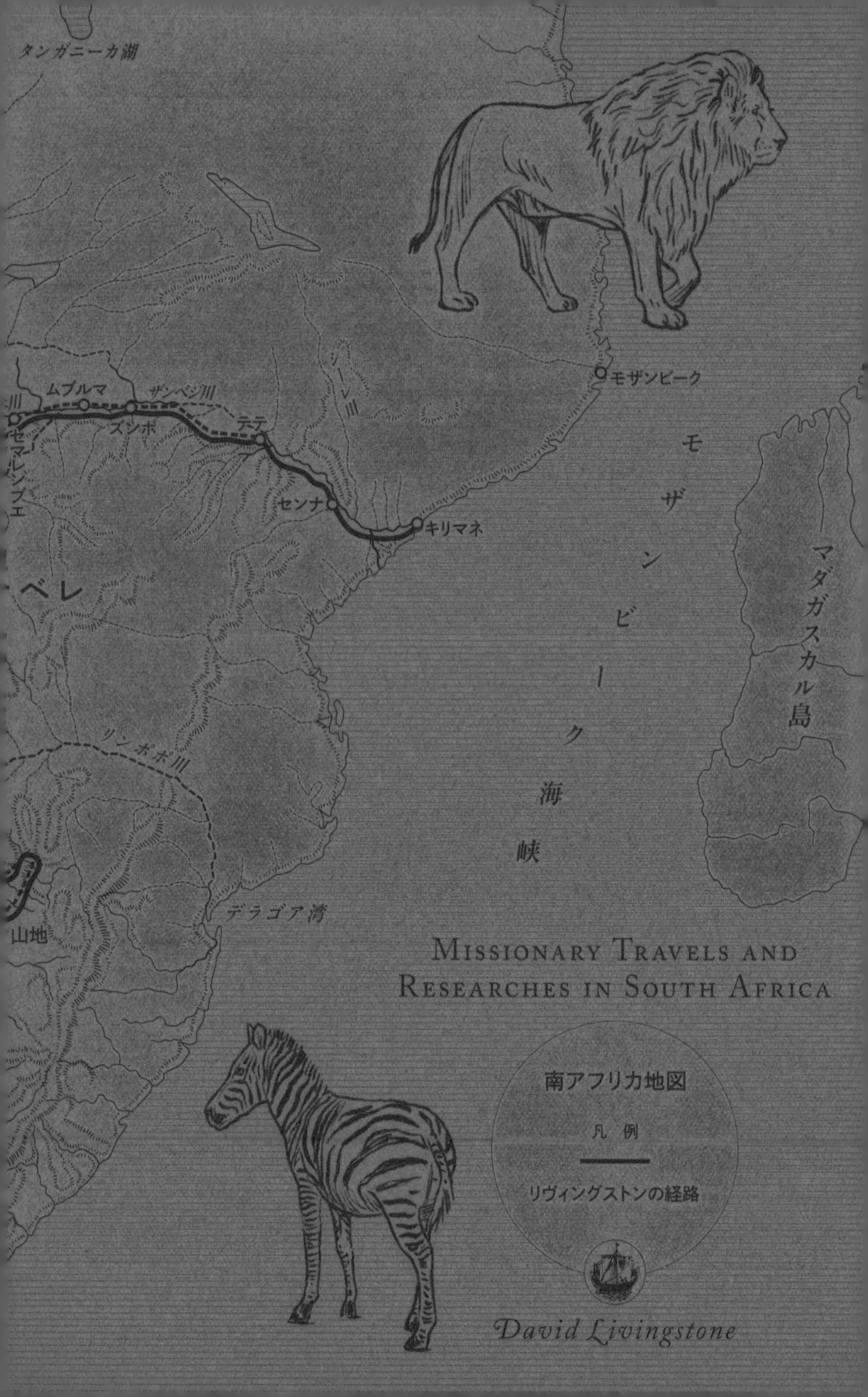

タンガニーカ湖
モザンビーク
ムプルマ
ザンベジ川
ズンボ
テテ
シーレ川
センナ
キリマネ
ベレ
リンポポ川
デラゴア湾
山地
モザンビーク海峡
マダガスカル島
MISSIONARY TRAVELS AND
RESEARCHES IN SOUTH AFRICA
南アフリカ地図
凡例
リヴィングストンの経路
David Livingstone